SPAANS

WOORDENSCHAT

THEMATISCHE WOORDENLIJST

NEDERLANDS SPAANS

De meest bruikbare woorden
Om uw woordenschat uit te breiden en
uw taalvaardigheid aan te scherpen

9000 woorden

Thematische woordenschat Nederlands-Spaans - 9000 woorden
Door Andrey Taranov

Woordenlijsten van T&P Books zijn bedoeld om u woorden van een vreemde taal te helpen leren, onthouden, en bestudering. Dit woordenboek is ingedeeld in thema's en behandelt alle belangrijk terreinen van het dagelijkse leven, bedrijven, wetenschap, cultuur, etc.

Het proces van het leren van woorden met behulp van de op thema's gebaseerde aanpak van T&P Books biedt u de volgende voordelen:

- Correct gegroepeerde informatie is bepalend voor succes bij opeenvolgende stadia van het leren van woorden
- De beschikbaarheid van woorden die van dezelfde stam zijn maakt het mogelijk om woordgroepen te onthouden (in plaats van losse woorden)
- Kleine groepen van woorden faciliteren het proces van het aanmaken van associatieve verbindingen, die nodig zijn bij het consolideren van de woordenschat
- Het niveau van talenkennis kan worden ingeschat door het aantal geleerde woorden

T&P Books Publishing
www.tpbooks.com

ISBN: 978-1-78492-273-3

Dit boek is ook beschikbaar in e-boek formaat.
Gelieve www.tpbooks.com te bezoeken of de belangrijkste online boekwinkels.

SPAANSE WOORDENSCHAT
nieuwe woorden leren

T&P Books woordenlijsten zijn bedoeld om u te helpen vreemde woorden te leren, te onthouden, en te bestuderen. De woordenschat bevat meer dan 9000 veel gebruikte woorden die thematisch geordend zijn.

- De woordenlijst bevat de meest gebruikte woorden
- Aanbevolen als aanvulling bij welke taalcursus dan ook
- Voldoet aan de behoeften van de beginnende en gevorderde student in vreemde talen
- Geschikt voor dagelijks gebruik, bestudering en zelftestactiviteiten
- Maakt het mogelijk om uw woordenschat te evalueren

Bijzondere kenmerken van de woordenschat

- De woorden zijn gerangschikt naar hun betekenis, niet volgens alfabet
- De woorden worden weergegeven in drie kolommen om bestudering en zelftesten te vergemakkelijken
- Woorden in groepen worden verdeeld in kleine blokken om het leerproces te vergemakkelijken
- De woordenschat biedt een handige en eenvoudige beschrijving van elk buitenlands woord

De woordenschat bevat 256 onderwerpen zoals:

Basisconcepten, getallen, kleuren, maanden, seizoenen, meeteenheden, kleding en accessoires, eten & voeding, restaurant, familieleden, verwanten, karakter, gevoelens, emoties, ziekten, stad, dorp, bezienswaardigheden, winkelen, geld, huis, thuis, kantoor, werken op kantoor, import & export, marketing, werk zoeken, sport, onderwijs, computer, internet, gereedschap, natuur, landen, nationaliteiten en meer ...

INHOUDSOPGAVE

UITSPRAAKGIDS

T&P fonetisch alfabet	Spaans voorbeeld	Nederlands voorbeeld
[a]	**grado**	acht
[e]	**mermelada**	delen, spreken
[i]	**física**	bidden, tint
[o]	**tomo**	overeenkomst
[u]	**cubierta**	hoed, doe
[b]	**baño, volar**	hebben
[β]	**abeja**	wang
[d]	**dicho**	Dank u, honderd
[ð]	**tirada**	Stemhebbende dentaal, Engels - there
[f]	**flauta**	feestdag, informeren
[ʤ]	**azerbaidzhano**	jeans, jungle
[g]	**gorro**	goal, tango
[ɣ]	**negro**	liegen, gaan
[j]	**botella**	New York, januari
[k]	**tabaco**	kennen, kleur
[l]	**arqueólogo**	delen, luchter
[lʲ]	**novela**	biljart
[m]	**mosaico**	morgen, etmaal
[ɱ]	**confitura**	nasale [m]
[n]	**camino**	nemen, zonder
[ŋ]	**blanco**	optelling, jongeman
[p]	**zapatero**	parallel, koper
[r]	**sabroso**	roepen, breken
[s]	**asesor**	spreken, kosten
[θ]	**lápiz**	Stemloze dentaal, Engels - thank you
[t]	**estatua**	tomaat, taart
[ʧ]	**lechuza**	Tsjechië, cello
[v]	**Kiev**	beloven, schrijven
[χ]	**dirigir**	licht, school
[z]	**esgrima**	zeven, zesde
[ʃ]	**sheriff**	shampoo, machine
[w]	**whisky**	twee, willen
[']	[re'loχ]	hoofdklemtoon
[·]	[aβre·'lʲatas]	hoge punt

AFKORTINGEN
gebruikt in de woordenschat

Nederlandse afkortingen

abn	-	als bijvoeglijk naamwoord
bijv.	-	bijvoorbeeld
bn	-	bijvoeglijk naamwoord
bw	-	bijwoord
enk.	-	enkelvoud
enz.	-	enzovoort
form.	-	formele taal
inform.	-	informele taal
mann.	-	mannelijk
mil.	-	militair
mv.	-	meervoud
on.ww.	-	onovergankelijk werkwoord
ontelb.	-	ontelbaar
ov.	-	over
ov.ww.	-	overgankelijk werkwoord
telb.	-	telbaar
vn	-	voornaamwoord
vrouw.	-	vrouwelijk
vw	-	voegwoord
vz	-	voorzetsel
wisk.	-	wiskunde
ww	-	werkwoord

Nederlandse artikelen

de	-	gemeenschappelijk geslacht
de/het	-	gemeenschappelijk geslacht, onzijdig
het	-	onzijdig

Spaans afkortingen

adj	-	bijvoeglijk naamwoord
adv	-	bijwoord
f	-	vrouwelijk zelfstandig naamwoord
f pl	-	vrouwelijk meervoud
fam.	-	informele taal

m	-	mannelijk zelfstandig naamwoord
m pl	-	mannelijk meervoud
m, f	-	mannelijk, vrouwelijk
n	-	onzijdig
pl	-	meervoud
v aux	-	hulp werkwoord
vi	-	onovergankelijk werkwoord
vi, vt	-	onovergankelijk, overgankelijk werkwoord
vr	-	reflexief werkwoord
vt	-	overgankelijk werkwoord

BASISBEGRIPPEN

Basisbegrippen Deel 1

1. Voornaamwoorden

ik	**yo**	[jo]
jij, je	**tú**	[tu]
hij	**él**	[elʲ]
zij, ze	**ella**	['eja]
wij, we (mann.)	**nosotros**	[no'sotros]
wij, we (vrouw.)	**nosotras**	[no'sotras]
jullie (mann.)	**vosotros**	[bo'sotros]
jullie (vrouw.)	**vosotras**	[bo'sotras]
U (form., enk.)	**Usted**	[us'teð]
U (form., mv.)	**Ustedes**	[us'teðes]
zij, ze (mann.)	**ellos**	['ejos]
zij, ze (vrouw.)	**ellas**	['ejas]

2. Begroetingen. Begroetingen. Afscheid

Hallo! Dag!	**¡Hola!**	['olʲa]
Hallo!	**¡Hola!**	['olʲa]
Goedemorgen!	**¡Buenos días!**	['buenos 'dias]
Goedemiddag!	**¡Buenas tardes!**	['buenas 'tarðes]
Goedenavond!	**¡Buenas noches!**	['buenas 'notʃes]
gedag zeggen (groeten)	**decir hola**	[de'θir 'olʲa]
Hoi!	**¡Hola!**	['olʲa]
groeten (het)	**saludo** (m)	[sa'lʲuðo]
verwelkomen (ww)	**saludar** (vt)	[salʲu'ðar]
Hoe gaat het?	**¿Cómo estás?**	['komo es'tas]
Is er nog nieuws?	**¿Qué hay de nuevo?**	[ke aj de nu'eβo]
Tot snel! Tot ziens!	**¡Hasta pronto!**	['asta 'pronto]
Vaarwel!	**¡Adiós!**	[a'ðjos]
afscheid nemen (ww)	**despedirse** (vr)	[despe'ðirse]
Tot kijk!	**¡Hasta luego!**	['asta lʲu'ego]
Dank u!	**¡Gracias!**	['graθias]
Dank u wel!	**¡Muchas gracias!**	['mutʃas 'graθias]
Graag gedaan	**De nada**	[de 'naða]
Geen dank!	**No hay de qué**	[no aj de 'ke]
Geen moeite.	**De nada**	[de 'naða]
Excuseer me, ... (inform.)	**¡Disculpa!**	[dis'kulʲpa]

Excuseer me, ... (form.)	**¡Disculpe!**	[dis'kulʲpe]
excuseren (verontschuldigen)	**disculpar** (vt)	[diskulʲ'par]
zich verontschuldigen	**disculparse** (vr)	[diskulʲ'parse]
Mijn excuses.	**Mis disculpas**	[mis dis'kulʲpas]
Het spijt me!	**¡Perdóneme!**	[per'ðoneme]
vergeven (ww)	**perdonar** (vt)	[perðo'nar]
Maakt niet uit!	**¡No pasa nada!**	[no 'pasa 'naða]
alsjeblieft	**por favor**	[por fa'βor]
Vergeet het niet!	**¡No se le olvide!**	[no se le olʲ'βiðe]
Natuurlijk!	**¡Ciertamente!**	[θjerta'mento]
Natuurlijk niet!	**¡Claro que no!**	['klʲaro ke 'no]
Akkoord!	**¡De acuerdo!**	[de aku'erðo]
Zo is het genoeg!	**¡Basta!**	['basta]

3. Hoe aan te spreken

Excuseer me, ...	**¡Perdóneme!**	[per'ðoneme]
meneer	**señor**	[se'njor]
mevrouw	**señora**	[se'njora]
juffrouw	**señorita**	[senjo'rita]
jongeman	**joven**	['χoβen]
jongen	**niño**	['ninjo]
meisje	**niña**	['ninja]

4. Kardinale getallen. Deel 1

nul	**cero**	['θero]
een	**uno**	['uno]
twee	**dos**	[dos]
drie	**tres**	[tres]
vier	**cuatro**	[ku'atro]
vijf	**cinco**	['θiŋko]
zes	**seis**	['sejs]
zeven	**siete**	['sjete]
acht	**ocho**	['otʃo]
negen	**nueve**	[nu'eβe]
tien	**diez**	[djeθ]
elf	**once**	['onθe]
twaalf	**doce**	['doθe]
dertien	**trece**	['treθe]
veertien	**catorce**	[ka'torθe]
vijftien	**quince**	['kinθe]
zestien	**dieciséis**	['djeθi·'sejs]
zeventien	**diecisiete**	['djeθi·'sjete]
achttien	**dieciocho**	['djeθi·'otʃo]
negentien	**diecinueve**	['djeθi·nu'eβe]
twintig	**veinte**	['bejnte]

eenentwintig	**veintiuno**	['bejnti·'uno]
tweeëntwintig	**veintidós**	['bejnti·'dos]
drieëntwintig	**veintitrés**	['bejnti·'tres]
dertig	**treinta**	['trejnta]
eenendertig	**treinta y uno**	['trejnta i 'uno]
tweeëndertig	**treinta y dos**	['trejnta i 'dos]
drieëndertig	**treinta y tres**	['trejnta i 'tres]
veertig	**cuarenta**	[kua'renta]
eenenveertig	**cuarenta y uno**	[kua'renta i 'uno]
tweeënveertig	**cuarenta y dos**	[kua'renta i 'dos]
drieënveertig	**cuarenta y tres**	[kua'renta i 'tres]
vijftig	**cincuenta**	[θiŋku'enta]
eenenvijftig	**cincuenta y uno**	[θiŋku'enta i 'uno]
tweeënvijftig	**cincuenta y dos**	[θiŋku'enta i 'dos]
drieënvijftig	**cincuenta y tres**	[θiŋku'enta i 'tres]
zestig	**sesenta**	[se'senta]
eenenzestig	**sesenta y uno**	[se'senta i 'uno]
tweeënzestig	**sesenta y dos**	[se'senta i 'dos]
drieënzestig	**sesenta y tres**	[se'senta i 'tres]
zeventig	**setenta**	[se'tenta]
eenenzeventig	**setenta y uno**	[se'tenta i 'uno]
tweeënzeventig	**setenta y dos**	[se'tenta i 'dos]
drieënzeventig	**setenta y tres**	[se'tenta i 'tres]
tachtig	**ochenta**	[o'ʧenta]
eenentachtig	**ochenta y uno**	[o'ʧenta i 'uno]
tweeëntachtig	**ochenta y dos**	[o'ʧenta i 'dos]
drieëntachtig	**ochenta y tres**	[o'ʧenta i 'tres]
negentig	**noventa**	[no'βenta]
eenennegentig	**noventa y uno**	[no'βenta i 'uno]
tweeënnegentig	**noventa y dos**	[no'βenta i 'dos]
drieënnegentig	**noventa y tres**	[no'βenta i 'tres]

5. Kardinale getallen. Deel 2

honderd	**cien**	[θjen]
tweehonderd	**doscientos**	[doθ·'θjentos]
driehonderd	**trescientos**	[treθ·'θjentos]
vierhonderd	**cuatrocientos**	[ku'atro·'θjentos]
vijfhonderd	**quinientos**	[ki'njentos]
zeshonderd	**seiscientos**	[sejs·'θjentos]
zevenhonderd	**setecientos**	[θete·'θjentos]
achthonderd	**ochocientos**	[oʧo·'θjentos]
negenhonderd	**novecientos**	[noβe·'θjentos]
duizend	**mil**	[milʲ]
tweeduizend	**dos mil**	[dos 'milʲ]

drieduizend	**tres mil**	[tres 'milʲ]
tienduizend	**diez mil**	[djeθ 'milʲ]
honderdduizend	**cien mil**	[θjen 'milʲ]
miljoen (het)	**millón** (m)	[mi'jon]
miljard (het)	**mil millones**	[milʲ mi'jones]

6. Ordinale getallen

eerste (bn)	**primero** (adj)	[pri'mero]
tweede (bn)	**segundo** (adj)	[se'gundo]
derde (bn)	**tercero** (adj)	[ter'θero]
vierde (bn)	**cuarto** (adj)	[ku'arto]
vijfde (bn)	**quinto** (adj)	['kinto]
zesde (bn)	**sexto** (adj)	['seksto]
zevende (bn)	**séptimo** (adj)	['septimo]
achtste (bn)	**octavo** (adj)	[ok'taβo]
negende (bn)	**noveno** (adj)	[no'βeno]
tiende (bn)	**décimo** (adj)	['deθimo]

7. Getallen. Breuken

breukgetal (het)	**fracción** (f)	[frak'θjon]
half	**un medio**	[un 'meðio]
een derde	**un tercio**	[un 'terθio]
kwart	**un cuarto**	[un ku'arto]
een achtste	**un octavo**	[un ok'taβo]
een tiende	**un décimo**	[un 'deθimo]
twee derde	**dos tercios**	[dos 'terθjos]
driekwart	**tres cuartos**	[tres ku'artos]

8. Getallen. Eenvoudige berekeningen

aftrekking (de)	**sustracción** (f)	[sustrak'θjon]
aftrekken (ww)	**sustraer** (vt)	[sustra'er]
deling (de)	**división** (f)	[diβi'θjon]
delen (ww)	**dividir** (vt)	[diβi'ðir]
optelling (de)	**adición** (f)	[aði'θjon]
erbij optellen (bij elkaar voegen)	**sumar** (vt)	[su'mar]
optellen (ww)	**adicionar** (vt)	[aðiθjo'nar]
vermenigvuldiging (de)	**multiplicación** (f)	[mulʲtiplika'θjon]
vermenigvuldigen (ww)	**multiplicar** (vt)	[mulʲtipli'kar]

9. Getallen. Diversen

cijfer (het)	**cifra** (f)	['θifra]
nummer (het)	**número** (m)	['numero]

telwoord (het)	**numeral** (m)	[nume'ralʲ]
minteken (het)	**menos** (m)	['menos]
plusteken (het)	**más** (m)	[mas]
formule (de)	**fórmula** (f)	['formulʲa]
berekening (de)	**cálculo** (m)	['kalʲkulʲo]
tellen (ww)	**contar** (vt)	[kon'tar]
bijrekenen (ww)	**calcular** (vt)	[kalʲku'lʲar]
vergelijken (ww)	**comparar** (vt)	[kompa'rar]
Hoeveel?	**¿Cuánto?**	[ku'anto]
som (de), totaal (het)	**suma** (f)	['suma]
uitkomst (de)	**resultado** (m)	[resulʲ'taðo]
rest (de)	**resto** (m)	['resto]
enkele (bijv. ~ minuten)	**algunos, algunas ...**	[alʲ'gunos], [alʲ'gunas]
weinig (bw)	**poco, poca**	['poko], ['poka]
restant (het)	**resto** (m)	['resto]
anderhalf	**uno y medio**	['uno i 'meðio]
dozijn (het)	**docena** (f)	[do'θena]
middendoor (bw)	**en dos**	[en 'dos]
even (bw)	**en partes iguales**	[en 'partes igu'ales]
helft (de)	**mitad** (f)	[mi'tað]
keer (de)	**vez** (f)	[beθ]

10. De belangrijkste werkwoorden. Deel 1

aanbevelen (ww)	**recomendar** (vt)	[rekomen'dar]
aandringen (ww)	**insistir** (vi)	[insis'tir]
aankomen (per auto, enz.)	**llegar** (vi)	[je'gar]
aanraken (ww)	**tocar** (vt)	[to'kar]
adviseren (ww)	**aconsejar** (vt)	[akonse'χar]
afdalen (on.ww.)	**descender** (vi)	[deθen'der]
afslaan (naar rechts ~)	**girar** (vi)	[χi'rar]
antwoorden (ww)	**responder** (vi, vt)	[respon'der]
bang zijn (ww)	**tener miedo**	[te'ner 'mjeðo]
bedreigen (bijv. met een pistool)	**amenazar** (vt)	[amena'θar]
bedriegen (ww)	**engañar** (vi, vt)	[enga'njar]
beëindigen (ww)	**acabar, terminar** (vt)	[aka'βar], [termi'nar]
beginnen (ww)	**comenzar** (vi, vt)	[komen'θar]
begrijpen (ww)	**comprender** (vt)	[kompren'der]
beheren (managen)	**dirigir** (vt)	[diri'χir]
beledigen (met scheldwoorden)	**insultar** (vt)	[insulʲ'tar]
beloven (ww)	**prometer** (vt)	[prome'ter]
bereiden (koken)	**preparar** (vt)	[prepa'rar]
bespreken (spreken over)	**discutir** (vt)	[disku'tir]
bestellen (eten ~)	**pedir** (vt)	[pe'ðir]

bestraffen (een stout kind ~)	**punir, castigar** (vt)	[pu'nir], [kasti'gar]
betalen (ww)	**pagar** (vi, vt)	[pa'gar]
betekenen (beduiden)	**significar** (vt)	[siɣnifi'kar]
betreuren (ww)	**arrepentirse** (vr)	[arepen'tirse]
bevallen (prettig vinden)	**gustar** (vi)	[gus'tar]
bevelen (mil.)	**ordenar** (vt)	[orðe'nar]
bevrijden (stad, enz.)	**liberar** (vt)	[liβe'rar]
bewaren (ww)	**guardar** (vt)	[guar'ðar]
bezitten (ww)	**poseer** (vt)	[pose'er]
bidden (praten met God)	**orar** (vi)	[o'rar]
binnengaan (een kamer ~)	**entrar** (vi)	[en'trar]
breken (ww)	**quebrar** (vt)	[ke'βrar]
controleren (ww)	**controlar** (vt)	[kontro'lʲar]
creëren (ww)	**crear** (vt)	[kre'ar]
deelnemen (ww)	**participar** (vi)	[partiθi'par]
denken (ww)	**pensar** (vi, vt)	[pen'sar]
doden (ww)	**matar** (vt)	[ma'tar]
doen (ww)	**hacer** (vt)	[a'θer]
dorst hebben (ww)	**tener sed**	[te'ner 'seð]

11. De belangrijkste werkwoorden. Deel 2

een hint geven	**dar una pista**	[dar 'una 'pista]
eisen (met klem vragen)	**exigir** (vt)	[eksi'χir]
excuseren (vergeven)	**disculpar** (vt)	[diskulʲ'par]
existeren (bestaan)	**existir** (vi)	[eksis'tir]
gaan (te voet)	**ir** (vi)	[ir]
gaan zitten (ww)	**sentarse** (vr)	[sen'tarse]
gaan zwemmen	**bañarse** (vr)	[ba'njarse]
geven (ww)	**dar** (vt)	[dar]
glimlachen (ww)	**sonreír** (vi)	[sonre'ir]
goed raden (ww)	**adivinar** (vt)	[aðiβi'nar]
grappen maken (ww)	**bromear** (vi)	[brome'ar]
graven (ww)	**cavar** (vt)	[ka'βar]
hebben (ww)	**tener** (vt)	[te'ner]
helpen (ww)	**ayudar** (vt)	[aju'ðar]
herhalen (opnieuw zeggen)	**repetir** (vt)	[repe'tir]
honger hebben (ww)	**tener hambre**	[te'ner 'ambre]
hopen (ww)	**esperar** (vi)	[espe'rar]
horen (waarnemen met het oor)	**oír** (vt)	[o'ir]
huilen (wenen)	**llorar** (vi)	[jo'rar]
huren (huis, kamer)	**alquilar** (vt)	[alʲki'lʲar]
informeren (informatie geven)	**informar** (vt)	[iɱfor'mar]
instemmen (akkoord gaan)	**estar de acuerdo**	[es'tar de aku'erðo]
jagen (ww)	**cazar** (vi, vt)	[ka'θar]

kennen (kennis hebben van iemand)	**conocer** (vt)	[kono'θer]
kiezen (ww)	**escoger** (vt)	[esko'χer]
klagen (ww)	**quejarse** (vr)	[ke'χarse]
kosten (ww)	**costar** (vt)	[kos'tar]
kunnen (ww)	**poder** (v aux)	[po'ðer]
lachen (ww)	**reírse** (vr)	[re'irse]
laten vallen (ww)	**dejar caer**	[de'χar ka'er]
lezen (ww)	**leer** (vi, vt)	[le'er]
liefhebben (ww)	**querer, amar** (vt)	[ke'rer], [a'mar]
lunchen (ww)	**almorzar** (vi)	[alʲmor'θar]
nemen (ww)	**tomar** (vt)	[to'mar]
nodig zijn (ww)	**ser necesario**	[ser neθe'sario]

12. De belangrijkste werkwoorden. Deel 3

onderschatten (ww)	**subestimar** (vt)	[suβesti'mar]
ondertekenen (ww)	**firmar** (vt)	[fir'mar]
ontbijten (ww)	**desayunar** (vi)	[desaju'nar]
openen (ww)	**abrir** (vt)	[a'βrir]
ophouden (ww)	**cesar** (vt)	[θe'sar]
opmerken (zien)	**percibir** (vt)	[perθi'βir]
opscheppen (ww)	**jactarse, alabarse** (vr)	[χas'tarse], [alʲa'βarse]
opschrijven (ww)	**tomar nota**	[to'mar 'nota]
plannen (ww)	**planear** (vt)	[plʲane'ar]
prefereren (verkiezen)	**preferir** (vt)	[prefe'rir]
proberen (trachten)	**probar, tentar** (vt)	[pro'βar], [ten'tar]
redden (ww)	**salvar** (vt)	[salʲ'βar]
rekenen op ...	**contar con ...**	[kon'tar kon]
rennen (ww)	**correr** (vi)	[ko'rer]
reserveren (een hotelkamer ~)	**reservar** (vt)	[reser'βar]
roepen (om hulp)	**llamar** (vt)	[ja'mar]
schieten (ww)	**tirar, disparar** (vi)	[ti'rar], [dispa'rar]
schreeuwen (ww)	**gritar** (vi)	[gri'tar]
schrijven (ww)	**escribir** (vt)	[eskri'βir]
souperen (ww)	**cenar** (vi)	[θe'nar]
spelen (kinderen)	**jugar** (vi)	[χu'gar]
spreken (ww)	**hablar** (vi, vt)	[a'βlʲar]
stelen (ww)	**robar** (vt)	[ro'βar]
stoppen (pauzeren)	**pararse** (vr)	[pa'rarse]
studeren (Nederlands ~)	**estudiar** (vt)	[estu'ðjar]
sturen (zenden)	**enviar** (vt)	[em'bjar]
tellen (optellen)	**contar** (vt)	[kon'tar]
toebehoren aan ...	**pertenecer a ...**	[pertene'θer a]
toestaan (ww)	**permitir** (vt)	[permi'tir]
tonen (ww)	**mostrar** (vt)	[mos'trar]
twijfelen (onzeker zijn)	**dudar** (vt)	[du'ðar]

uitgaan (ww)	**salir** (vi)	[sa'lir]
uitnodigen (ww)	**invitar** (vt)	[imbi'tar]
uitspreken (ww)	**pronunciar** (vt)	[pronun'θjar]
uitvaren tegen (ww)	**regañar, reprender** (vt)	[rega'njar], [repren'der]

13. De belangrijkste werkwoorden. Deel 4

vallen (ww)	**caer** (vi)	[ka'er]
vangen (ww)	**coger** (vt)	[ko'χer]
veranderen (anders maken)	**cambiar** (vt)	[kam'bjar]
verbaasd zijn (ww)	**sorprenderse** (vr)	[sorpren'derse]
verbergen (ww)	**esconder** (vt)	[eskon'der]
verdedigen (je land ~)	**defender** (vt)	[defen'der]
verenigen (ww)	**unir** (vt)	[u'nir]
vergelijken (ww)	**comparar** (vt)	[kompa'rar]
vergeten (ww)	**olvidar** (vt)	[olʲβi'ðar]
vergeven (ww)	**perdonar** (vt)	[perðo'nar]
verklaren (uitleggen)	**explicar** (vt)	[ekspli'kar]
verkopen (per stuk ~)	**vender** (vt)	[ben'der]
vermelden (praten over)	**mencionar** (vt)	[menθjo'nar]
versieren (decoreren)	**decorar** (vt)	[deko'rar]
vertalen (ww)	**traducir** (vt)	[traðu'θir]
vertrouwen (ww)	**confiar** (vt)	[koɱ'fjar]
vervolgen (ww)	**continuar** (vt)	[kontinu'ar]
verwarren (met elkaar ~)	**confundir** (vt)	[koɱfun'dir]
verzoeken (ww)	**pedir** (vt)	[pe'ðir]
verzuimen (school, enz.)	**faltar a ...**	[falʲ'tar a]
vinden (ww)	**encontrar** (vt)	[eŋkon'trar]
vliegen (ww)	**volar** (vi)	[bo'lʲar]
volgen (ww)	**seguir ...**	[se'gir]
voorstellen (ww)	**proponer** (vt)	[propo'ner]
voorzien (verwachten)	**prever** (vt)	[pre'βer]
vragen (ww)	**preguntar** (vt)	[pregun'tar]
waarnemen (ww)	**observar** (vt)	[oβser'βar]
waarschuwen (ww)	**advertir** (vt)	[aðβer'tir]
wachten (ww)	**esperar** (vt)	[espe'rar]
weerspreken (ww)	**objetar** (vt)	[oβχe'tar]
weigeren (ww)	**negarse** (vr)	[ne'garse]
werken (ww)	**trabajar** (vi)	[traβa'χar]
weten (ww)	**saber** (vt)	[sa'βer]
willen (verlangen)	**querer** (vt)	[ke'rer]
zeggen (ww)	**decir** (vt)	[de'θir]
zich haasten (ww)	**tener prisa**	[te'ner 'prisa]
zich interesseren voor ...	**interesarse** (vr)	[intere'sarse]
zich vergissen (ww)	**equivocarse** (vr)	[ekiβo'karse]
zien (ww)	**ver** (vt)	[ber]
zijn (leraar ~)	**ser** (vi)	[ser]

zijn (op dieet ~)	**estar** (vi)	[es'tar]
zijn (ww)	**ser, estar** (vi)	[ser], [es'tar]
zoeken (ww)	**buscar** (vt)	[bus'kar]
zwemmen (ww)	**nadar** (vi)	[na'ðar]
zwijgen (ww)	**callarse** (vr)	[ka'jarse]

14. Kleuren

kleur (de)	**color** (m)	[ko'lʲor]
tint (de)	**matiz** (m)	[ma'tiθ]
kleurnuance (de)	**tono** (m)	['tono]
regenboog (de)	**arco** (m) **iris**	['arko 'iris]
wit (bn)	**blanco** (adj)	['blʲaŋko]
zwart (bn)	**negro** (adj)	['neɣro]
grijs (bn)	**gris** (adj)	['gris]
groen (bn)	**verde** (adj)	['berðe]
geel (bn)	**amarillo** (adj)	[ama'rijo]
rood (bn)	**rojo** (adj)	['roχo]
blauw (bn)	**azul** (adj)	[a'θulʲ]
lichtblauw (bn)	**azul claro** (adj)	[a'θulʲ 'klʲaro]
roze (bn)	**rosa** (adj)	['rosa]
oranje (bn)	**naranja** (adj)	[na'ranχa]
violet (bn)	**violeta** (adj)	[bio'leta]
bruin (bn)	**marrón** (adj)	[ma'ron]
goud (bn)	**dorado** (adj)	[do'raðo]
zilverkleurig (bn)	**argentado** (adj)	[arχen'taðo]
beige (bn)	**beige** (adj)	['bejʒ]
roomkleurig (bn)	**crema** (adj)	['krema]
turkoois (bn)	**turquesa** (adj)	[tur'kesa]
kersrood (bn)	**rojo cereza** (adj)	['roχo θe'reθa]
lila (bn)	**lila** (adj)	['lilʲa]
karmijnrood (bn)	**carmesí** (adj)	[karme'si]
licht (bn)	**claro** (adj)	['klʲaro]
donker (bn)	**oscuro** (adj)	[os'kuro]
fel (bn)	**vivo** (adj)	['biβo]
kleur-, kleurig (bn)	**de color** (adj)	[de ko'lʲor]
kleuren- (abn)	**en colores** (adj)	[en ko'lʲores]
zwart-wit (bn)	**blanco y negro** (adj)	['blʲaŋko i 'neɣro]
eenkleurig (bn)	**unicolor** (adj)	[uniko'lʲor]
veelkleurig (bn)	**multicolor** (adj)	[mulʲtiko'lʲor]

15. Vragen

Wie?	**¿Quién?**	['kjen]
Wat?	**¿Qué?**	[ke]

Waar?	**¿Dónde?**	['donde]
Waarheen?	**¿Adónde?**	[a'ðonde]
Waarvandaan?	**¿De dónde?**	[de 'donde]
Wanneer?	**¿Cuándo?**	[ku'ando]
Waarom?	**¿Para qué?**	[para 'ke]
Waarom?	**¿Por qué?**	[por 'ke]
Waarvoor dan ook?	**¿Por qué razón?**	[por ke ra'θon]
Hoe?	**¿Cómo?**	['komo]
Wat voor ...?	**¿Qué?**	[ke]
Welk?	**¿Cuál?**	[ku'alʲ]
Aan wie?	**¿A quién?**	[a 'kjen]
Over wie?	**¿De quién?**	[de 'kjen]
Waarover?	**¿De qué?**	[de 'ke]
Met wie?	**¿Con quién?**	[kon 'kjen]
Hoeveel?	**¿Cuánto?**	[ku'anto]
Van wie? (mann.)	**¿De quién?**	[de 'kjen]

16. Voorzetsels

met (bijv. ~ beleg)	**con ...**	[kon]
zonder (~ accent)	**sin**	[sin]
naar (in de richting van)	**a ...**	[a]
over (praten ~)	**de ..., sobre ...**	[de], ['soβre]
voor (in tijd)	**antes de ...**	['antes de]
voor (aan de voorkant)	**delante de ...**	[de'lʲante de]
onder (lager dan)	**debajo**	[de'βaχo]
boven (hoger dan)	**sobre ..., encima de ...**	['soβre], [en'θima de]
op (bovenop)	**en ..., sobre ...**	[en], ['soβre]
van (uit, afkomstig van)	**de ...**	[de]
van (gemaakt van)	**de ...**	[de]
over (bijv. ~ een uur)	**dentro de ...**	['dentro de]
over (over de bovenkant)	**encima de ...**	[en'θima de]

17. Functiewoorden. Bijwoorden. Deel 1

Waar?	**¿Dónde?**	['donde]
hier (bw)	**aquí** (adv)	[a'ki]
daar (bw)	**allí** (adv)	[a'ji]
ergens (bw)	**en alguna parte**	[en alʲ'guna 'parte]
nergens (bw)	**en ninguna parte**	[en nin'guna 'parte]
bij ... (in de buurt)	**junto a ...**	['χunto a]
bij het raam	**junto a la ventana**	['χunto a lʲa ben'tana]
Waarheen?	**¿Adónde?**	[a'ðonde]
hierheen (bw)	**aquí** (adv)	[a'ki]

daarheen (bw)	**allí** (adv)	[a'ji]
hiervandaan (bw)	**de aquí** (adv)	[de a'ki]
daarvandaan (bw)	**de allí** (adv)	[de a'ji]
dichtbij (bw)	**cerca**	['θerka]
ver (bw)	**lejos** (adv)	['leχos]
in de buurt (van ...)	**cerca de ...**	['θerka de]
dichtbij (bw)	**al lado de ...**	[alʲ 'lʲaðo de]
niet ver (bw)	**no lejos** (adv)	[no 'leχos]
linker (bn)	**izquierdo** (adj)	[iθ'kjerðo]
links (bw)	**a la izquierda**	[a lʲa iθ'kjerða]
linksaf, naar links (bw)	**a la izquierda**	[a lʲa iθ'kjerða]
rechter (bn)	**derecho** (adj)	[de'retʃo]
rechts (bw)	**a la derecha**	[a lʲa de'retʃa]
rechtsaf, naar rechts (bw)	**a la derecha**	[a lʲa de'retʃa]
vooraan (bw)	**delante**	[de'lʲante]
voorste (bn)	**delantero** (adj)	[delʲan'tero]
vooruit (bw)	**adelante**	[aðe'lʲante]
achter (bw)	**detrás de ...**	[de'tras de]
van achteren (bw)	**desde atrás**	['desðe a'tras]
achteruit (naar achteren)	**atrás**	[a'tras]
midden (het)	**centro** (m), **medio** (m)	['θentro], ['meðio]
in het midden (bw)	**en medio** (adv)	[en 'meðio]
opzij (bw)	**de lado** (adv)	[de 'lʲaðo]
overal (bw)	**en todas partes**	[en 'toðas 'partes]
omheen (bw)	**alrededor** (adv)	[alʲreðe'ðor]
binnenuit (bw)	**de dentro** (adv)	[de 'dentro]
naar ergens (bw)	**a alguna parte**	[a alʲ'guna 'parte]
rechtdoor (bw)	**todo derecho** (adv)	['toðo de'retʃo]
terug (bijv. ~ komen)	**atrás**	[a'tras]
ergens vandaan (bw)	**de alguna parte**	[de alʲ'guna 'parte]
ergens vandaan (en dit geld moet ~ komen)	**de alguna parte**	[de alʲ'guna 'parte]
ten eerste (bw)	**primero** (adv)	[pri'mero]
ten tweede (bw)	**segundo** (adv)	[se'gundo]
ten derde (bw)	**tercero** (adv)	[ter'θero]
plotseling (bw)	**de súbito** (adv)	[de 'suβito]
in het begin (bw)	**al principio** (adv)	[alʲ prin'θipio]
voor de eerste keer (bw)	**por primera vez**	[por pri'mera beθ]
lang voor ... (bw)	**mucho tiempo antes ...**	['mutʃo 'tjempo 'antes]
opnieuw (bw)	**de nuevo** (adv)	[de nu'eβo]
voor eeuwig (bw)	**para siempre** (adv)	['para 'sjempre]
nooit (bw)	**nunca** (adv)	['nuŋka]
weer (bw)	**de nuevo** (adv)	[de nu'eβo]

nu (bw)	**ahora** (adv)	[a'ora]
vaak (bw)	**frecuentemente** (adv)	[frekuente'mente]
toen (bw)	**entonces** (adv)	[en'tonθes]
urgent (bw)	**urgentemente**	[urχente'mente]
meestal (bw)	**usualmente** (adv)	[usualʲ'mente]
trouwens, ... (tussen haakjes)	**a propósito, ...**	[a pro'posito]
mogelijk (bw)	**es probable**	[es pro'βaβle]
waarschijnlijk (bw)	**probablemente**	[proβaβle'mente]
misschien (bw)	**tal vez**	[talʲ beθ]
trouwens (bw)	**además ...**	[aðe'mas]
daarom ...	**por eso ...**	[por 'eso]
in weerwil van ...	**a pesar de ...**	[a pe'sar de]
dankzij ...	**gracias a ...**	['graθias a]
wat (vn)	**qué**	[ke]
dat (vw)	**que**	[ke]
iets (vn)	**algo**	['alʲgo]
iets	**algo**	['alʲgo]
niets (vn)	**nada** (f)	['naða]
wie (~ is daar?)	**quien**	[kjen]
iemand (een onbekende)	**alguien**	['alʲgjen]
iemand (een bepaald persoon)	**alguien**	['alʲgjen]
niemand (vn)	**nadie**	['naðje]
nergens (bw)	**a ninguna parte**	[a nin'guna 'parte]
niemands (bn)	**de nadie**	[de 'naðje]
iemands (bn)	**de alguien**	[de 'alʲgjen]
zo (Ik ben ~ blij)	**tan, tanto** (adv)	[tan], ['tanto]
ook (evenals)	**también**	[tam'bjen]
alsook (eveneens)	**también**	[tam'bjen]

18. Functiewoorden. Bijwoorden. Deel 2

Waarom?	**¿Por qué?**	[por 'ke]
om een bepaalde reden	**por alguna razón**	[por alʲ'guna ra'θon]
omdat ...	**porque ...**	['porke]
voor een bepaald doel	**por cualquier razón** (adv)	[por kualʲ'kjer ra'θon]
en (vw)	**y**	[i]
of (vw)	**o**	[o]
maar (vw)	**pero**	['pero]
voor (vz)	**para**	['para]
te (~ veel mensen)	**demasiado** (adv)	[dema'sjaðo]
alleen (bw)	**sólo, solamente** (adv)	['solʲo], [solʲa'mente]
precies (bw)	**exactamente** (adv)	[eksakta'mente]
ongeveer (~ 10 kg)	**cerca de ...**	['θerka de]
omstreeks (bw)	**aproximadamente**	[aproksimaða'mente]
bij benadering (bn)	**aproximado** (adj)	[aproksi'maðo]

bijna (bw)	**casi** (adv)	['kasi]
rest (de)	**resto** (m)	['resto]
de andere (tweede)	**el otro** (adj)	[elʲ 'otro]
ander (bn)	**otro** (adj)	['otro]
elk (bn)	**cada** (adj)	['kaða]
om het even welk	**cualquier** (adj)	[kualʲ'kjer]
veel (grote hoeveelheid)	**mucho** (adv)	['muʧo]
veel mensen	**mucha gente**	['muʧa 'χente]
iedereen (alle personen)	**todos**	['toðos]
in ruil voor ...	**a cambio de ...**	[a 'kambjo de]
in ruil (bw)	**en cambio** (adv)	[en 'kambio]
met de hand (bw)	**a mano**	[a 'mano]
onwaarschijnlijk (bw)	**poco probable**	['poko pro'βaβle]
waarschijnlijk (bw)	**probablemente**	[proβaβle'mente]
met opzet (bw)	**a propósito** (adv)	[a pro'posito]
toevallig (bw)	**por accidente** (adv)	[por akθi'ðente]
zeer (bw)	**muy** (adv)	['muj]
bijvoorbeeld (bw)	**por ejemplo** (adv)	[por e'χemplʲo]
tussen (~ twee steden)	**entre**	['entre]
tussen (te midden van)	**entre**	['entre]
zoveel (bw)	**tanto**	['tanto]
vooral (bw)	**especialmente** (adv)	[espeθjalʲ'mente]

Basisbegrippen Deel 2

19. Tegenovergestelden

rijk (bn)	**rico** (adj)	['riko]
arm (bn)	**pobre** (adj)	['poβre]
ziek (bn)	**enfermo** (adj)	[eɱ'fermo]
gezond (bn)	**sano** (adj)	['sano]
groot (bn)	**grande** (adj)	['grande]
klein (bn)	**pequeño** (adj)	[pe'kenjo]
snel (bw)	**rápidamente** (adv)	['rapiða'mente]
langzaam (bw)	**lentamente** (adv)	[lenta'mente]
snel (bn)	**rápido** (adj)	['rapiðo]
langzaam (bn)	**lento** (adj)	['lento]
vrolijk (bn)	**alegre** (adj)	[a'leɣre]
treurig (bn)	**triste** (adj)	['triste]
samen (bw)	**juntos** (adv)	['χuntos]
apart (bw)	**separadamente**	[separaða'mente]
hardop (~ lezen)	**en voz alta**	[en 'boθ 'alʲta]
stil (~ lezen)	**en silencio**	[en si'lenθio]
hoog (bn)	**alto** (adj)	['alʲto]
laag (bn)	**bajo** (adj)	['baχo]
diep (bn)	**profundo** (adj)	[pro'fundo]
ondiep (bn)	**poco profundo** (adj)	['poko pro'fundo]
ja	**sí**	[si]
nee	**no**	[no]
ver (bn)	**lejano, distante** (adj)	[le'χano], [dis'tante]
dicht (bn)	**próximo, cercano** (adj)	['proksimo], [θer'kano]
ver (bw)	**lejos** (adv)	['leχos]
dichtbij (bw)	**cerco** (adv)	['θerko]
lang (bn)	**largo** (adj)	['lʲargo]
kort (bn)	**corto** (adj)	['korto]
vriendelijk (goedhartig)	**bueno, bondadoso** (adj)	[bu'eno], [bonda'ðoso]
kwaad (bn)	**malo, malvado** (adj)	['malʲo], [malʲ'βaðo]

gehuwd (mann.)	**casado** (adj)	[ka'saðo]
ongehuwd (mann.)	**soltero** (adj)	[solʲ'tero]
verbieden (ww)	**prohibir** (vt)	[proi'βir]
toestaan (ww)	**permitir** (vt)	[permi'tir]
einde (het)	**fin** (m)	[fin]
begin (het)	**principio, comienzo** (m)	[prin'θipio], [ko'mjenθo]
linker (bn)	**izquierdo** (adj)	[iθ'kjerðo]
rechter (bn)	**derecho** (adj)	[de'reʧo]
eerste (bn)	**primero** (adj)	[pri'mero]
laatste (bn)	**último** (adj)	['ulʲtimo]
misdaad (de)	**crimen** (m)	['krimen]
bestraffing (de)	**castigo** (m)	[kas'tigo]
bevelen (ww)	**ordenar** (vt)	[orðe'nar]
gehoorzamen (ww)	**obedecer** (vi, vt)	[oβeðe'θer]
recht (bn)	**recto** (adj)	['rekto]
krom (bn)	**curvo** (adj)	['kurβo]
paradijs (het)	**paraíso** (m)	[para'iso]
hel (de)	**infierno** (m)	[iŋ'fjerno]
geboren worden (ww)	**nacer** (vi)	[na'θer]
sterven (ww)	**morir** (vi)	[mo'rir]
sterk (bn)	**fuerte** (adj)	[fu'erte]
zwak (bn)	**débil** (adj)	['deβilʲ]
oud (bn)	**viejo** (adj)	['bjeχo]
jong (bn)	**joven** (adj)	['χoβen]
oud (bn)	**viejo** (adj)	['bjeχo]
nieuw (bn)	**nuevo** (adj)	[nu'eβo]
hard (bn)	**duro** (adj)	['duro]
zacht (bn)	**blando** (adj)	['blʲando]
warm (bn)	**tibio** (adj)	['tiβio]
koud (bn)	**frío** (adj)	['frio]
dik (bn)	**gordo** (adj)	['gorðo]
dun (bn)	**delgado** (adj)	[delʲ'gado]
smal (bn)	**estrecho** (adj)	[es'treʧo]
breed (bn)	**ancho** (adj)	['anʧo]
goed (bn)	**bueno** (adj)	[bu'eno]
slecht (bn)	**malo** (adj)	['malʲo]
moedig (bn)	**valiente** (adj)	[ba'ljente]
laf (bn)	**cobarde** (adj)	[ko'βarðe]

20. Dagen van de week

maandag (de)	**lunes** (m)	['lʲunes]
dinsdag (de)	**martes** (m)	['martes]
woensdag (de)	**miércoles** (m)	['mjerkoles]
donderdag (de)	**jueves** (m)	[χu'eβes]
vrijdag (de)	**viernes** (m)	['bjernes]
zaterdag (de)	**sábado** (m)	['saβaðo]
zondag (de)	**domingo** (m)	[do'mingo]

vandaag (bw)	**hoy** (adv)	[oj]
morgen (bw)	**mañana** (adv)	[ma'njana]
overmorgen (bw)	**pasado mañana**	[pa'saðo ma'njana]
gisteren (bw)	**ayer** (adv)	[a'jer]
eergisteren (bw)	**anteayer** (adv)	[ante·a'jer]

dag (de)	**día** (m)	['dia]
werkdag (de)	**día** (m) **de trabajo**	['dia de tra'βaχo]
feestdag (de)	**día** (m) **de fiesta**	['dia de 'fjesta]
verlofdag (de)	**día** (m) **de descanso**	['dia de des'kanso]
weekend (het)	**fin** (m) **de semana**	['fin de se'mana]

de hele dag (bw)	**todo el día**	['toðo elʲ 'dia]
de volgende dag (bw)	**al día siguiente**	[alʲ 'dia si'gjente]
twee dagen geleden	**dos días atrás**	[dos 'dias a'tras]
aan de vooravond (bw)	**en vísperas** (adv)	[en 'bisperas]
dag-, dagelijks (bn)	**diario** (adj)	['djario]
elke dag (bw)	**cada día** (adv)	['kaða 'dia]

week (de)	**semana** (f)	[se'mana]
vorige week (bw)	**semana** (f) **pasada**	[se'mana pa'saða]
volgende week (bw)	**semana** (f) **que viene**	[se'mana ke 'bjene]
wekelijks (bn)	**semanal** (adj)	[sema'nalʲ]
elke week (bw)	**cada semana** (adv)	['kaða se'mana]
twee keer per week	**dos veces por semana**	[dos 'beθes por se'mana]
elke dinsdag	**todos los martes**	['toðos los 'martes]

21. Uren. Dag en nacht

morgen (de)	**mañana** (f)	[ma'njana]
's morgens (bw)	**por la mañana**	[por lʲa ma'njana]
middag (de)	**mediodía** (m)	['meðjo'ðia]
's middags (bw)	**por la tarde**	[por lʲa 'tarðe]

avond (de)	**noche** (f)	['notʃe]
's avonds (bw)	**por la noche**	[por lʲa 'notʃe]
nacht (de)	**noche** (f)	['notʃe]
's nachts (bw)	**por la noche**	[por lʲa 'notʃe]
middernacht (de)	**medianoche** (f)	['meðia'notʃe]

seconde (de)	**segundo** (m)	[se'gundo]
minuut (de)	**minuto** (m)	[mi'nuto]
uur (het)	**hora** (f)	['ora]

halfuur (het)	**media hora** (f)	['meðia 'ora]
kwartier (het)	**cuarto** (m) **de hora**	[ku'arto de 'ora]
vijftien minuten	**quince minutos**	['kinθe mi'nutos]
etmaal (het)	**veinticuatro horas**	['bejti·ku'atro 'oras]
zonsopgang (de)	**salida** (f) **del sol**	[sa'liða delʲ 'solʲ]
dageraad (de)	**amanecer** (m)	[amane'θer]
vroege morgen (de)	**madrugada** (f)	[maðru'gaða]
zonsondergang (de)	**puesta** (f) **del sol**	[pu'esta delʲ 'solʲ]
's morgens vroeg (bw)	**de madrugada**	[de maðru'gaða]
vanmorgen (bw)	**esta mañana**	['esta ma'njana]
morgenochtend (bw)	**mañana por la mañana**	[ma'njana por lʲa ma'njana]
vanmiddag (bw)	**esta tarde**	['esta 'tarðe]
's middags (bw)	**por la tarde**	[por lʲa 'tarðe]
morgenmiddag (bw)	**mañana por la tarde**	[ma'njana por lʲa 'tarðe]
vanavond (bw)	**esta noche**	['esta 'noʧe]
morgenavond (bw)	**mañana por la noche**	[ma'njana por lʲa 'noʧe]
klokslag drie uur	**a las tres en punto**	[a lʲas 'tres en 'punto]
ongeveer vier uur	**a eso de las cuatro**	[a 'eso de lʲas ku'atro]
tegen twaalf uur	**para las doce**	['para lʲas 'doθe]
over twintig minuten	**dentro de veinte minutos**	['dentro de 'bejnte mi'nutos]
over een uur	**dentro de una hora**	['dentro de 'una 'ora]
op tijd (bw)	**a tiempo** (adv)	[a 'tjempo]
kwart voor ...	**... menos cuarto**	['menos ku'arto]
binnen een uur	**durante una hora**	[du'rante 'una 'ora]
elk kwartier	**cada quince minutos**	['kaða 'kinθe mi'nutos]
de klok rond	**día y noche**	['dia i 'noʧe]

22. Maanden. Seizoenen

januari (de)	**enero** (m)	[e'nero]
februari (de)	**febrero** (m)	[fe'βrero]
maart (de)	**marzo** (m)	['marθo]
april (de)	**abril** (m)	[a'βrilʲ]
mei (de)	**mayo** (m)	['majo]
juni (de)	**junio** (m)	['χunio]
juli (de)	**julio** (m)	['χulio]
augustus (de)	**agosto** (m)	[a'gosto]
september (de)	**septiembre** (m)	[sep'tjembre]
oktober (de)	**octubre** (m)	[ok'tuβre]
november (de)	**noviembre** (m)	[no'βjembre]
december (de)	**diciembre** (m)	[di'θjembre]
lente (de)	**primavera** (f)	[prima'βera]
in de lente (bw)	**en primavera**	[en prima'βera]
lente- (abn)	**de primavera** (adj)	[de prima'βera]
zomer (de)	**verano** (m)	[be'rano]

in de zomer (bw)	**en verano**	[em be'rano]
zomer-, zomers (bn)	**de verano** (adj)	[de be'rano]
herfst (de)	**otoño** (m)	[o'tonjo]
in de herfst (bw)	**en otoño**	[en o'tonjo]
herfst- (abn)	**de otoño** (adj)	[de o'tonjo]
winter (de)	**invierno** (m)	[im'bjerno]
in de winter (bw)	**en invierno**	[en im'bjerno]
winter- (abn)	**de invierno** (adj)	[de im'bjerno]
maand (de)	**mes** (m)	[mes]
deze maand (bw)	**este mes**	['este 'mes]
volgende maand (bw)	**al mes siguiente**	[alʲ 'mes si'gjente]
vorige maand (bw)	**el mes pasado**	[elʲ 'mes pa'saðo]
een maand geleden (bw)	**hace un mes**	['aθe un 'mes]
over een maand (bw)	**dentro de un mes**	['dentro de un mes]
over twee maanden (bw)	**dentro de dos meses**	['dentro de dos 'meses]
de hele maand (bw)	**todo el mes**	['toðo elʲ 'mes]
een volle maand (bw)	**todo un mes**	['toðo un 'mes]
maand-, maandelijks (bn)	**mensual** (adj)	[mensu'alʲ]
maandelijks (bw)	**mensualmente** (adv)	[mensualʲ'mente]
elke maand (bw)	**cada mes**	['kaða 'mes]
twee keer per maand	**dos veces por mes**	[dos 'beθes por 'mes]
jaar (het)	**año** (m)	['anjo]
dit jaar (bw)	**este año**	['este 'anjo]
volgend jaar (bw)	**el próximo año**	[elʲ 'proksimo 'anjo]
vorig jaar (bw)	**el año pasado**	[elʲ 'anjo pa'saðo]
een jaar geleden (bw)	**hace un año**	['aθe un 'anjo]
over een jaar	**dentro de un año**	['dentro de un 'anjo]
over twee jaar	**dentro de dos años**	['dentro de dos 'anjos]
het hele jaar	**todo el año**	['toðo elʲ 'anjo]
een vol jaar	**todo un año**	['toðo un 'anjo]
elk jaar	**cada año**	['kaða 'anjo]
jaar-, jaarlijks (bn)	**anual** (adj)	[anu'alʲ]
jaarlijks (bw)	**anualmente** (adv)	[anualʲ'mente]
4 keer per jaar	**cuatro veces por año**	[ku'atro 'beθes por 'anjo]
datum (de)	**fecha** (f)	['fetʃa]
datum (de)	**fecha** (f)	['fetʃa]
kalender (de)	**calendario** (m)	[kalen'dario]
een half jaar	**medio año** (m)	['meðjo 'anjo]
zes maanden	**seis meses**	['sejs 'meses]
seizoen (bijv. lente, zomer)	**estación** (f)	[esta'θjon]
eeuw (de)	**siglo** (m)	['siɣlʲo]

23. Tijd. Diversen

tijd (de)	**tiempo** (m)	['tjempo]
ogenblik (het)	**momento** (m)	[mo'mento]

moment (het)	**instante** (m)	[ins'tante]
ogenblikkelijk (bn)	**instantáneo** (adj)	[instan'taneo]
tijdsbestek (het)	**lapso** (m) **de tiempo**	['lʲapso de 'tjempo]
leven (het)	**vida** (f)	['biða]
eeuwigheid (de)	**eternidad** (f)	[eterni'ðað]
epoche (de), tijdperk (het)	**época** (f)	['epoka]
era (de), tijdperk (het)	**era** (f)	['era]
cyclus (de)	**ciclo** (m)	['θiklʲo]
periode (de)	**periodo** (m)	[pe'rjoðo]
termijn (vastgestelde periode)	**plazo** (m)	['plʲaθo]
toekomst (de)	**futuro** (m)	[fu'turo]
toekomstig (bn)	**futuro** (adj)	[fu'turo]
de volgende keer	**la próxima vez**	[lʲa 'proksima 'beθ]
verleden (het)	**pasado** (m)	[pa'saðo]
vorig (bn)	**pasado** (adj)	[pa'saðo]
de vorige keer	**la última vez**	[lʲa 'ulʲtima 'beθ]
later (bw)	**más tarde** (adv)	[mas 'tarðe]
na (~ het diner)	**después**	[despu'es]
tegenwoordig (bw)	**actualmente** (adv)	[aktualʲ'mente]
nu (bw)	**ahora** (adv)	[a'ora]
onmiddellijk (bw)	**inmediatamente**	[immeðjata'mente]
snel (bw)	**pronto** (adv)	['pronto]
bij voorbaat (bw)	**de antemano** (adv)	[de ante'mano]
lang geleden (bw)	**hace mucho tiempo**	['aθe 'muʧo 'tjempo]
kort geleden (bw)	**hace poco** (adv)	['aθe 'poko]
noodlot (het)	**destino** (m)	[des'tino]
herinneringen (mv.)	**recuerdos** (m pl)	[reku'erðos]
archief (het)	**archivo** (m)	[ar'ʧiβo]
tijdens ... (ten tijde van)	**durante ...**	[du'rante]
lang (bw)	**mucho tiempo** (adv)	['muʧo 'tjempo]
niet lang (bw)	**poco tiempo** (adv)	['poko 'tjempo]
vroeg (bijv. ~ in de ochtend)	**temprano** (adv)	[tem'prano]
laat (bw)	**tarde** (adv)	['tarðe]
voor altijd (bw)	**para siempre** (adv)	['para 'sjempre]
beginnen (ww)	**comenzar** (vt)	[komen'θar]
uitstellen (ww)	**aplazar** (vt)	[aplʲa'θar]
tegelijkertijd (bw)	**simultáneamente**	[simulʲ'tanea'mente]
voortdurend (bw)	**permanentemente**	[permanenta'mente]
voortdurend	**constante** (adj)	[kons'tante]
tijdelijk (bn)	**temporal** (adj)	[tempo'ralʲ]
soms (bw)	**a veces** (adv)	[a 'beθes]
zelden (bw)	**raras veces, raramente** (adv)	['raras 'beθes], [rara'mente]
vaak (bw)	**frecuentemente** (adv)	[frekuente'mente]

24. Lijnen en vormen

vierkant (het)	**cuadrado** (m)	[kua'ðraðo]
vierkant (bn)	**cuadrado** (adj)	[kua'ðraðo]

cirkel (de)	**círculo** (m)	['θirkulʲo]
rond (bn)	**redondo** (adj)	[re'ðondo]
driehoek (de)	**triángulo** (m)	[tri'angulʲo]
driehoekig (bn)	**triangular** (adj)	[triangu'lʲar]
ovaal (het)	**óvalo** (m)	['oβalʲo]
ovaal (bn)	**oval** (adj)	[o'βalʲ]
rechthoek (de)	**rectángulo** (m)	[rek'tangulʲo]
rechthoekig (bn)	**rectangular** (adj)	[rektangu'lʲar]
piramide (de)	**pirámide** (f)	[pi'ramiðe]
ruit (de)	**rombo** (m)	['rombo]
trapezium (het)	**trapecio** (m)	[tra'peθio]
kubus (de)	**cubo** (m)	['kuβo]
prisma (het)	**prisma** (m)	['prisma]
omtrek (de)	**circunferencia** (f)	[θirkuɱfe'renθia]
bol, sfeer (de)	**esfera** (f)	[es'fera]
bal (de)	**globo** (m)	['glʲoβo]
diameter (de)	**diámetro** (m)	[di'ametro]
straal (de)	**radio** (m)	['raðio]
omtrek (~ van een cirkel)	**perímetro** (m)	[pe'rimetro]
middelpunt (het)	**centro** (m)	['θentro]
horizontaal (bn)	**horizontal** (adj)	[oriθon'talʲ]
verticaal (bn)	**vertical** (adj)	[berti'kalʲ]
parallel (de)	**paralela** (f)	[para'lʲelʲa]
parallel (bn)	**paralelo** (adj)	[para'lʲelʲo]
lijn (de)	**línea** (f)	['linea]
streep (de)	**trazo** (m)	['traθo]
rechte lijn (de)	**recta** (f)	['rekta]
kromme (de)	**curva** (f)	['kurβa]
dun (bn)	**fino** (adj)	['fino]
omlijning (de)	**contorno** (m)	[kon'torno]
snijpunt (het)	**intersección** (f)	[intersek'θjon]
rechte hoek (de)	**ángulo** (m) **recto**	['angulʲo 'rekto]
segment (het)	**segmento** (m)	[seɣ'mento]
sector (de)	**sector** (m)	[sek'tor]
zijde (de)	**lado** (m)	['lʲaðo]
hoek (de)	**ángulo** (m)	['angulʲo]

25. Meeteenheden

gewicht (het)	**peso** (m)	['peso]
lengte (de)	**longitud** (f)	[lʲonχi'tuð]
breedte (de)	**anchura** (f)	[an'ʧura]
hoogte (de)	**altura** (f)	[alʲ'tura]
diepte (de)	**profundidad** (f)	[profundi'ðað]
volume (het)	**volumen** (m)	[bo'lʲumen]
oppervlakte (de)	**área** (f)	['area]
gram (het)	**gramo** (m)	['gramo]
milligram (het)	**miligramo** (m)	[mili'ɣramo]

kilogram (het) **kilogramo** (m) [kilʲo'ɣramo]
ton (duizend kilo) **tonelada** (f) [tone'lʲaða]
pond (het) **libra** (f) ['liβra]
ons (het) **onza** (f) ['onθa]

meter (de) **metro** (m) ['metro]
millimeter (de) **milímetro** (m) [mi'limetro]
centimeter (de) **centímetro** (m) [θen'timetro]
kilometer (de) **kilómetro** (m) [ki'lʲometro]
mijl (de) **milla** (f) ['mija]

duim (de) **pulgada** (f) [pulʲ'gaða]
voet (de) **pie** (m) [pje]
yard (de) **yarda** (f) ['jarða]

vierkante meter (de) **metro** (m) **cuadrado** ['metro kua'ðraðo]
hectare (de) **hectárea** (f) [ek'tarea]

liter (de) **litro** (m) ['litro]
graad (de) **grado** (m) ['graðo]
volt (de) **voltio** (m) ['bolʲtio]
ampère (de) **amperio** (m) [am'perio]
paardenkracht (de) **caballo** (m) **de fuerza** [ka'βajo de fu'erθa]

hoeveelheid (de) **cantidad** (f) [kanti'ðað]
een beetje ... **un poco de ...** [un 'poko de]
helft (de) **mitad** (f) [mi'tað]
dozijn (het) **docena** (f) [do'θena]
stuk (het) **pieza** (f) ['pjeθa]

afmeting (de) **dimensión** (f) [dimen'sjon]
schaal (bijv. ~ van 1 op 50) **escala** (f) [es'kalʲa]

minimaal (bn) **mínimo** (adj) ['minimo]
minste (bn) **el más pequeño** (adj) [elʲ mas pe'kenjo]
medium (bn) **medio** (adj) ['meðio]
maximaal (bn) **máximo** (adj) ['maksimo]
grootste (bn) **el más grande** (adj) [elʲ 'mas 'grande]

26. Containers

glazen pot (de) **tarro** (m) **de vidrio** ['taro de 'biðrio]
blik (conserven~) **lata** (f) ['lʲata]
emmer (de) **cubo** (m) ['kuβo]
ton (bijv. regenton) **barril** (m) [ba'rilʲ]

ronde waterbak (de) **palangana** (f) [palʲan'gana]
tank (bijv. watertank-70-ltr) **tanque** (m) ['taŋke]
heupfles (de) **petaca** (f) [pe'taka]
jerrycan (de) **bidón** (m) **de gasolina** [bi'ðon de gaso'lina]
tank (bijv. ketelwagen) **cisterna** (f) [θis'terna]

beker (de) **taza** (f) ['taθa]
kopje (het) **taza** (f) ['taθa]

schoteltje (het)	**platillo** (m)	[plʲa'tijo]
glas (het)	**vaso** (m)	['baso]
wijnglas (het)	**copa** (f) **de vino**	['kopa de 'bino]
pan (de)	**olla** (f)	['oja]
fles (de)	**botella** (f)	[bo'teja]
flessenhals (de)	**cuello** (m) **de botella**	[ku'ejo de bo'teja]
karaf (de)	**garrafa** (f)	[ga'rafa]
kruik (de)	**jarro** (m)	['χaro]
vat (het)	**recipiente** (m)	[reθi'pjente]
pot (de)	**tarro** (m)	['taro]
vaas (de)	**florero** (m)	[flʲo'rero]
flacon (de)	**frasco** (m)	['frasko]
flesje (het)	**frasquito** (m)	[fras'kito]
tube (bijv. ~ tandpasta)	**tubo** (m)	['tuβo]
zak (bijv. ~ aardappelen)	**saco** (m)	['sako]
tasje (het)	**bolsa** (f)	['bolʲsa]
pakje (~ sigaretten, enz.)	**paquete** (m)	[pa'kete]
doos (de)	**caja** (f)	['kaχa]
kist (de)	**cajón** (m)	[ka'χon]
mand (de)	**cesta** (f)	['θesta]

27. Materialen

materiaal (het)	**material** (m)	[mate'rjalʲ]
hout (het)	**madera** (f)	[ma'ðera]
houten (bn)	**de madera** (adj)	[de ma'ðera]
glas (het)	**vidrio** (m)	['biðrio]
glazen (bn)	**de vidrio** (adj)	[de 'biðrio]
steen (de)	**piedra** (f)	['pjeðra]
stenen (bn)	**de piedra** (adj)	[de 'pjeðra]
plastic (het)	**plástico** (m)	['plʲastiko]
plastic (bn)	**de plástico** (adj)	[de 'plʲastiko]
rubber (het)	**goma** (f)	['goma]
rubber-, rubberen (bn)	**de goma** (adj)	[de 'goma]
stof (de)	**tela** (f)	['telʲa]
van stof (bn)	**de tela** (adj)	[de 'telʲa]
papier (het)	**papel** (m)	[pa'pelʲ]
papieren (bn)	**de papel** (adj)	[de pa'pelʲ]
karton (het)	**cartón** (m)	[kar'ton]
kartonnen (bn)	**de cartón** (adj)	[de kar'ton]
polyethyleen (het)	**polietileno** (m)	[polieti'leno]
cellofaan (het)	**celofán** (m)	[θelʲo'fan]

multiplex (het) **contrachapado** (m) [kontraʧa'paðo]
porselein (het) **porcelana** (f) [porθe'lʲana]
porseleinen (bn) **de porcelana** (adj) [de porθe'lʲana]
klei (de) **arcilla** (f), **barro** (m) [ar'θija], ['baro]
klei-, van klei (bn) **de barro** (adj) [de 'baro]
keramiek (de) **cerámica** (f) [θe'ramika]
keramieken (bn) **de cerámica** (adj) [de θe'ramika]

28. Metalen

metaal (het) **metal** (m) [me'talʲ]
metalen (bn) **metálico** (adj) [me'taliko]
legering (de) **aleación** (f) [alea'θjon]

goud (het) **oro** (m) ['oro]
gouden (bn) **de oro** (adj) [de 'oro]
zilver (het) **plata** (f) ['plʲata]
zilveren (bn) **de plata** (adj) [de 'plʲata]

ijzer (het) **hierro** (m) ['jero]
ijzeren **de hierro** (adj) [de 'jero]
staal (het) **acero** (m) [a'θero]
stalen (bn) **de acero** (adj) [de a'θero]
koper (het) **cobre** (m) ['koβre]
koperen (bn) **de cobre** (adj) [de 'koβre]

aluminium (het) **aluminio** (m) [alʲu'minio]
aluminium (bn) **de aluminio** (adj) [de alʲu'minio]
brons (het) **bronce** (m) ['bronθe]
bronzen (bn) **de bronce** (adj) [de 'bronθe]

messing (het) **latón** (m) [lʲa'ton]
nikkel (het) **níquel** (m) ['nikelʲ]
platina (het) **platino** (m) [plʲa'tino]
kwik (het) **mercurio** (m) [mer'kurio]
tin (het) **estaño** (m) [es'tanjo]
lood (het) **plomo** (m) ['plʲomo]
zink (het) **zinc** (m) [θiŋk]

MENS

Mens. Het lichaam

29. Mensen. Basisbegrippen

mens (de)	**ser** (m) **humano**	[ser u'mano]
man (de)	**hombre** (m)	['ombre]
vrouw (de)	**mujer** (f)	[mu'χer]
kind (het)	**niño** (m), **niña** (f)	['ninjo], ['ninja]
meisje (het)	**niña** (f)	['ninja]
jongen (de)	**niño** (m)	['ninjo]
tiener, adolescent (de)	**adolescente** (m)	[aðole'θente]
oude man (de)	**viejo, anciano** (m)	['bjeχo], [an'θjano]
oude vrouw (de)	**vieja, anciana** (f)	['bjeχa], [an'θjana]

30. Menselijke anatomie

organisme (het)	**organismo** (m)	[orga'nismo]
hart (het)	**corazón** (m)	[kora'θon]
bloed (het)	**sangre** (f)	['sangre]
slagader (de)	**arteria** (f)	[ar'terja]
ader (de)	**vena** (f)	['bena]
hersenen (mv.)	**cerebro** (m)	[θe'reβro]
zenuw (de)	**nervio** (m)	['nerβio]
zenuwen (mv.)	**nervios** (m pl)	['nerβios]
wervel (de)	**vértebra** (f)	['berteβra]
ruggengraat (de)	**columna** (f) **vertebral**	[ko'lʲumna berte'βralʲ]
maag (de)	**estómago** (m)	[es'tomago]
darmen (mv.)	**intestinos** (m pl)	[intes'tinos]
darm (de)	**intestino** (m)	[intes'tino]
lever (de)	**hígado** (m)	['igaðo]
nier (de)	**riñón** (m)	[ri'njon]
been (deel van het skelet)	**hueso** (m)	[u'eso]
skelet (het)	**esqueleto** (m)	[eske'leto]
rib (de)	**costilla** (f)	[kos'tija]
schedel (de)	**cráneo** (m)	['kraneo]
spier (de)	**músculo** (m)	['muskulʲo]
biceps (de)	**bíceps** (m)	['biθeps]
triceps (de)	**tríceps** (m)	['triθeps]
pees (de)	**tendón** (m)	[ten'don]
gewricht (het)	**articulación** (f)	[artikulʲa'θjon]

longen (mv.)	**pulmones** (m pl)	[pulʲ'mones]
geslachtsorganen (mv.)	**genitales** (m pl)	[χeni'tales]
huid (de)	**piel** (f)	[pjelʲ]

31. Hoofd

hoofd (het)	**cabeza** (f)	[ka'βeθa]
gezicht (het)	**cara** (f)	['kara]
neus (de)	**nariz** (f)	[na'riθ]
mond (de)	**boca** (f)	['boka]
oog (het)	**ojo** (m)	['oχo]
ogen (mv.)	**ojos** (m pl)	['oχos]
pupil (de)	**pupila** (f)	[pu'pilʲa]
wenkbrauw (de)	**ceja** (f)	['θeχa]
wimper (de)	**pestaña** (f)	[pes'tanja]
ooglid (het)	**párpado** (m)	['parpaðo]
tong (de)	**lengua** (f)	['lengua]
tand (de)	**diente** (m)	['djente]
lippen (mv.)	**labios** (m pl)	['lʲaβjos]
jukbeenderen (mv.)	**pómulos** (m pl)	['pomulʲos]
tandvlees (het)	**encía** (f)	[en'θia]
gehemelte (het)	**paladar** (m)	[palʲa'ðar]
neusgaten (mv.)	**ventanas** (f pl)	[ben'tanas]
kin (de)	**mentón** (m)	[men'ton]
kaak (de)	**mandíbula** (f)	[man'diβulʲa]
wang (de)	**mejilla** (f)	[me'χija]
voorhoofd (het)	**frente** (f)	['frente]
slaap (de)	**sien** (f)	[θjen]
oor (het)	**oreja** (f)	[o'reχa]
achterhoofd (het)	**nuca** (f)	['nuka]
hals (de)	**cuello** (m)	[ku'ejo]
keel (de)	**garganta** (f)	[gar'ganta]
haren (mv.)	**pelo, cabello** (m)	['pelʲo], [ka'βejo]
kapsel (het)	**peinado** (m)	[pej'naðo]
haarsnit (de)	**corte** (m) **de pelo**	['korte de 'pelʲo]
pruik (de)	**peluca** (f)	[pe'lʲuka]
snor (de)	**bigote** (m)	[bi'gote]
baard (de)	**barba** (f)	['barβa]
dragen (een baard, enz.)	**tener** (vt)	[te'ner]
vlecht (de)	**trenza** (f)	['trenθa]
bakkebaarden (mv.)	**patillas** (f pl)	[pa'tijas]
ros (roodachtig, rossig)	**pelirrojo** (adj)	[peli'roχo]
grijs (~ haar)	**gris, canoso** (adj)	[gris], [ka'noso]
kaal (bn)	**calvo** (adj)	['kalʲβo]
kale plek (de)	**calva** (f)	['kalʲβa]
paardenstaart (de)	**cola** (f) **de caballo**	['kolʲa de ka'βajo]
pony (de)	**flequillo** (m)	[fle'kijo]

32. Menselijk lichaam

hand (de)	**mano** (f)	['mano]
arm (de)	**brazo** (m)	['braθo]
vinger (de)	**dedo** (m)	['deðo]
teen (de)	**dedo** (m) **del pie**	['deðo delʲ pje]
duim (de)	**dedo** (m) **pulgar**	['deðo pulʲ'gar]
pink (de)	**dedo** (m) **meñique**	['deðo me'njike]
nagel (de)	**uña** (f)	['unja]
vuist (de)	**puño** (m)	['punjo]
handpalm (de)	**palma** (f)	['palʲma]
pols (de)	**muñeca** (f)	[mu'njeka]
voorarm (de)	**antebrazo** (m)	[ante·'βraθo]
elleboog (de)	**codo** (m)	['koðo]
schouder (de)	**hombro** (m)	['ombro]
been (rechter ~)	**pierna** (f)	['pjerna]
voet (de)	**planta** (f)	['plʲanta]
knie (de)	**rodilla** (f)	[ro'ðija]
kuit (de)	**pantorrilla** (f)	[panto'rija]
heup (de)	**cadera** (f)	[ka'ðera]
hiel (de)	**talón** (m)	[ta'lʲon]
lichaam (het)	**cuerpo** (m)	[ku'erpo]
buik (de)	**vientre** (m)	['bjentre]
borst (de)	**pecho** (m)	['peʧo]
borst (de)	**seno** (m)	['seno]
zijde (de)	**lado** (m), **costado** (m)	['lʲaðo], [kos'taðo]
rug (de)	**espalda** (f)	[es'palʲda]
lage rug (de)	**zona** (f) **lumbar**	['θona lʲum'bar]
taille (de)	**cintura** (f), **talle** (m)	[θin'tura], ['taje]
navel (de)	**ombligo** (m)	[om'bligo]
billen (mv.)	**nalgas** (f pl)	['nalʲgas]
achterwerk (het)	**trasero** (m)	[tra'sero]
huidvlek (de)	**lunar** (m)	[lʲu'nar]
moedervlek (de)	**marca** (f) **de nacimiento**	['marka de naθi'mjento]
tatoeage (de)	**tatuaje** (m)	[tatu'aχe]
litteken (het)	**cicatriz** (f)	[sika'triθ]

Kleding en accessoires

33. Bovenkleding. Jassen

kleren (mv.)	**ropa** (f)	['ropa]
bovenkleding (de)	**ropa** (f) **de calle**	['ropa de 'kaje]
winterkleding (de)	**ropa** (f) **de invierno**	['ropa de im'bjerno]
jas (de)	**abrigo** (m)	[a'βrigo]
bontjas (de)	**abrigo** (m) **de piel**	[a'βrigo de pjelʲ]
bontjasje (het)	**abrigo** (m) **corto de piel**	[a'βrigo 'korto de pjelʲ]
donzen jas (de)	**chaqueta** (f) **plumón**	[ʧa'keta plʲu'mon]
jasje (bijv. een leren ~)	**cazadora** (f)	[kaθa'ðora]
regenjas (de)	**impermeable** (m)	[imperme'aβle]
waterdicht (bn)	**impermeable** (adj)	[imperme'aβle]

34. Heren & dames kleding

overhemd (het)	**camisa** (f)	[ka'misa]
broek (de)	**pantalones** (m pl)	[panta'lʲones]
jeans (de)	**vaqueros** (m pl)	[ba'keros]
colbert (de)	**chaqueta** (f), **saco** (m)	[ʧa'keta], ['sako]
kostuum (het)	**traje** (m)	['traχe]
jurk (de)	**vestido** (m)	[bes'tiðo]
rok (de)	**falda** (f)	['falʲda]
blouse (de)	**blusa** (f)	['blʲusa]
wollen vest (de)	**rebeca** (f), **chaqueta** (f) **de punto**	[re'βeka], [ʧa'keta de 'punto]
blazer (kort jasje)	**chaqueta** (f)	[ʧa'keta]
T-shirt (het)	**camiseta** (f)	[kami'seta]
shorts (mv.)	**pantalones** (m pl) **cortos**	[panta'lʲones 'kortos]
trainingspak (het)	**traje** (m) **deportivo**	['traχe depor'tiβo]
badjas (de)	**bata** (f) **de baño**	['bata de 'banjo]
pyjama (de)	**pijama** (m)	[pi'χama]
sweater (de)	**suéter** (m)	[su'eter]
pullover (de)	**pulóver** (m)	[pu'lʲoβer]
gilet (het)	**chaleco** (m)	[ʧa'leko]
rokkostuum (het)	**frac** (m)	[frak]
smoking (de)	**esmoquin** (m)	[es'mokin]
uniform (het)	**uniforme** (m)	[uni'forme]
werkkleding (de)	**ropa** (f) **de trabajo**	['ropa de tra'βaχo]
overall (de)	**mono** (m)	['mono]
doktersjas (de)	**bata** (f)	['bata]

35. Kleding. Ondergoed

ondergoed (het)	**ropa** (f) **interior**	['ropa inte'rjor]
herenslip (de)	**bóxer** (m)	['bokser]
slipjes (mv.)	**bragas** (f pl)	['bragas]
onderhemd (het)	**camiseta** (f) **interior**	[kami'θeta inte'rjor]
sokken (mv.)	**calcetines** (m pl)	[kalʲθe'tines]
nachthemd (het)	**camisón** (m)	[kami'son]
beha (de)	**sostén** (m)	[sos'ten]
kniekousen (mv.)	**calcetines** (m pl) **altos**	[kalʲθe'tines 'alʲtos]
panty (de)	**pantimedias** (f pl)	[panti'meðias]
nylonkousen (mv.)	**medias** (f pl)	['meðias]
badpak (het)	**traje** (m) **de baño**	['traχe de 'banjo]

36. Hoofddeksels

hoed (de)	**gorro** (m)	['goro]
deukhoed (de)	**sombrero** (m)	[som'brero]
honkbalpet (de)	**gorra** (f) **de béisbol**	['gora de 'bejsβolʲ]
kleppet (de)	**gorra** (f) **plana**	['gora 'plʲana]
baret (de)	**boina** (f)	['bojna]
kap (de)	**capuchón** (m)	[kapu'ʧon]
panamahoed (de)	**panamá** (m)	[pana'ma]
gebreide muts (de)	**gorro** (m) **de punto**	['goro de 'punto]
hoofddoek (de)	**pañuelo** (m)	[panju'elʲo]
dameshoed (de)	**sombrero** (m) **de mujer**	[som'brero de mu'χer]
veiligheidshelm (de)	**casco** (m)	['kasko]
veldmuts (de)	**gorro** (m) **de campaña**	['goro de kam'panja]
helm, valhelm (de)	**casco** (m)	['kasko]
bolhoed (de)	**bombín** (m)	[bom'bin]
hoge hoed (de)	**sombrero** (m) **de copa**	[som'brero de 'kopa]

37. Schoeisel

schoeisel (het)	**calzado** (m)	[kalʲ'θaðo]
schoenen (mv.)	**botas** (f pl)	['botas]
vrouwenschoenen (mv.)	**zapatos** (m pl)	[θa'patos]
laarzen (mv.)	**botas** (f pl)	['botas]
pantoffels (mv.)	**zapatillas** (f pl)	[θapa'tijas]
sportschoenen (mv.)	**tenis** (m pl)	['tenis]
sneakers (mv.)	**zapatillas** (f pl) **de lona**	[θapa'tijas de 'lʲona]
sandalen (mv.)	**sandalias** (f pl)	[san'daljas]
schoenlapper (de)	**zapatero** (m)	[θapa'tero]
hiel (de)	**tacón** (m)	[ta'kon]

paar (een ~ schoenen)	**par** (m)	[par]
veter (de)	**cordón** (m)	[kor'ðon]
rijgen (schoenen ~)	**encordonar** (vt)	[eŋkorðo'nar]
schoenlepel (de)	**calzador** (m)	[kalʲθa'ðor]
schoensmeer (de/het)	**betún** (m)	[be'tun]

38. Textiel. Weefsel

katoen (de/het)	**algodón** (m)	[alʲgo'ðon]
katoenen (bn)	**de algodón** (adj)	[de alʲgo'ðon]
vlas (het)	**lino** (m)	['lino]
vlas-, van vlas (bn)	**de lino** (adj)	[de 'lino]
zijde (de)	**seda** (f)	['seða]
zijden (bn)	**de seda** (adj)	[de 'seða]
wol (de)	**lana** (f)	['lʲana]
wollen (bn)	**de lana** (adj)	[de 'lʲana]
fluweel (het)	**terciopelo** (m)	[terθjo'pelʲo]
suède (de)	**gamuza** (f)	[ga'muθa]
ribfluweel (het)	**pana** (f)	['pana]
nylon (de/het)	**nilón** (m)	[ni'lʲon]
nylon-, van nylon (bn)	**de nilón** (adj)	[de ni'lʲon]
polyester (het)	**poliéster** (m)	[po'ljester]
polyester- (abn)	**de poliéster** (adj)	[de po'ljester]
leer (het)	**piel** (f)	[pjelʲ]
leren (van leer gemaak)	**de piel**	[de 'pjelʲ]
bont (het)	**piel** (f)	[pjelʲ]
bont- (abn)	**de piel** (adj)	[de 'pjelʲ]

39. Persoonlijke accessoires

handschoenen (mv.)	**guantes** (m pl)	[gu'antes]
wanten (mv.)	**manoplas** (f pl)	[ma'noplʲas]
sjaal (fleece ~)	**bufanda** (f)	[bu'fanda]
bril (de)	**gafas** (f pl)	['gafas]
brilmontuur (het)	**montura** (f)	[mon'tura]
paraplu (de)	**paraguas** (m)	[pa'raguas]
wandelstok (de)	**bastón** (m)	[bas'ton]
haarborstel (de)	**cepillo** (m) **de pelo**	[θe'pijo de 'pelʲo]
waaier (de)	**abanico** (m)	[aβa'niko]
das (de)	**corbata** (f)	[kor'βata]
strikje (het)	**pajarita** (f)	[paχa'rita]
bretels (mv.)	**tirantes** (m pl)	[ti'rantes]
zakdoek (de)	**moquero** (m)	[mo'kero]
kam (de)	**peine** (m)	['pejne]
haarspeldje (het)	**pasador** (m) **de pelo**	[pasa'ðor de 'pelʲo]

schuifspeldje (het)	**horquilla** (f)	[or'kija]
gesp (de)	**hebilla** (f)	[e'βija]
broekriem (de)	**cinturón** (m)	[θintu'ron]
draagriem (de)	**correa** (f)	[ko'rea]
handtas (de)	**bolsa** (f)	['bolʲsa]
damestas (de)	**bolso** (m)	['bolʲso]
rugzak (de)	**mochila** (f)	[mo'ʧilʲa]

40. Kleding. Diversen

mode (de)	**moda** (f)	['moða]
de mode (bn)	**de moda** (adj)	[de 'moða]
kledingstilist (de)	**diseñador** (m) **de moda**	[disenja'ðor de 'moða]
kraag (de)	**cuello** (m)	[ku'ejo]
zak (de)	**bolsillo** (m)	[bolʲ'sijo]
zak- (abn)	**de bolsillo** (adj)	[de bolʲ'sijo]
mouw (de)	**manga** (f)	['manga]
lusje (het)	**presilla** (f)	[pre'sija]
gulp (de)	**bragueta** (f)	[bra'geta]
rits (de)	**cremallera** (f)	[krema'jera]
sluiting (de)	**cierre** (m)	['θjere]
knoop (de)	**botón** (m)	[bo'ton]
knoopsgat (het)	**ojal** (m)	[o'χalʲ]
losraken (bijv. knopen)	**saltar** (vi)	[salʲ'tar]
naaien (kleren, enz.)	**coser** (vi, vt)	[ko'ser]
borduren (ww)	**bordar** (vt)	[bor'ðar]
borduursel (het)	**bordado** (m)	[bor'ðaðo]
naald (de)	**aguja** (f)	[a'guχa]
draad (de)	**hilo** (m)	['ilʲo]
naad (de)	**costura** (f)	[kos'tura]
vies worden (ww)	**ensuciarse** (vr)	[ensu'θjarse]
vlek (de)	**mancha** (f)	['manʧa]
gekreukt raken (ov. kleren)	**arrugarse** (vr)	[aru'garse]
scheuren (ov ww.)	**rasgar** (vt)	[ras'gar]
mot (de)	**polilla** (f)	[po'lija]

41. Persoonlijke verzorging. Schoonheidsmiddelen

tandpasta (de)	**pasta** (f) **de dientes**	['pasta de 'djentes]
tandenborstel (de)	**cepillo** (m) **de dientes**	[θe'pijo de 'djentes]
tanden poetsen (ww)	**limpiarse los dientes**	[lim'pjarse los 'djentes]
scheermes (het)	**maquinilla** (f) **de afeitar**	[maki'nija de afej'tar]
scheerschuim (het)	**crema** (f) **de afeitar**	['krema de afej'tar]
zich scheren (ww)	**afeitarse** (vr)	[afej'tarse]
zeep (de)	**jabón** (m)	[χa'βon]

shampoo (de)	**champú** (m)	[ʧam'pu]
schaar (de)	**tijeras** (f pl)	[ti'χeras]
nagelvijl (de)	**lima** (f) **de uñas**	['lima de 'unjas]
nagelknipper (de)	**cortaúñas** (m pl)	[korta·'unjas]
pincet (het)	**pinzas** (f pl)	['pinθas]
cosmetica (mv.)	**cosméticos** (m pl)	[kos'metikos]
masker (het)	**mascarilla** (f)	[maska'rija]
manicure (de)	**manicura** (f)	[mani'kura]
manicure doen	**hacer la manicura**	[a'θer lʲa mani'kura]
pedicure (de)	**pedicura** (f)	[peði'kura]
cosmetica tasje (het)	**bolsa** (f) **de maquillaje**	['bolʲsa de maki'jaχe]
poeder (de/het)	**polvos** (m pl)	['polʲβos]
poederdoos (de)	**polvera** (f)	[polʲ'βera]
rouge (de)	**colorete** (m)	[kolʲo'rete]
parfum (de/het)	**perfume** (m)	[per'fume]
eau de toilet (de)	**agua** (f) **de tocador**	['agua de [toka'ðor]
lotion (de)	**loción** (f)	[lʲo'θjon]
eau de cologne (de)	**agua** (f) **de Colonia**	['agua de ko'lʲonia]
oogschaduw (de)	**sombra** (f) **de ojos**	['sombra de 'oχos]
oogpotlood (het)	**lápiz** (m) **de ojos**	['lʲapiθ de 'oχos]
mascara (de)	**rímel** (m)	['rimelʲ]
lippenstift (de)	**pintalabios** (m)	[pinta·'lʲaβios]
nagellak (de)	**esmalte** (m) **de uñas**	[es'malʲte de 'unjas]
haarlak (de)	**fijador** (m)	[fiχa'ðor]
deodorant (de)	**desodorante** (m)	[desoðo'rante]
crème (de)	**crema** (f)	['krema]
gezichtscrème (de)	**crema** (f) **de belleza**	['krema de be'jeθa]
handcrème (de)	**crema** (f) **de manos**	['krema de 'manos]
antirimpelcrème (de)	**crema** (f) **antiarrugas**	['krema anti·a'rugas]
dagcrème (de)	**crema** (f) **de día**	['krema de 'dia]
nachtcrème (de)	**crema** (f) **de noche**	['krema de 'noʧe]
dag- (abn)	**de día** (adj)	[de 'dia]
nacht- (abn)	**de noche** (adj)	[de 'noʧe]
tampon (de)	**tampón** (m)	[tam'pon]
toiletpapier (het)	**papel** (m) **higiénico**	[pa'pelʲ i'χjeniko]
föhn (de)	**secador** (m) **de pelo**	[seka'ðor de 'pelʲo]

42. Juwelen

sieraden (mv.)	**joyas** (f pl)	['χojas]
edel (bijv. ~ stenen)	**precioso** (adj)	[pre'θjoso]
keurmerk (het)	**contraste** (m)	[kon'traste]
ring (de)	**anillo** (m)	[a'nijo]
trouwring (de)	**anillo** (m) **de boda**	[a'nijo de 'boða]
armband (de)	**pulsera** (f)	[pulʲ'sera]
oorringen (mv.)	**pendientes** (m pl)	[pen'djentes]

halssnoer (het)	**collar** (m)	[ko'jar]
kroon (de)	**corona** (f)	[ko'rona]
kralen snoer (het)	**collar** (m) **de abalorios**	[ko'jar de aβa'lʲorjos]
diamant (de)	**diamante** (m)	[dia'mante]
smaragd (de)	**esmeralda** (f)	[esme'ralʲda]
robijn (de)	**rubí** (m)	[ru'βi]
saffier (de)	**zafiro** (m)	[θa'firo]
parel (de)	**perla** (f)	['perlʲa]
barnsteen (de)	**ámbar** (m)	['ambar]

43. Horloges. Klokken

polshorloge (het)	**reloj** (m)	[re'lʲoχ]
wijzerplaat (de)	**esfera** (f)	[es'fera]
wijzer (de)	**aguja** (f)	[a'guχa]
metalen horlogeband (de)	**pulsera** (f)	[pulʲ'sera]
horlogebandje (het)	**correa** (f)	[ko'rea]
batterij (de)	**pila** (f)	['pilʲa]
leeg zijn (ww)	**descargarse** (vr)	[deskar'garse]
batterij vervangen	**cambiar la pila**	[kam'bjar lʲa 'pilʲa]
voorlopen (ww)	**adelantarse** (vr)	[aðelʲan'tarθe]
achterlopen (ww)	**retrasarse** (vr)	[retra'sarse]
wandklok (de)	**reloj** (m) **de pared**	[re'lʲoχ de pa'reð]
zandloper (de)	**reloj** (m) **de arena**	[re'lʲoχ de a'rena]
zonnewijzer (de)	**reloj** (m) **de sol**	[re'lʲoχ de 'solʲ]
wekker (de)	**despertador** (m)	[desperta'ðor]
horlogemaker (de)	**relojero** (m)	[relʲo'χero]
repareren (ww)	**reparar** (vt)	[repa'rar]

Voedsel. Voeding

44. Voedsel

vlees (het)	**carne** (f)	['karne]
kip (de)	**gallina** (f)	[ga'jina]
kuiken (het)	**pollo** (m)	['pojo]
eend (de)	**pato** (m)	['pato]
gans (de)	**ganso** (m)	['ganso]
wild (het)	**caza** (f) **menor**	['kaθa me'nor]
kalkoen (de)	**pava** (f)	['paβa]
varkensvlees (het)	**carne** (f) **de cerdo**	['karne de 'θerðo]
kalfsvlees (het)	**carne** (f) **de ternera**	['karne de ter'nera]
schapenvlees (het)	**carne** (f) **de carnero**	['karne de kar'nero]
rundvlees (het)	**carne** (f) **de vaca**	['karne de 'baka]
konijnenvlees (het)	**conejo** (m)	[ko'neχo]
worst (de)	**salchichón** (m)	[salʲʧi'ʧon]
saucijs (de)	**salchicha** (f)	[salʲ'ʧiʧa]
spek (het)	**beicon** (m)	['bejkon]
ham (de)	**jamón** (m)	[χa'mon]
gerookte achterham (de)	**jamón** (m) **fresco**	[χa'mon 'fresko]
paté (de)	**paté** (m)	[pa'te]
lever (de)	**hígado** (m)	['igaðo]
gehakt (het)	**carne** (f) **picada**	['karne pi'kaða]
tong (de)	**lengua** (f)	['lengua]
ei (het)	**huevo** (m)	[u'eβo]
eieren (mv.)	**huevos** (m pl)	[u'eβos]
eiwit (het)	**clara** (f)	['klʲara]
eigeel (het)	**yema** (f)	['jema]
vis (de)	**pescado** (m)	[pes'kaðo]
zeevruchten (mv.)	**mariscos** (m pl)	[ma'riskos]
schaaldieren (mv.)	**crustáceos** (m pl)	[krus'taθeos]
kaviaar (de)	**caviar** (m)	[ka'βjar]
krab (de)	**cangrejo** (m) **de mar**	[kan'greχo de 'mar]
garnaal (de)	**camarón** (m)	[kama'ron]
oester (de)	**ostra** (f)	['ostra]
langoest (de)	**langosta** (f)	[lʲan'gosta]
octopus (de)	**pulpo** (m)	['pulʲpo]
inktvis (de)	**calamar** (m)	[kalʲa'mar]
steur (de)	**esturión** (m)	[estu'rjon]
zalm (de)	**salmón** (m)	[salʲ'mon]
heilbot (de)	**fletán** (m)	[fle'tan]
kabeljauw (de)	**bacalao** (m)	[baka'lʲao]

makreel (de)	**caballa** (f)	[ka'βaja]
tonijn (de)	**atún** (m)	[a'tun]
paling (de)	**anguila** (f)	[an'gilʲa]
forel (de)	**trucha** (f)	['trutʃa]
sardine (de)	**sardina** (f)	[sar'ðina]
snoek (de)	**lucio** (m)	['lʲuθio]
haring (de)	**arenque** (m)	[a'reŋke]
brood (het)	**pan** (m)	[pan]
kaas (de)	**queso** (m)	['keso]
suiker (de)	**azúcar** (m)	[a'θukar]
zout (het)	**sal** (f)	[salʲ]
rijst (de)	**arroz** (m)	[a'roθ]
pasta (de)	**macarrones** (m pl)	[maka'rones]
noedels (mv.)	**tallarines** (m pl)	[taja'rines]
boter (de)	**mantequilla** (f)	[mante'kija]
plantaardige olie (de)	**aceite** (m) **vegetal**	[a'θejte beχe'talʲ]
zonnebloemolie (de)	**aceite** (m) **de girasol**	[a'θejte de χira'solʲ]
margarine (de)	**margarina** (f)	[marga'rina]
olijven (mv.)	**olivas, aceitunas** (f pl)	[o'liβas], [aθei'tunas]
olijfolie (de)	**aceite** (m) **de oliva**	[a'θejte de o'liβa]
melk (de)	**leche** (f)	['letʃe]
gecondenseerde melk (de)	**leche** (f) **condensada**	['letʃe konden'saða]
yoghurt (de)	**yogur** (m)	[jo'gur]
zure room (de)	**nata** (f) **agria**	['nata 'aɣria]
room (de)	**nata** (f) **líquida**	['nata 'likiða]
mayonaise (de)	**mayonesa** (f)	[majo'nesa]
crème (de)	**crema** (f) **de mantequilla**	['krema de mante'kija]
graan (het)	**cereales** (m pl) **integrales**	[θere'ales inte'ɣrales]
meel (het), bloem (de)	**harina** (f)	[a'rina]
conserven (mv.)	**conservas** (f pl)	[kon'serβas]
maïsvlokken (mv.)	**copos** (m pl) **de maíz**	['kopos de ma'iθ]
honing (de)	**miel** (f)	[mjelʲ]
jam (de)	**confitura** (f)	[koɱfi'tura]
kauwgom (de)	**chicle** (m)	['tʃikle]

45. Drankjes

water (het)	**agua** (f)	['agua]
drinkwater (het)	**agua** (f) **potable**	['agua po'taβle]
mineraalwater (het)	**agua** (f) **mineral**	['agua mine'ralʲ]
zonder gas	**sin gas**	[sin 'gas]
koolzuurhoudend (bn)	**gaseoso** (adj)	[gase'oso]
bruisend (bn)	**con gas**	[kon 'gas]
ijs (het)	**hielo** (m)	['jelʲo]

met ijs	**con hielo**	[kon 'jelʲo]
alcohol vrij (bn)	**sin alcohol**	[sin alʲko'olʲ]
alcohol vrije drank (de)	**bebida** (f) **sin alcohol**	[be'βiða sin alʲko'olʲ]
frisdrank (de)	**refresco** (m)	[re'fresko]
limonade (de)	**limonada** (f)	[limo'naða]
alcoholische dranken (mv.)	**bebidas** (f pl) **alcohólicas**	[be'βiðas alʲko'olikas]
wijn (de)	**vino** (m)	['bino]
witte wijn (de)	**vino** (m) **blanco**	['bino 'blʲaŋko]
rode wijn (de)	**vino** (m) **tinto**	['bino 'tinto]
likeur (de)	**licor** (m)	[li'kor]
champagne (de)	**champaña** (f)	[ʧam'panja]
vermout (de)	**vermú** (m)	[ber'mu]
whisky (de)	**whisky** (m)	['wiski]
wodka (de)	**vodka** (m)	['boðka]
gin (de)	**ginebra** (f)	[χi'neβra]
cognac (de)	**coñac** (m)	[ko'njak]
rum (de)	**ron** (m)	[ron]
koffie (de)	**café** (m)	[ka'fe]
zwarte koffie (de)	**café** (m) **solo**	[ka'fe 'solʲo]
koffie (de) met melk	**café** (m) **con leche**	[ka'fe kon 'leʧe]
cappuccino (de)	**capuchino** (m)	[kapu'ʧino]
oploskoffie (de)	**café** (m) **soluble**	[ka'fe so'lʲuβle]
melk (de)	**leche** (f)	['leʧe]
cocktail (de)	**cóctel** (m)	['koktelʲ]
milkshake (de)	**batido** (m)	[ba'tiðo]
sap (het)	**zumo** (m), **jugo** (m)	['θumo], ['χugo]
tomatensap (het)	**jugo** (m) **de tomate**	['χugo de to'mate]
sinaasappelsap (het)	**zumo** (m) **de naranja**	['θumo de na'ranχa]
vers geperst sap (het)	**zumo** (m) **fresco**	['θumo 'fresko]
bier (het)	**cerveza** (f)	[θer'βeθa]
licht bier (het)	**cerveza** (f) **rubia**	[θer'βeθa 'ruβia]
donker bier (het)	**cerveza** (f) **negra**	[θer'βeθa 'neɣra]
thee (de)	**té** (m)	[te]
zwarte thee (de)	**té** (m) **negro**	['te 'neɣro]
groene thee (de)	**té** (m) **verde**	['te 'berðe]

46. Groenten

groenten (mv.)	**legumbres** (f pl)	[le'gumbres]
verse kruiden (mv.)	**verduras** (f pl)	[ber'ðuras]
tomaat (de)	**tomate** (m)	[to'mate]
augurk (de)	**pepino** (m)	[pe'pino]
wortel (de)	**zanahoria** (f)	[θana'oria]
aardappel (de)	**patata** (f)	[pa'tata]
ui (de)	**cebolla** (f)	[θe'βoja]

knoflook (de)	**ajo** (m)	['aχo]
kool (de)	**col** (f)	[kolʲ]
bloemkool (de)	**coliflor** (f)	[koli'flʲor]
spruitkool (de)	**col** (f) **de Bruselas**	[kolʲ de bru'selʲas]
broccoli (de)	**brócoli** (m)	['brokoli]
rode biet (de)	**remolacha** (f)	[remo'lʲatʃa]
aubergine (de)	**berenjena** (f)	[beren'χena]
courgette (de)	**calabacín** (m)	[kalʲaβa'θin]
pompoen (de)	**calabaza** (f)	[kalʲa'βaθa]
raap (de)	**nabo** (m)	['naβo]
peterselie (de)	**perejil** (m)	[pere'χilʲ]
dille (de)	**eneldo** (m)	[e'nelʲdo]
sla (de)	**lechuga** (f)	[le'tʃuga]
selderij (de)	**apio** (m)	['apio]
asperge (de)	**espárrago** (m)	[es'parago]
spinazie (de)	**espinaca** (f)	[espi'naka]
erwt (de)	**guisante** (m)	[gi'sante]
bonen (mv.)	**habas** (f pl)	['aβas]
maïs (de)	**maíz** (m)	[ma'iθ]
nierboon (de)	**fréjol** (m)	['freχolʲ]
peper (de)	**pimiento** (m) **dulce**	[pi'mjento 'dulθe]
radijs (de)	**rábano** (m)	['raβano]
artisjok (de)	**alcachofa** (f)	[alʲka'tʃofa]

47. Vruchten. Noten

vrucht (de)	**fruto** (m)	['fruto]
appel (de)	**manzana** (f)	[man'θana]
peer (de)	**pera** (f)	['pera]
citroen (de)	**limón** (m)	[li'mon]
sinaasappel (de)	**naranja** (f)	[na'ranχa]
aardbei (de)	**fresa** (f)	['fresa]
mandarijn (de)	**mandarina** (f)	[manda'rina]
pruim (de)	**ciruela** (f)	[θiru'elʲa]
perzik (de)	**melocotón** (m)	[melʲoko'ton]
abrikoos (de)	**albaricoque** (m)	[alʲβari'koke]
framboos (de)	**frambuesa** (f)	[frambu'esa]
ananas (de)	**piña** (f)	['pinja]
banaan (de)	**banana** (f)	[ba'nana]
watermeloen (de)	**sandía** (f)	[san'dia]
druif (de)	**uva** (f)	['uβa]
zure kers (de)	**guinda** (f)	['ginda]
zoete kers (de)	**cereza** (f)	[θe'reθa]
meloen (de)	**melón** (m)	[me'lʲon]
grapefruit (de)	**pomelo** (m)	[po'melʲo]
avocado (de)	**aguacate** (m)	[agua'kate]
papaja (de)	**papaya** (f)	[pa'paja]

mango (de)	**mango** (m)	['mango]
granaatappel (de)	**granada** (f)	[gra'naða]
rode bes (de)	**grosella** (f) **roja**	[gro'seja 'roχa]
zwarte bes (de)	**grosella** (f) **negra**	[gro'seja 'neɣra]
kruisbes (de)	**grosella** (f) **espinosa**	[gro'seja espi'nosa]
blauwe bosbes (de)	**arándano** (m)	[a'randano]
braambes (de)	**zarzamoras** (f pl)	[θarθa'moras]
rozijn (de)	**pasas** (f pl)	['pasas]
vijg (de)	**higo** (m)	['igo]
dadel (de)	**dátil** (m)	['datilʲ]
pinda (de)	**cacahuete** (m)	[kakau'ete]
amandel (de)	**almendra** (f)	[alʲ'mendra]
walnoot (de)	**nuez** (f)	[nu'eθ]
hazelnoot (de)	**avellana** (f)	[aβe'jana]
kokosnoot (de)	**nuez** (f) **de coco**	[nu'eθ de 'koko]
pistaches (mv.)	**pistachos** (m pl)	[pis'taʧos]

48. Brood. Snoep

suikerbakkerij (de)	**pasteles** (m pl)	[pas'teles]
brood (het)	**pan** (m)	[pan]
koekje (het)	**galletas** (f pl)	[ga'jetas]
chocolade (de)	**chocolate** (m)	[ʧoko'lʲate]
chocolade- (abn)	**de chocolate** (adj)	[de ʧoko'lʲate]
snoepje (het)	**caramelo** (m)	[kara'melʲo]
cakeje (het)	**mini tarta** (f)	['mini 'tarta]
taart (bijv. verjaardags~)	**tarta** (f)	['tarta]
pastei (de)	**tarta** (f)	['tarta]
vulling (de)	**relleno** (m)	[re'jeno]
confituur (de)	**confitura** (f)	[koɱfi'tura]
marmelade (de)	**mermelada** (f)	[merme'lʲaða]
wafel (de)	**gofre** (m)	['gofre]
ijsje (het)	**helado** (m)	[e'lʲaðo]
pudding (de)	**pudin** (m)	['puðin]

49. Bereide gerechten

gerecht (het)	**plato** (m)	['plʲato]
keuken (bijv. Franse ~)	**cocina** (f)	[ko'θina]
recept (het)	**receta** (f)	[re'θeta]
portie (de)	**porción** (f)	[por'θjon]
salade (de)	**ensalada** (f)	[ensa'lʲaða]
soep (de)	**sopa** (f)	['sopa]
bouillon (de)	**caldo** (m)	['kalʲdo]
boterham (de)	**bocadillo** (m)	[boka'ðijo]

spiegelei (het)	**huevos** (m pl) **fritos**	[u'eβos 'fritos]
hamburger (de)	**hamburguesa** (f)	[ambur'gesa]
biefstuk (de)	**bistec** (m)	[bis'tek]
garnering (de)	**guarnición** (f)	[guarni'θjon]
spaghetti (de)	**espagueti** (m)	[espa'geti]
aardappelpuree (de)	**puré** (m) **de patatas**	[pu're de pa'tatas]
pizza (de)	**pizza** (f)	['pitsa]
pap (de)	**gachas** (f pl)	['gaʧas]
omelet (de)	**tortilla** (f) **francesa**	[tor'tija fran'θesa]
gekookt (in water)	**cocido en agua** (adj)	[ko'θiðo en 'agua]
gerookt (bn)	**ahumado** (adj)	[au'maðo]
gebakken (bn)	**frito** (adj)	['frito]
gedroogd (bn)	**seco** (adj)	['seko]
diepvries (bn)	**congelado** (adj)	[konχe'lʲaðo]
gemarineerd (bn)	**marinado** (adj)	[mari'naðo]
zoet (bn)	**azucarado, dulce** (adj)	[aθuka'raðo], ['dulʲθe]
gezouten (bn)	**salado** (adj)	[sa'lʲaðo]
koud (bn)	**frío** (adj)	['frio]
heet (bn)	**caliente** (adj)	[ka'ljente]
bitter (bn)	**amargo** (adj)	[a'margo]
lekker (bn)	**sabroso** (adj)	[sa'βroso]
koken (in kokend water)	**cocer** (vt) **en agua**	[ko'θer en 'agua]
bereiden (avondmaaltijd ~)	**preparar** (vt)	[prepa'rar]
bakken (ww)	**freír** (vt)	[fre'ir]
opwarmen (ww)	**calentar** (vt)	[kalen'tar]
zouten (ww)	**salar** (vt)	[sa'lʲar]
peperen (ww)	**poner pimienta**	[po'ner pi'mjenta]
raspen (ww)	**rallar** (vt)	[ra'jar]
schil (de)	**piel** (f)	[pjelʲ]
schillen (ww)	**pelar** (vt)	[pe'lʲar]

50. Kruiden

zout (het)	**sal** (f)	[salʲ]
gezouten (bn)	**salado** (adj)	[sa'lʲaðo]
zouten (ww)	**salar** (vt)	[sa'lʲar]
zwarte peper (de)	**pimienta** (f) **negra**	[pi'mjenta 'neɣra]
rode peper (de)	**pimienta** (f) **roja**	[pi'mjenta 'roχa]
mosterd (de)	**mostaza** (f)	[mos'taθa]
mierikswortel (de)	**rábano** (m) **picante**	['raβano pi'kante]
condiment (het)	**condimento** (m)	[kondi'mento]
specerij, kruiderij (de)	**especia** (f)	[es'peθia]
saus (de)	**salsa** (f)	['salʲsa]
azijn (de)	**vinagre** (m)	[bi'naɣre]
anijs (de)	**anís** (m)	[a'nis]
basilicum (de)	**albahaca** (f)	[alʲβa'aka]

kruidnagel (de)	**clavo** (m)	['klʲaβo]
gember (de)	**jengibre** (m)	[χen'χiβre]
koriander (de)	**cilantro** (m)	[θi'lʲantro]
kaneel (de/het)	**canela** (f)	[ka'nelʲa]
sesamzaad (het)	**sésamo** (m)	['sesamo]
laurierblad (het)	**hoja** (f) **de laurel**	['oχa de lʲau'relʲ]
paprika (de)	**paprika** (f)	[pap'rika]
komijn (de)	**comino** (m)	[ko'mino]
saffraan (de)	**azafrán** (m)	[aθa'fran]

51. Maaltijden

eten (het)	**comida** (f)	[ko'miða]
eten (ww)	**comer** (vi, vt)	[ko'mer]
ontbijt (het)	**desayuno** (m)	[desa'juno]
ontbijten (ww)	**desayunar** (vi)	[desaju'nar]
lunch (de)	**almuerzo** (m)	[alʲmu'erθo]
lunchen (ww)	**almorzar** (vi)	[alʲmor'θar]
avondeten (het)	**cena** (f)	['θena]
souperen (ww)	**cenar** (vi)	[θe'nar]
eetlust (de)	**apetito** (m)	[ape'tito]
Eet smakelijk!	**¡Que aproveche!**	[ke apro'βeʧe]
openen (een fles ~)	**abrir** (vt)	[a'βrir]
morsen (koffie, enz.)	**derramar** (vt)	[dera'mar]
zijn gemorst	**derramarse** (vr)	[dera'marse]
koken (water kookt bij 100°C)	**hervir** (vi)	[er'βir]
koken (Hoe om water te ~)	**hervir** (vt)	[er'βir]
gekookt (~ water)	**hervido** (adj)	[er'βiðo]
afkoelen (koeler maken)	**enfriar** (vt)	[eɱfri'ar]
afkoelen (koeler worden)	**enfriarse** (vr)	[eɱfri'arse]
smaak (de)	**sabor** (m)	[sa'βor]
nasmaak (de)	**regusto** (m)	[re'gusto]
volgen een dieet	**adelgazar** (vi)	[aðelʲga'θar]
dieet (het)	**dieta** (f)	[di'eta]
vitamine (de)	**vitamina** (f)	[bita'mina]
calorie (de)	**caloría** (f)	[kalʲo'ria]
vegetariër (de)	**vegetariano** (m)	[beχeta'rjano]
vegetarisch (bn)	**vegetariano** (adj)	[beχeta'rjano]
vetten (mv.)	**grasas** (f pl)	['grasas]
eiwitten (mv.)	**proteínas** (f pl)	[prote'inas]
koolhydraten (mv.)	**carbohidratos** (m pl)	[karβoi'ðratos]
snede (de)	**loncha** (f)	['lʲonʧa]
stuk (bijv. een ~ taart)	**pedazo** (m)	[pe'ðaθo]
kruimel (de)	**miga** (f)	['miga]

52. Tafelschikking

lepel (de)	**cuchara** (f)	[ku'ʧara]
mes (het)	**cuchillo** (m)	[ku'ʧijo]
vork (de)	**tenedor** (m)	[tene'ðor]
kopje (het)	**taza** (f)	['taθa]
bord (het)	**plato** (m)	['plʲato]
schoteltje (het)	**platillo** (m)	[plʲa'tijo]
servet (het)	**servilleta** (f)	[serβi'jeta]
tandenstoker (de)	**mondadientes** (m)	[monda'ðjentes]

53. Restaurant

restaurant (het)	**restaurante** (m)	[restau'rante]
koffiehuis (het)	**cafetería** (f)	[kafete'ria]
bar (de)	**bar** (m)	[bar]
tearoom (de)	**salón** (m) **de té**	[sa'lʲon de 'te]
kelner, ober (de)	**camarero** (m)	[kama'rero]
serveerster (de)	**camarera** (f)	[kama'rera]
barman (de)	**barman** (m)	['barman]
menu (het)	**carta** (f), **menú** (m)	['karta], [me'nu]
wijnkaart (de)	**carta** (f) **de vinos**	['karta de 'binos]
een tafel reserveren	**reservar una mesa**	[reser'βar 'una 'mesa]
gerecht (het)	**plato** (m)	['plʲato]
bestellen (eten ~)	**pedir** (vt)	[pe'ðir]
een bestelling maken	**hacer un pedido**	[a'θer un pe'ðiðo]
aperitief (de/het)	**aperitivo** (m)	[aperi'tiβo]
voorgerecht (het)	**entremés** (m)	[entre'mes]
dessert (het)	**postre** (m)	['postre]
rekening (de)	**cuenta** (f)	[ku'enta]
de rekening betalen	**pagar la cuenta**	[pa'gar lʲa ku'enta]
wisselgeld teruggeven	**dar la vuelta**	['dar lʲa bu'elta]
fooi (de)	**propina** (f)	[pro'pina]

Familie, verwanten en vrienden

54. Persoonlijke informatie. Formulieren

naam (de)	**nombre** (m)	['nombre]
achternaam (de)	**apellido** (m)	[ape'jiðo]
geboortedatum (de)	**fecha** (f) **de nacimiento**	['fetʃa de naθi'mjento]
geboorteplaats (de)	**lugar** (m) **de nacimiento**	[lʲu'gar de naθi'mjento]
nationaliteit (de)	**nacionalidad** (f)	[naθjonali'ðað]
woonplaats (de)	**domicilio** (m)	[domi'θilio]
land (het)	**país** (m)	[pa'is]
beroep (het)	**profesión** (f)	[profe'sjon]
geslacht (ov. het vrouwelijk ~)	**sexo** (m)	['sekso]
lengte (de)	**estatura** (f)	[esta'tura]
gewicht (het)	**peso** (m)	['peso]

55. Familieleden. Verwanten

moeder (de)	**madre** (f)	['maðre]
vader (de)	**padre** (m)	['paðre]
zoon (de)	**hijo** (m)	['iχo]
dochter (de)	**hija** (f)	['iχa]
jongste dochter (de)	**hija** (f) **menor**	['iχa me'nor]
jongste zoon (de)	**hijo** (m) **menor**	['iχo me'nor]
oudste dochter (de)	**hija** (f) **mayor**	['iχa ma'jor]
oudste zoon (de)	**hijo** (m) **mayor**	['iχo ma'jor]
broer (de)	**hermano** (m)	[er'mano]
oudere broer (de)	**hermano** (m) **mayor**	[er'mano ma'jor]
jongere broer (de)	**hermano** (m) **menor**	[er'mano me'nor]
zuster (de)	**hermana** (f)	[er'mana]
oudere zuster (de)	**hermana** (f) **mayor**	[er'mana ma'jor]
jongere zuster (de)	**hermana** (f) **menor**	[er'mana me'nor]
neef (zoon van oom, tante)	**primo** (m)	['primo]
nicht (dochter van oom, tante)	**prima** (f)	['prima]
mama (de)	**mamá** (f)	[ma'ma]
papa (de)	**papá** (m)	[pa'pa]
ouders (mv.)	**padres** (pl)	['paðres]
kind (het)	**niño** (m), **niña** (f)	['ninjo], ['ninja]
kinderen (mv.)	**niños** (pl)	['ninjos]
oma (de)	**abuela** (f)	[aβu'elʲa]
opa (de)	**abuelo** (m)	[aβu'elʲo]

kleinzoon (de)	**nieto** (m)	['njeto]
kleindochter (de)	**nieta** (f)	['njeta]
kleinkinderen (mv.)	**nietos** (pl)	['njetos]
oom (de)	**tío** (m)	['tio]
tante (de)	**tía** (f)	['tia]
neef (zoon van broer, zus)	**sobrino** (m)	[so'βrino]
nicht (dochter van broer, zus)	**sobrina** (f)	[so'βrina]
schoonmoeder (de)	**suegra** (f)	[su'eɣra]
schoonvader (de)	**suegro** (m)	[su'eɣro]
schoonzoon (de)	**yerno** (m)	['jerno]
stiefmoeder (de)	**madrastra** (f)	[ma'ðrastra]
stiefvader (de)	**padrastro** (m)	[pa'ðrastro]
zuigeling (de)	**niño** (m) **de pecho**	['ninjo de 'peʧo]
wiegenkind (het)	**bebé** (m)	[be'βe]
kleuter (de)	**chico** (m)	['ʧiko]
vrouw (de)	**mujer** (f)	[mu'χer]
man (de)	**marido** (m)	[ma'riðo]
echtgenoot (de)	**esposo** (m)	[es'poso]
echtgenote (de)	**esposa** (f)	[es'posa]
gehuwd (mann.)	**casado** (adj)	[ka'saðo]
gehuwd (vrouw.)	**casada** (adj)	[ka'saða]
ongehuwd (mann.)	**soltero** (adj)	[solʲ'tero]
vrijgezel (de)	**soltero** (m)	[solʲ'tero]
gescheiden (bn)	**divorciado** (adj)	[diβor'θjaðo]
weduwe (de)	**viuda** (f)	['bjuða]
weduwnaar (de)	**viudo** (m)	['bjuðo]
familielid (het)	**pariente** (m)	[pa'rjente]
dichte familielid (het)	**pariente** (m) **cercano**	[pa'rjente θer'kano]
verre familielid (het)	**pariente** (m) **lejano**	[pa'rjente le'χano]
familieleden (mv.)	**parientes** (pl)	[pa'rjentes]
wees (weesjongen)	**huérfano** (m)	[u'erfano]
wees (weesmeisje)	**huérfana** (f)	[u'erfana]
voogd (de)	**tutor** (m)	[tu'tor]
adopteren (een jongen te ~)	**adoptar, ahijar** (vt)	[aðop'tar], [ai'χar]
adopteren (een meisje te ~)	**adoptar, ahijar** (vt)	[aðop'tar], [ai'χar]

56. Vrienden. Collega's

vriend (de)	**amigo** (m)	[a'migo]
vriendin (de)	**amiga** (f)	[a'miga]
vriendschap (de)	**amistad** (f)	[amis'tað]
bevriend zijn (ww)	**ser amigo**	[ser a'migo]
makker (de)	**amigote** (m)	[ami'gote]
vriendin (de)	**amiguete** (f)	[ami'gete]
partner (de)	**compañero** (m)	[kompa'njero]
chef (de)	**jefe** (m)	['χefe]

baas (de)	**superior** (m)	[supe'rjor]
eigenaar (de)	**propietario** (m)	[propje'tario]
ondergeschikte (de)	**subordinado** (m)	[suβorði'naðo]
collega (de)	**colega** (m, f)	[ko'lega]
kennis (de)	**conocido** (m)	[kono'θiðo]
medereiziger (de)	**compañero** (m) **de viaje**	[kompa'njero de 'bjaχe]
klasgenoot (de)	**condiscípulo** (m)	[kondi'θipulʲo]
buurman (de)	**vecino** (m)	[be'θino]
buurvrouw (de)	**vecina** (f)	[be'θina]
buren (mv.)	**vecinos** (pl)	[be'θinos]

57. Man. Vrouw

vrouw (de)	**mujer** (f)	[mu'χer]
meisje (het)	**muchacha** (f)	[mu'ʧaʧa]
bruid (de)	**novia** (f)	['noβia]
mooi(e) (vrouw, meisje)	**guapa** (adj)	[gu'apa]
groot, grote (vrouw, meisje)	**alta** (adj)	['alʲta]
slank(e) (vrouw, meisje)	**esbelta** (adj)	[es'βelʲta]
korte, kleine (vrouw, meisje)	**de estatura mediana**	[de esta'tura me'ðjana]
blondine (de)	**rubia** (f)	['ruβia]
brunette (de)	**morena** (f)	[mo'rena]
dames- (abn)	**de señora** (adj)	[de se'njora]
maagd (de)	**virgen** (f)	['birχen]
zwanger (bn)	**embarazada** (adj)	[embara'θaða]
man (de)	**hombre** (m)	['ombre]
blonde man (de)	**rubio** (m)	['ruβio]
bruinharige man (de)	**moreno** (m)	[mo'reno]
groot (bn)	**alto** (adj)	['alʲto]
klein (bn)	**de estatura mediana**	[de esta'tura me'ðjana]
onbeleefd (bn)	**grosero** (adj)	[gro'sero]
gedrongen (bn)	**rechoncho** (adj)	[re'ʧonʧo]
robuust (bn)	**robusto** (adj)	[ro'βusto]
sterk (bn)	**fuerte** (adj)	[fu'erte]
sterkte (de)	**fuerza** (f)	[fu'erθa]
mollig (bn)	**gordo** (adj)	['gorðo]
getaand (bn)	**moreno** (adj)	[mo'reno]
slank (bn)	**esbelto** (adj)	[es'βelʲto]
elegant (bn)	**elegante** (adj)	[ele'gante]

58. Leeftijd

leeftijd (de)	**edad** (f)	[e'ðað]
jeugd (de)	**juventud** (f)	[χuβen'tuð]

jong (bn)	**joven** (adj)	['χoβen]
jonger (bn)	**menor** (adj)	[me'nor]
ouder (bn)	**mayor** (adj)	[ma'jor]
jongen (de)	**joven** (m)	['χoβen]
tiener, adolescent (de)	**adolescente** (m)	[aðole'θente]
kerel (de)	**muchacho** (m)	[mu'ʧaʧo]
oude man (de)	**anciano** (m)	[an'θjano]
oude vrouw (de)	**anciana** (f)	[an'θjana]
volwassen (bn)	**adulto**	[a'ðulʲto]
van middelbare leeftijd (bn)	**de edad media** (adj)	[de e'ðað 'meðia]
bejaard (bn)	**anciano, mayor** (adj)	[an'θjano], [ma'jor]
oud (bn)	**viejo** (adj)	['bjeχo]
pensioen (het)	**jubilación** (f)	[χuβilʲa'θjon]
met pensioen gaan	**jubilarse** (vr)	[χuβi'lʲarse]
gepensioneerde (de)	**jubilado** (m)	[χuβi'lʲaðo]

59. Kinderen

kind (het)	**niño** (m), **niña** (f)	['ninjo], ['ninja]
kinderen (mv.)	**niños** (pl)	['ninjos]
tweeling (de)	**gemelos** (pl)	[χe'melʲos]
wieg (de)	**cuna** (f)	['kuna]
rammelaar (de)	**sonajero** (m)	[sona'χero]
luier (de)	**pañal** (m)	[pa'njalʲ]
speen (de)	**chupete** (m)	[ʧu'pete]
kinderwagen (de)	**cochecito** (m)	[koʧe'θito]
kleuterschool (de)	**jardín** (m) **de infancia**	[χar'ðin de iŋ'fanθia]
babysitter (de)	**niñera** (f)	[ni'njera]
kindertijd (de)	**infancia** (f)	[iŋ'fanθia]
pop (de)	**muñeca** (f)	[mu'njeka]
speelgoed (het)	**juguete** (m)	[χu'gete]
bouwspeelgoed (het)	**mecano** (m)	[me'kano]
welopgevoed (bn)	**bien criado** (adj)	[bjen kri'aðo]
onopgevoed (bn)	**mal criado** (adj)	[malʲ kri'aðo]
verwend (bn)	**mimado** (adj)	[mi'maðo]
stout zijn (ww)	**hacer travesuras**	[a'θer traβe'suras]
stout (bn)	**travieso** (adj)	[tra'βjeso]
stoutheid (de)	**travesura** (f)	[traβe'sura]
stouterd (de)	**travieso** (m)	[tra'βjeso]
gehoorzaam (bn)	**obediente** (adj)	[oβe'ðjente]
ongehoorzaam (bn)	**desobediente** (adj)	[desoβe'ðjente]
braaf (bn)	**dócil** (adj)	['doθilʲ]
slim (verstandig)	**inteligente** (adj)	[inteli'χente]
wonderkind (het)	**niño** (m) **prodigio**	['ninjo pro'ðiχio]

60. Gehuwde paren. Gezinsleven

kussen (een kus geven)	**besar** (vt)	[be'sar]
elkaar kussen (ww)	**besarse** (vr)	[be'sarse]
gezin (het)	**familia** (f)	[fa'milia]
gezins- (abn)	**familiar** (adj)	[fami'ljar]
paar (het)	**pareja** (f)	[pa'reχa]
huwelijk (het)	**matrimonio** (m)	[matri'monio]
thuis (het)	**hogar** (m) **familiar**	[o'gar fami'ljar]
dynastie (de)	**dinastía** (f)	[dinas'tia]
date (de)	**cita** (f)	['θita]
zoen (de)	**beso** (m)	['beso]
liefde (de)	**amor** (m)	[a'mor]
liefhebben (ww)	**querer** (vt)	[ke'rer]
geliefde (bn)	**querido** (adj)	[ke'riðo]
tederheid (de)	**ternura** (f)	[ter'nura]
teder (bn)	**tierno** (adj)	['tjerno]
trouw (de)	**fidelidad** (f)	[fiðeli'ðað]
trouw (bn)	**fiel** (adj)	['fjelʲ]
zorg (bijv. bejaarden~)	**cuidado** (m)	[kui'ðaðo]
zorgzaam (bn)	**cariñoso** (adj)	[kari'njoso]
jonggehuwden (mv.)	**recién casados** (pl)	[re'θjen ka'saðos]
wittebroodsweken (mv.)	**luna** (f) **de miel**	['lʲuna de mjelʲ]
trouwen (vrouw)	**estar casada**	[es'tar ka'saða]
trouwen (man)	**casarse** (vr)	[ka'sarse]
bruiloft (de)	**boda** (f)	['boða]
gouden bruiloft (de)	**bodas** (f pl) **de oro**	['boðas de 'oro]
verjaardag (de)	**aniversario** (m)	[aniβer'sario]
minnaar (de)	**amante** (m)	[a'mante]
minnares (de)	**amante** (f)	[a'mante]
overspel (het)	**adulterio** (m)	[aðulʲ'terio]
overspel plegen (ww)	**cometer adulterio**	[kome'ter aðulʲ'terio]
jaloers (bn)	**celoso** (adj)	[θe'lʲoso]
jaloers zijn (echtgenoot, enz.)	**tener celos**	[te'ner 'θelʲos]
echtscheiding (de)	**divorcio** (m)	[di'βorθio]
scheiden (ww)	**divorciarse** (vr)	[diβor'θjarse]
ruzie hebben (ww)	**reñir** (vi)	[re'njir]
vrede sluiten (ww)	**reconciliarse** (vr)	[rekonθi'ljarse]
samen (bw)	**juntos** (adv)	['χuntos]
seks (de)	**sexo** (m)	['sekso]
geluk (het)	**felicidad** (f)	[feliθi'ðað]
gelukkig (bn)	**feliz** (adj)	[fe'liθ]
ongeluk (het)	**desgracia** (f)	[des'ɣraθia]
ongelukkig (bn)	**desgraciado** (adj)	[desɣra'θjaðo]

Karakter. Gevoelens. Emoties

61. Gevoelens. Emoties

gevoel (het)	**sentimiento** (m)	[senti'mjento]
gevoelens (mv.)	**sentimientos** (m pl)	[senti'mjentos]
voelen (ww)	**sentir** (vt)	[sen'tir]
honger (de)	**hambre** (f)	['ambre]
honger hebben (ww)	**tener hambre**	[te'ner 'ambre]
dorst (de)	**sed** (f)	[seð]
dorst hebben	**tener sed**	[te'ner 'seð]
slaperigheid (de)	**somnolencia** (f)	[somno'lenθia]
willen slapen	**tener sueño**	[te'ner su'enjo]
moeheid (de)	**cansancio** (m)	[kan'sanθio]
moe (bn)	**cansado** (adj)	[kan'saðo]
vermoeid raken (ww)	**estar cansado**	[es'tar kan'saðo]
stemming (de)	**humor** (m)	[u'mor]
verveling (de)	**aburrimiento** (m)	[aβuri'mjento]
zich vervelen (ww)	**aburrirse** (vr)	[aβu'rirse]
afzondering (de)	**soledad** (f)	[sole'ðað]
zich afzonderen (ww)	**aislarse** (vr)	[ais'ʎarse]
bezorgd maken	**inquietar** (vt)	[inkje'tar]
bezorgd zijn (ww)	**inquietarse** (vr)	[inkje'tarse]
zorg (bijv. geld~en)	**inquietud** (f)	[inkje'tuð]
ongerustheid (de)	**preocupación** (f)	[preokupa'θjon]
ongerust (bn)	**preocupado** (adj)	[preoku'paðo]
zenuwachtig zijn (ww)	**estar nervioso**	[es'tar ner'βjoso]
in paniek raken	**darse al pánico**	['darse alʲ 'paniko]
hoop (de)	**esperanza** (f)	[espe'ranθa]
hopen (ww)	**esperar** (vi)	[espe'rar]
zekerheid (de)	**seguridad** (f)	[seguri'ðað]
zeker (bn)	**seguro** (adj)	[se'guro]
onzekerheid (de)	**inseguridad** (f)	[inseguri'ðað]
onzeker (bn)	**inseguro** (adj)	[inse'guro]
dronken (bn)	**borracho** (adj)	[bo'ratʃo]
nuchter (bn)	**sobrio** (adj)	['soβrio]
zwak (bn)	**débil** (adj)	['deβilʲ]
gelukkig (bn)	**feliz** (adj)	[fe'liθ]
doen schrikken (ww)	**asustar** (vt)	[asus'tar]
toorn (de)	**furia** (f)	['furia]
woede (de)	**rabia** (f)	['raβia]
depressie (de)	**depresión** (f)	[depre'sjon]
ongemak (het)	**incomodidad** (f)	[iŋkomoði'ðað]

gemak, comfort (het)	**comodidad** (f)	[komoði'ðað]
spijt hebben (ww)	**arrepentirse** (vr)	[arepen'tirse]
spijt (de)	**arrepentimiento** (m)	[arepenti'mjento]
pech (de)	**mala suerte** (f)	['malʲa su'erte]
bedroefdheid (de)	**tristeza** (f)	[tris'teθa]
schaamte (de)	**vergüenza** (f)	[berɣu'enθa]
pret (de), plezier (het)	**júbilo** (m)	['χuβilʲo]
enthousiasme (het)	**entusiasmo** (m)	[entu'sjasmo]
enthousiasteling (de)	**entusiasta** (m)	[entu'sjasta]
enthousiasme vertonen	**mostrar entusiasmo**	[mos'trar entu'sjasmo]

62. Karakter. Persoonlijkheid

karakter (het)	**carácter** (m)	[ka'rakter]
karakterfout (de)	**defecto** (m)	[de'fekto]
verstand (het)	**mente** (f)	['mente]
rede (de)	**razón** (f)	[ra'θon]
geweten (het)	**consciencia** (f)	[kon'θjenθia]
gewoonte (de)	**hábito** (m)	['aβito]
bekwaamheid (de)	**habilidad** (f)	[aβili'ðað]
kunnen (bijv., ~ zwemmen)	**poder** (vt)	[po'ðer]
geduldig (bn)	**paciente** (adj)	[pa'θjente]
ongeduldig (bn)	**impaciente** (adj)	[impa'θjente]
nieuwsgierig (bn)	**curioso** (adj)	[ku'rjoso]
nieuwsgierigheid (de)	**curiosidad** (f)	[ku'rjosi'ðað]
bescheidenheid (de)	**modestia** (f)	[mo'ðestia]
bescheiden (bn)	**modesto** (adj)	[mo'ðesto]
onbescheiden (bn)	**inmodesto** (adj)	[inmo'ðesto]
luiheid (de)	**pereza** (f)	[pe'reθa]
lui (bn)	**perezoso** (adj)	[pere'θoso]
luiwammes (de)	**perezoso** (m)	[pere'θoso]
sluwheid (de)	**astucia** (f)	[as'tuθia]
sluw (bn)	**astuto** (adj)	[as'tuto]
wantrouwen (het)	**desconfianza** (f)	[deskoɱ'fjanθa]
wantrouwig (bn)	**desconfiado** (adj)	[deskoɱ'fjaðo]
gulheid (de)	**generosidad** (f)	[χenerosi'ðað]
gul (bn)	**generoso** (adj)	[χene'roso]
talentrijk (bn)	**talentoso** (adj)	[talen'toso]
talent (het)	**talento** (m)	[ta'lento]
moedig (bn)	**valiente** (adj)	[ba'ljente]
moed (de)	**coraje** (m)	[ko'raχe]
eerlijk (bn)	**honesto** (adj)	[o'nesto]
eerlijkheid (de)	**honestidad** (f)	[onesti'ðað]
voorzichtig (bn)	**prudente** (adj)	[pru'ðente]
manhaftig (bn)	**valeroso** (adj)	[bale'roso]

ernstig (bn)	**serio** (adj)	['serio]
streng (bn)	**severo** (adj)	[se'βero]
resoluut (bn)	**decidido** (adj)	[deθi'ðiðo]
onzeker, irresoluut (bn)	**indeciso** (adj)	[inde'θiso]
schuchter (bn)	**tímido** (adj)	['timiðo]
schuchterheid (de)	**timidez** (f)	[timi'ðeθ]
vertrouwen (het)	**confianza** (f)	[koɱ'fjanθa]
vertrouwen (ww)	**creer** (vt)	[kre'er]
goedgelovig (bn)	**confiado** (adj)	[koɱ'fjaðo]
oprecht (bw)	**sinceramente** (adv)	[sinθera'mente]
oprecht (bn)	**sincero** (adj)	[sin'θero]
oprechtheid (de)	**sinceridad** (f)	[sinθeri'ðað]
open (bn)	**abierto** (adj)	[a'βjerto]
rustig (bn)	**calmado** (adj)	[kalʲ'maðo]
openhartig (bn)	**franco** (adj)	['fraŋko]
naïef (bn)	**ingenuo** (adj)	[in'χenuo]
verstrooid (bn)	**distraído** (adj)	[distra'iðo]
leuk, grappig (bn)	**gracioso** (adj)	[gra'θjoso]
gierigheid (de)	**avaricia** (f)	[aβa'riθia]
gierig (bn)	**avaro** (adj)	[a'βaro]
inhalig (bn)	**tacaño** (adj)	[ta'kanjo]
kwaad (bn)	**malvado** (adj)	[malʲ'βaðo]
koppig (bn)	**terco** (adj)	['terko]
onaangenaam (bn)	**desagradable** (adj)	[desaɣra'ðaβle]
egoïst (de)	**egoísta** (m)	[ego'ista]
egoïstisch (bn)	**egoísta** (adj)	[ego'ista]
lafaard (de)	**cobarde** (m)	[ko'βarðe]
laf (bn)	**cobarde** (adj)	[ko'βarðe]

63. Slaap. Dromen

slapen (ww)	**dormir** (vi)	[dor'mir]
slaap (in ~ vallen)	**sueño** (m)	[su'enjo]
droom (de)	**sueño** (m)	[su'enjo]
dromen (in de slaap)	**soñar** (vi)	[so'njar]
slaperig (bn)	**adormilado** (adj)	[aðormi'ʎaðo]
bed (het)	**cama** (f)	['kama]
matras (de)	**colchón** (m)	[kolʲ'ʧon]
deken (de)	**manta** (f)	['manta]
kussen (het)	**almohada** (f)	[alʲmo'aða]
laken (het)	**sábana** (f)	['saβana]
slapeloosheid (de)	**insomnio** (m)	[in'somnio]
slapeloos (bn)	**de insomnio** (adj)	[de in'somnio]
slaapmiddel (het)	**somnífero** (m)	[som'nifero]
slaapmiddel innemen	**tomar el somnífero**	[to'mar elʲ som'nifero]
willen slapen	**tener sueño**	[te'ner su'enjo]

geeuwen (ww)	**bostezar** (vi)	[boste'θar]
gaan slapen	**irse a la cama**	['irse a lʲa 'kama]
het bed opmaken	**hacer la cama**	[a'θer lʲa 'kama]
inslapen (ww)	**dormirse** (vr)	[dor'mirse]
nachtmerrie (de)	**pesadilla** (f)	[pesa'ðija]
gesnurk (het)	**ronquido** (m)	[roŋ'kiðo]
snurken (ww)	**roncar** (vi)	[roŋ'kar]
wekker (de)	**despertador** (m)	[desperta'ðor]
wekken (ww)	**despertar** (vt)	[desper'tar]
wakker worden (ww)	**despertarse** (vr)	[desper'tarse]
opstaan (ww)	**levantarse** (vr)	[leβan'tarse]
zich wassen (ww)	**lavarse** (vr)	[lʲa'βarse]

64. Humor. Gelach. Blijdschap

humor (de)	**humor** (m)	[u'mor]
gevoel (het) voor humor	**sentido** (m) **del humor**	[sen'tiðo delʲ u'mor]
plezier hebben (ww)	**divertirse** (vr)	[diβer'tirse]
vrolijk (bn)	**alegre** (adj)	[a'leɣre]
pret (de), plezier (het)	**júbilo** (m)	['χuβilʲo]
glimlach (de)	**sonrisa** (f)	[son'risa]
glimlachen (ww)	**sonreír** (vi)	[sonre'ir]
beginnen te lachen (ww)	**echarse a reír**	[e'ʧarse a re'ir]
lachen (ww)	**reírse** (vr)	[re'irse]
lach (de)	**risa** (f)	['risa]
mop (de)	**anécdota** (f)	[a'nekðota]
grappig (een ~ verhaal)	**gracioso** (adj)	[gra'θjoso]
grappig (~e clown)	**ridículo** (adj)	[ri'ðikulʲo]
grappen maken (ww)	**bromear** (vi)	[brome'ar]
grap (de)	**broma** (f)	['broma]
blijheid (de)	**alegría** (f)	[ale'ɣria]
blij zijn (ww)	**alegrarse** (vr)	[ale'ɣrarse]
blij (bn)	**alegre** (adj)	[a'leɣre]

65. Discussie, conversatie. Deel 1

communicatie (de)	**comunicación** (f)	[komunika'θjon]
communiceren (ww)	**comunicarse** (vr)	[komuni'karse]
conversatie (de)	**conversación** (f)	[kombersa'θjon]
dialoog (de)	**diálogo** (m)	['djalʲogo]
discussie (de)	**discusión** (f)	[disku'sjon]
debat (het)	**debate** (m)	[de'βate]
debatteren, twisten (ww)	**debatir** (vi)	[deβa'tir]
gesprekspartner (de)	**interlocutor** (m)	[interlʲoku'tor]
thema (het)	**tema** (m)	['tema]

standpunt (het)	**punto** (m) **de vista**	['punto de 'bista]
mening (de)	**opinión** (f)	[opi'njon]
toespraak (de)	**discurso** (m)	[dis'kurso]
bespreking (de)	**discusión** (f)	[disku'sjon]
bespreken (spreken over)	**discutir** (vt)	[disku'tir]
gesprek (het)	**conversación** (f)	[kombersa'θjon]
spreken (converseren)	**conversar** (vi)	[komber'sar]
ontmoeting (de)	**reunión** (f)	[reu'njon]
ontmoeten (ww)	**encontrarse** (vr)	[eŋkon'trarse]
spreekwoord (het)	**proverbio** (m)	[pro'βerβio]
gezegde (het)	**dicho** (m)	['diʧo]
raadsel (het)	**adivinanza** (f)	[aðiβi'nanθa]
een raadsel opgeven	**contar una adivinanza**	[kon'tar una aðiβi'nanθa]
wachtwoord (het)	**contraseña** (f)	[kontra'senja]
geheim (het)	**secreto** (m)	[se'kreto]
eed (de)	**juramento** (m)	[χura'mento]
zweren (een eed doen)	**jurar** (vt)	[χu'rar]
belofte (de)	**promesa** (f)	[pro'mesa]
beloven (ww)	**prometer** (vt)	[prome'ter]
advies (het)	**consejo** (m)	[kon'seχo]
adviseren (ww)	**aconsejar** (vt)	[akonse'χar]
advies volgen (iemands ~)	**seguir un consejo**	[se'gir un kon'seχo]
luisteren (gehoorzamen)	**escuchar** (vt)	[esku'ʧar]
nieuws (het)	**noticias** (f pl)	[no'tiθias]
sensatie (de)	**sensación** (f)	[sensa'θjon]
informatie (de)	**información** (f)	[iɱforma'θjon]
conclusie (de)	**conclusión** (f)	[koŋklʲu'sjon]
stem (de)	**voz** (f)	[boθ]
compliment (het)	**cumplido** (m)	[kum'pliðo]
vriendelijk (bn)	**amable** (adj)	[a'maβle]
woord (het)	**palabra** (f)	[pa'lʲaβra]
zin (de), zinsdeel (het)	**frase** (f)	['frase]
antwoord (het)	**respuesta** (f)	[respu'esta]
waarheid (de)	**verdad** (f)	[ber'ðað]
leugen (de)	**mentira** (f)	[men'tira]
gedachte (de)	**pensamiento** (m)	[pensa'mjento]
idee (de/het)	**idea** (f)	[i'ðea]
fantasie (de)	**fantasía** (f)	[fanta'sia]

66. Discussie, conversatie. Deel 2

gerespecteerd (bn)	**respetado** (adj)	[respe'taðo]
respecteren (ww)	**respetar** (vt)	[respe'tar]
respect (het)	**respeto** (m)	[res'peto]
Geachte ... (brief)	**Estimado ...**	[esti'maðo]
voorstellen (Mag ik jullie ~)	**presentar** (vt)	[presen'tar]

kennismaken (met ...)	**conocer a alguien**	[kono'θer a 'alʲgjen]
intentie (de)	**intención** (f)	[inten'θjon]
intentie hebben (ww)	**tener intención de ...**	[te'ner inten'θjon de]
wens (de)	**deseo** (m)	[de'seo]
wensen (ww)	**desear** (vt)	[dese'ar]
verbazing (de)	**sorpresa** (f)	[sor'presa]
verbazen (verwonderen)	**sorprender** (vt)	[sorpren'der]
verbaasd zijn (ww)	**sorprenderse** (vr)	[sorpren'derse]
geven (ww)	**dar** (vt)	[dar]
nemen (ww)	**tomar** (vt)	[to'mar]
teruggeven (ww)	**devolver** (vt)	[deβolʲ'βer]
retourneren (ww)	**retornar** (vt)	[retor'nar]
zich verontschuldigen	**disculparse** (vr)	[diskulʲ'parse]
verontschuldiging (de)	**disculpa** (f)	[dis'kulʲpa]
vergeven (ww)	**perdonar** (vt)	[perðo'nar]
spreken (ww)	**hablar** (vi)	[a'βlʲar]
luisteren (ww)	**escuchar** (vt)	[esku'ʧar]
aanhoren (ww)	**escuchar hasta el final**	[esku'ʧar 'asta elʲ fi'nalʲ]
begrijpen (ww)	**comprender** (vt)	[kompren'der]
tonen (ww)	**mostrar** (vt)	[mos'trar]
kijken naar ...	**mirar a ...**	[mi'rar a]
roepen (vragen te komen)	**llamar** (vt)	[ja'mar]
afleiden (storen)	**distraer** (vt)	[distra'er]
storen (lastigvallen)	**molestar** (vt)	[moles'tar]
doorgeven (ww)	**pasar** (vt)	[pa'sar]
verzoek (het)	**petición** (f)	[peti'θjon]
verzoeken (ww)	**pedir** (vt)	[pe'ðir]
eis (de)	**exigencia** (f)	[eksi'χenθia]
eisen (met klem vragen)	**exigir** (vt)	[eksi'χir]
beledigen (beledigende namen geven)	**motejar** (vr)	[mote'χar]
uitlachen (ww)	**burlarse** (vr)	[bur'lʲarse]
spot (de)	**burla** (f)	['burlʲa]
bijnaam (de)	**apodo** (m)	[a'poðo]
zinspeling (de)	**alusión** (f)	[alʲu'θjon]
zinspelen (ww)	**aludir** (vi)	[alʲu'ðir]
impliceren (duiden op)	**sobrentender** (vt)	['soβrenten'der]
beschrijving (de)	**descripción** (f)	[deskrip'θjon]
beschrijven (ww)	**describir** (vt)	[deskri'βir]
lof (de)	**elogio** (m)	[e'lʲoχio]
loven (ww)	**elogiar** (vt)	[elʲo'χjar]
teleurstelling (de)	**decepción** (f)	[deθep'θjon]
teleurstellen (ww)	**decepcionar** (vt)	[deθepθjo'nar]
teleurgesteld zijn (ww)	**estar decepcionado**	[es'tar deθepθjo'naðo]
veronderstelling (de)	**suposición** (f)	[suposi'θjon]
veronderstellen (ww)	**suponer** (vt)	[supo'ner]

waarschuwing (de)	**advertencia** (f)	[aðβer'tenθia]
waarschuwen (ww)	**prevenir** (vt)	[preβe'nir]

67. Discussie, conversatie. Deel 3

aanpraten (ww)	**convencer** (vt)	[komben'θer]
kalmeren (kalm maken)	**calmar** (vt)	[kalʲ'mar]
stilte (de)	**silencio** (m)	[si'lenθio]
zwijgen (ww)	**no decir nada**	[no de'θir 'naða]
fluisteren (ww)	**susurrar** (vt)	[susu'rar]
gefluister (het)	**susurro** (m)	[su'suro]
open, eerlijk (bw)	**francamente** (adv)	[fraŋka'mente]
volgens mij ...	**en mi opinión ...**	[en mi opi'njon]
detail (het)	**detalle** (m)	[de'taje]
gedetailleerd (bn)	**detallado** (adj)	[deta'jaðo]
gedetailleerd (bw)	**detalladamente** (adv)	[detajaða'mente]
hint (de)	**pista** (f)	['pista]
een hint geven	**dar una pista**	[dar 'una 'pista]
blik (de)	**mirada** (f)	[mi'raða]
een kijkje nemen	**echar una mirada**	[e'ʧar 'una mi'raða]
strak (een ~ke blik)	**fija** (adj)	['fiχa]
knipperen (ww)	**parpadear** (vi)	[parpaðe'ar]
knipogen (ww)	**guiñar un ojo**	[gi'njar un 'oχo]
knikken (ww)	**asentir con la cabeza**	[asen'tir kon lʲa ka'βeθa]
zucht (de)	**suspiro** (m)	[sus'piro]
zuchten (ww)	**suspirar** (vi)	[suspi'rar]
huiveren (ww)	**estremecerse** (vr)	[estreme'θerse]
gebaar (het)	**gesto** (m)	['χesto]
aanraken (ww)	**tocar** (vt)	[to'kar]
grijpen (ww)	**asir** (vt)	[a'sir]
een schouderklopje geven	**palmear** (vt)	[palʲme'ar]
Kijk uit!	**¡Cuidado!**	[kui'ðaðo]
Echt?	**¿De veras?**	[de 'beras]
Bent je er zeker van?	**¿Estás seguro?**	[es'tas se'guro]
Succes!	**¡Suerte!**	[su'erte]
Juist, ja!	**¡Ya veo!**	[ʝa 'beo]
Wat jammer!	**¡Es una lástima!**	[es 'una 'lʲastima]

68. Overeenstemming. Weigering

instemming (het)	**acuerdo** (m)	[aku'erðo]
instemmen (akkoord gaan)	**estar de acuerdo**	[es'tar de aku'erðo]
goedkeuring (de)	**aprobación** (f)	[aproβa'θjon]
goedkeuren (ww)	**aprobar** (vt)	[apro'βar]
weigering (de)	**rechazo** (m)	[re'ʧaθo]

weigeren (ww)	**negarse** (vr)	[ne'garse]
Geweldig!	**¡Excelente!**	[ekθe'lente]
Goed!	**¡De acuerdo!**	[de aku'erðo]
Akkoord!	**¡Vale!**	['bale]
verboden (bn)	**prohibido** (adj)	[proi'βiðo]
het is verboden	**está prohibido**	[es'ta proi'βiðo]
het is onmogelijk	**es imposible**	[es impo'siβle]
onjuist (bn)	**incorrecto** (adj)	[iŋko'rekto]
afwijzen (ww)	**rechazar** (vt)	[reʧa'θar]
steunen (een goed doel, enz.)	**apoyar** (vt)	[apo'jar]
aanvaarden (excuses ~)	**aceptar** (vt)	[aθep'tar]
bevestigen (ww)	**confirmar** (vt)	[koɱfir'mar]
bevestiging (de)	**confirmación** (f)	[koɱfirma'θjon]
toestemming (de)	**permiso** (m)	[per'miso]
toestaan (ww)	**permitir** (vt)	[permi'tir]
beslissing (de)	**decisión** (f)	[deθi'sjon]
z'n mond houden (ww)	**no decir nada**	[no de'θir 'naða]
voorwaarde (de)	**condición** (f)	[kondi'θjon]
smoes (de)	**excusa** (f)	[eks'kusa]
lof (de)	**elogio** (m)	[e'lʲoχio]
loven (ww)	**elogiar** (vt)	[elʲo'χjar]

69. Succes. Veel geluk. Mislukking

succes (het)	**éxito** (m)	['eksito]
succesvol (bw)	**con éxito** (adv)	[kon 'eksito]
succesvol (bn)	**exitoso** (adj)	[eksi'toso]
geluk (het)	**suerte** (f)	[su'erte]
Succes!	**¡Suerte!**	[su'erte]
geluks- (bn)	**de suerte** (adj)	[de su'erte]
gelukkig (fortuinlijk)	**afortunado** (adj)	[afortu'naðo]
mislukking (de)	**fiasco** (m)	['fjasko]
tegenslag (de)	**infortunio** (m)	[iɱfor'tunio]
pech (de)	**mala suerte** (f)	['malʲa su'erte]
zonder succes (bn)	**fracasado** (adj)	[fraka'saðo]
catastrofe (de)	**catástrofe** (f)	[ka'tastrofe]
fierheid (de)	**orgullo** (m)	[or'gujo]
fier (bn)	**orgulloso** (adj)	[orgu'joso]
fier zijn (ww)	**estar orgulloso**	[es'tar orgu'joso]
winnaar (de)	**ganador** (m)	[gana'ðor]
winnen (ww)	**ganar** (vi)	[ga'nar]
verliezen (ww)	**perder** (vi)	[per'ðer]
poging (de)	**tentativa** (f)	[tenta'tiβa]
pogen, proberen (ww)	**intentar** (vt)	[inten'tar]
kans (de)	**chance** (f)	['ʧanθe]

70. Ruzies. Negatieve emoties

schreeuw (de)	**grito** (m)	['grito]
schreeuwen (ww)	**gritar** (vi)	[gri'tar]
beginnen te schreeuwen	**comenzar a gritar**	[komen'θar a gri'tar]
ruzie (de)	**riña** (f)	['rinja]
ruzie hebben (ww)	**reñir** (vi)	[re'njir]
schandaal (het)	**escándalo** (m)	[es'kandalʲo]
schandaal maken (ww)	**causar escándalo**	[kau'sar es'kandalʲo]
conflict (het)	**conflicto** (m)	[koŋ'flikto]
misverstand (het)	**malentendido** (m)	[malenten'diðo]
belediging (de)	**insulto** (m)	[in'sulʲto]
beledigen (met scheldwoorden)	**insultar** (vt)	[insulʲ'tar]
beledigd (bn)	**insultado** (adj)	[insulʲ'taðo]
krenking (de)	**ofensa** (f)	[o'fensa]
krenken (beledigen)	**ofender** (vt)	[ofen'der]
gekwetst worden (ww)	**ofenderse** (vr)	[ofen'derse]
verontwaardiging (de)	**indignación** (f)	[indiɣna'θjon]
verontwaardigd zijn (ww)	**indignarse** (vr)	[indiɣ'narse]
klacht (de)	**queja** (f)	['keχa]
klagen (ww)	**quejarse** (vr)	[ke'χarse]
verontschuldiging (de)	**disculpa** (f)	[dis'kulʲpa]
zich verontschuldigen	**disculparse** (vr)	[diskulʲ'parse]
excuus vragen	**pedir perdón**	[pe'ðir per'ðon]
kritiek (de)	**crítica** (f)	['kritika]
bekritiseren (ww)	**criticar** (vt)	[kriti'kar]
beschuldiging (de)	**acusación** (f)	[akusa'θjon]
beschuldigen (ww)	**acusar** (vt)	[aku'sar]
wraak (de)	**venganza** (f)	[ben'ganθa]
wreken (ww)	**vengar** (vt)	[ben'gar]
wraak nemen (ww)	**pagar** (vt)	[pa'gar]
minachting (de)	**desprecio** (m)	[des'preθio]
minachten (ww)	**despreciar** (vt)	[despre'θjar]
haat (de)	**odio** (m)	['oðio]
haten (ww)	**odiar** (vt)	[o'ðjar]
zenuwachtig (bn)	**nervioso** (adj)	[ner'βjoso]
zenuwachtig zijn (ww)	**estar nervioso**	[es'tar ner'βjoso]
boos (bn)	**enfadado** (adj)	[eɱfa'ðaðo]
boos maken (ww)	**enfadar** (vt)	[eɱfa'ðar]
vernedering (de)	**humillación** (f)	[umija'θjon]
vernederen (ww)	**humillar** (vt)	[umi'jar]
zich vernederen (ww)	**humillarse** (vr)	[umi'jarse]
schok (de)	**choque** (m)	['ʧoke]
schokken (ww)	**chocar** (vi)	[ʧo'kar]

onaangenaamheid (de)	**molestia** (f)	[mo'lestia]
onaangenaam (bn)	**desagradable** (adj)	[desaɣra'ðaβle]
vrees (de)	**miedo** (m)	['mjeðo]
vreselijk (bijv. ~ onweer)	**terrible** (adj)	[te'riβle]
eng (bn)	**de miedo** (adj)	[de 'mjeðo]
gruwel (de)	**horror** (m)	[o'ror]
vreselijk (~ nieuws)	**horrible** (adj)	[o'riβle]
beginnen te beven	**empezar a temblar**	[empe'θar a tem'blʲar]
huilen (wenen)	**llorar** (vi)	[jo'rar]
beginnen te huilen (wenen)	**comenzar a llorar**	[komen'θar a jo'rar]
traan (de)	**lágrima** (f)	['lʲaɣrima]
schuld (~ geven aan)	**culpa** (f)	['kulʲpa]
schuldgevoel (het)	**remordimiento** (m)	[remorði'mjento]
schande (de)	**deshonra** (f)	[de'sonra]
protest (het)	**protesta** (f)	[pro'testa]
stress (de)	**estrés** (m)	[es'tres]
storen (lastigvallen)	**molestar** (vt)	[moles'tar]
kwaad zijn (ww)	**estar furioso**	[es'tar fu'rjoθo]
kwaad (bn)	**enfadado** (adj)	[emʃa'ðaðo]
beëindigen (een relatie ~)	**terminar** (vt)	[termi'nar]
vloeken (ww)	**regañar** (vt)	[rega'njar]
schrikken (schrik krijgen)	**asustarse** (vr)	[asus'tarse]
slaan (iemand ~)	**golpear** (vt)	[golʲpe'ar]
vechten (ww)	**pelear** (vi)	[pele'ar]
regelen (conflict)	**resolver** (vt)	[resolʲ'βer]
ontevreden (bn)	**descontento** (adj)	[deskon'tento]
woedend (bn)	**furioso** (adj)	[fu'rjoso]
Dat is niet goed!	**¡No está bien!**	[no es'ta 'bjen]
Dat is slecht!	**¡Está mal!**	[es'ta 'malʲ]

Geneeskunde

71. Ziekten

ziekte (de)	**enfermedad** (f)	[eɱferme'ðað]
ziek zijn (ww)	**estar enfermo**	[es'tar eɱ'fermo]
gezondheid (de)	**salud** (f)	[sa'lʲuð]
snotneus (de)	**resfriado** (m)	[resfri'aðo]
angina (de)	**angina** (f)	[an'χina]
verkoudheid (de)	**resfriado** (m)	[resfri'aðo]
verkouden raken (ww)	**resfriarse** (vr)	[resfri'arse]
bronchitis (de)	**bronquitis** (f)	[broŋ'kitis]
longontsteking (de)	**pulmonía** (f)	[pulʲmo'nia]
griep (de)	**gripe** (f)	['gripe]
bijziend (bn)	**miope** (adj)	[mi'ope]
verziend (bn)	**présbita** (adj)	['presβita]
scheelheid (de)	**estrabismo** (m)	[estra'βismo]
scheel (bn)	**estrábico** (m) (adj)	[es'traβiko]
grauwe staar (de)	**catarata** (f)	[kata'rata]
glaucoom (het)	**glaucoma** (m)	[glʲau'koma]
beroerte (de)	**insulto** (m)	[in'sulʲto]
hartinfarct (het)	**ataque** (m) **cardiaco**	[a'take kar'ðjako]
myocardiaal infarct (het)	**infarto** (m) **de miocardio**	[iɱ'farto de mio'karðio]
verlamming (de)	**parálisis** (f)	[pa'ralisis]
verlammen (ww)	**paralizar** (vt)	[parali'θar]
allergie (de)	**alergia** (f)	[a'lerχia]
astma (de/het)	**asma** (f)	['asma]
diabetes (de)	**diabetes** (f)	[dia'βetes]
tandpijn (de)	**dolor** (m) **de muelas**	[do'lʲor de mu'elʲas]
tandbederf (het)	**caries** (f)	['karies]
diarree (de)	**diarrea** (f)	[dia'rea]
constipatie (de)	**estreñimiento** (m)	[estrenji'mjento]
maagstoornis (de)	**molestia** (f) **estomacal**	[mo'lestja estoma'kalʲ]
voedselvergiftiging (de)	**envenenamiento** (m)	[embenena'mjento]
voedselvergiftiging oplopen	**envenenarse** (vr)	[embene'narse]
artritis (de)	**artritis** (f)	[ar'tritis]
rachitis (de)	**raquitismo** (m)	[raki'tismo]
reuma (het)	**reumatismo** (m)	[reuma'tismo]
arteriosclerose (de)	**aterosclerosis** (f)	[ateroskle'rosis]
gastritis (de)	**gastritis** (f)	[gas'tritis]
blindedarmontsteking (de)	**apendicitis** (f)	[apendi'θitis]

galblaasontsteking (de)	**colecistitis** (f)	[koleθis'titis]
zweer (de)	**úlcera** (f)	['ulʲθera]
mazelen (mv.)	**sarampión** (m)	[saram'pjon]
rodehond (de)	**rubeola** (f)	[ruβe'olʲa]
geelzucht (de)	**ictericia** (f)	[ikte'riθia]
leverontsteking (de)	**hepatitis** (f)	[epa'titis]
schizofrenie (de)	**esquizofrenia** (f)	[eskiθo'frenia]
dolheid (de)	**rabia** (f)	['raβia]
neurose (de)	**neurosis** (f)	[neu'rosis]
hersenschudding (de)	**conmoción** (f) **cerebral**	[konmo'θjon θere'βralʲ]
kanker (de)	**cáncer** (m)	['kanθer]
sclerose (de)	**esclerosis** (f)	[eskle'rosis]
multiple sclerose (de)	**esclerosis** (f) **múltiple**	[eskle'rosis 'mulʲtiple]
alcoholisme (het)	**alcoholismo** (m)	[alʲkoo'lismo]
alcoholicus (de)	**alcohólico** (m)	[alʲko'oliko]
syfilis (de)	**sífilis** (f)	['sifilis]
AIDS (de)	**SIDA** (m)	['siða]
tumor (de)	**tumor** (m)	[tu'mor]
kwaadaardig (bn)	**maligno** (adj)	[ma'liɣno]
goedaardig (bn)	**benigno** (adj)	[be'niɣno]
koorts (de)	**fiebre** (f)	['fjeβre]
malaria (de)	**malaria** (f)	[ma'lʲaria]
gangreen (het)	**gangrena** (f)	[gan'grena]
zeeziekte (de)	**mareo** (m)	[ma'reo]
epilepsie (de)	**epilepsia** (f)	[epi'lepsia]
epidemie (de)	**epidemia** (f)	[epi'ðemia]
tyfus (de)	**tifus** (m)	['tifus]
tuberculose (de)	**tuberculosis** (f)	[tuβerku'lʲosis]
cholera (de)	**cólera** (f)	['kolera]
pest (de)	**peste** (f)	['peste]

72. Symptomen. Behandelingen. Deel 1

symptoom (het)	**síntoma** (m)	['sintoma]
temperatuur (de)	**temperatura** (f)	[tempera'tura]
verhoogde temperatuur (de)	**fiebre** (f)	['fjeβre]
polsslag (de)	**pulso** (m)	['pulʲso]
duizeling (de)	**mareo** (m)	[ma'reo]
heet (erg warm)	**caliente** (adj)	[ka'ljente]
koude rillingen (mv.)	**escalofrío** (m)	[eskalʲo'frio]
bleek (bn)	**pálido** (adj)	['paliðo]
hoest (de)	**tos** (f)	[tos]
hoesten (ww)	**toser** (vi)	[to'ser]
niezen (ww)	**estornudar** (vi)	[estornu'ðar]
flauwte (de)	**desmayo** (m)	[des'majo]
flauwvallen (ww)	**desmayarse** (vr)	[desma'jarse]

blauwe plek (de)	**moradura** (f)	[mora'ðura]
buil (de)	**chichón** (m)	[ʧi'ʧon]
zich stoten (ww)	**golpearse** (vr)	[golʲpe'arse]
kneuzing (de)	**magulladura** (f)	[maguja'ðura]
kneuzen (gekneusd zijn)	**magullarse** (vr)	[magu'jarse]
hinken (ww)	**cojear** (vi)	[koχe'ar]
verstuiking (de)	**dislocación** (f)	[dislʲoka'θjon]
verstuiken (enkel, enz.)	**dislocar** (vt)	[dislʲo'kar]
breuk (de)	**fractura** (f)	[frak'tura]
een breuk oplopen	**tener una fractura**	[te'ner 'una frak'tura]
snijwond (de)	**corte** (m)	['korte]
zich snijden (ww)	**cortarse** (vr)	[kor'tarse]
bloeding (de)	**hemorragia** (f)	[emo'raχia]
brandwond (de)	**quemadura** (f)	[kema'ðura]
zich branden (ww)	**quemarse** (vr)	[ke'marse]
prikken (ww)	**pincharse** (vt)	[pin'ʧarse]
zich prikken (ww)	**pincharse** (vr)	[pin'ʧarse]
blesseren (ww)	**herir** (vt)	[e'rir]
blessure (letsel)	**herida** (f)	[e'riða]
wond (de)	**lesión** (f)	[le'sjon]
trauma (het)	**trauma** (m)	['trauma]
ijlen (ww)	**delirar** (vi)	[deli'rar]
stotteren (ww)	**tartamudear** (vi)	[tartamuðe'ar]
zonnesteek (de)	**insolación** (f)	[insolʲa'θjon]

73. Symptomen. Behandelingen. Deel 2

pijn (de)	**dolor** (m)	[do'lʲor]
splinter (de)	**astilla** (f)	[as'tija]
zweet (het)	**sudor** (m)	[su'ðor]
zweten (ww)	**sudar** (vi)	[su'ðar]
braking (de)	**vómito** (m)	['bomito]
stuiptrekkingen (mv.)	**convulsiones** (f pl)	[kombulʲ'sjones]
zwanger (bn)	**embarazada** (adj)	[embara'θaða]
geboren worden (ww)	**nacer** (vi)	[na'θer]
geboorte (de)	**parto** (m)	['parto]
baren (ww)	**dar a luz**	[dar a lʲuθ]
abortus (de)	**aborto** (m)	[a'βorto]
ademhaling (de)	**respiración** (f)	[respira'θjon]
inademing (de)	**inspiración** (f)	[inspira'θjon]
uitademing (de)	**espiración** (f)	[espira'θjon]
uitademen (ww)	**espirar** (vi)	[espi'rar]
inademen (ww)	**inspirar** (vi)	[inspi'rar]
invalide (de)	**inválido** (m)	[im'baliðo]
gehandicapte (de)	**mutilado** (m)	[muti'lʲaðo]

drugsverslaafde (de)	**drogadicto** (m)	[droɣ·a'ðikto]
doof (bn)	**sordo** (adj)	['sorðo]
stom (bn)	**mudo** (adj)	['muðo]
doofstom (bn)	**sordomudo** (adj)	[sorðo'muðo]
krankzinnig (bn)	**loco** (adj)	['lʲoko]
krankzinnige (man)	**loco** (m)	['lʲoko]
krankzinnige (vrouw)	**loca** (f)	['lʲoka]
krankzinnig worden	**volverse loco**	[bolʲ'βerse 'lʲoko]
gen (het)	**gen** (m)	[χen]
immuniteit (de)	**inmunidad** (f)	[inmuni'ðað]
erfelijk (bn)	**hereditario** (adj)	[ereði'tario]
aangeboren (bn)	**de nacimiento** (adj)	[de naθi'mjento]
virus (het)	**virus** (m)	['birus]
microbe (de)	**microbio** (m)	[mi'kroβio]
bacterie (de)	**bacteria** (f)	[bak'teria]
infectie (de)	**infección** (f)	[iɱfek'θjon]

74. Symptomen. Behandelingen. Deel 3

ziekenhuis (het)	**hospital** (m)	[ospi'talʲ]
patiënt (de)	**paciente** (m)	[pa'θjente]
diagnose (de)	**diagnosis** (f)	[dia'ɣnosis]
genezing (de)	**cura** (f)	['kura]
medische behandeling (de)	**tratamiento** (m)	[trata'mjento]
onder behandeling zijn	**curarse** (vr)	[ku'rarse]
behandelen (ww)	**tratar** (vt)	[tra'tar]
zorgen (zieken ~)	**cuidar** (vt)	[kui'ðar]
ziekenzorg (de)	**cuidados** (m pl)	[kui'ðaðos]
operatie (de)	**operación** (f)	[opera'θjon]
verbinden (een arm ~)	**vendar** (vt)	[ben'dar]
verband (het)	**vendaje** (m)	[ben'daχe]
vaccin (het)	**vacunación** (f)	[bakuna'θjon]
inenten (vaccineren)	**vacunar** (vt)	[baku'nar]
injectie (de)	**inyección** (f)	[injek'θjon]
een injectie geven	**aplicar una inyección**	[apli'kar 'una injek'θjon]
aanval (de)	**ataque** (m)	[a'take]
amputatie (de)	**amputación** (f)	[amputa'θjon]
amputeren (ww)	**amputar** (vt)	[ampu'tar]
coma (het)	**coma** (m)	['koma]
in coma liggen	**estar en coma**	[es'tar en 'koma]
intensieve zorg, ICU (de)	**revitalización** (f)	[reβitaliθa'θjon]
zich herstellen (ww)	**recuperarse** (vr)	[rekupe'rarse]
toestand (de)	**estado** (m)	[es'taðo]
bewustzijn (het)	**consciencia** (f)	[kon'θjenθia]
geheugen (het)	**memoria** (f)	[me'moria]
trekken (een kies ~)	**extraer** (vt)	[ekstra'er]

vulling (de)	**empaste** (m)	[em'paste]
vullen (ww)	**empastar** (vt)	[empas'tar]
hypnose (de)	**hipnosis** (f)	[ip'nosis]
hypnotiseren (ww)	**hipnotizar** (vt)	[ipnoti'θar]

75. Artsen

dokter, arts (de)	**médico** (m)	['meðiko]
ziekenzuster (de)	**enfermera** (f)	[emfer'mera]
lijfarts (de)	**médico** (m) **personal**	['meðiko perso'nalʲ]
tandarts (de)	**dentista** (m)	[den'tista]
oogarts (de)	**oftalmólogo** (m)	[oftalʲ'molʲogo]
therapeut (de)	**internista** (m)	[inter'nista]
chirurg (de)	**cirujano** (m)	[θiru'χano]
psychiater (de)	**psiquiatra** (m)	[si'kjatra]
pediater (de)	**pediatra** (m)	[pe'ðjatra]
psycholoog (de)	**psicólogo** (m)	[si'kolʲogo]
gynaecoloog (de)	**ginecólogo** (m)	[χine'kolʲogo]
cardioloog (de)	**cardiólogo** (m)	[karði'olʲogo]

76. Geneeskunde. Medicijnen. Accessoires

geneesmiddel (het)	**medicamento** (m), **droga** (f)	[meðika'mento], ['droga]
middel (het)	**remedio** (m)	[re'meðio]
voorschrijven (ww)	**prescribir**	[preskri'βir]
recept (het)	**receta** (f)	[re'θeta]
tablet (de/het)	**tableta** (f)	[ta'βleta]
zalf (de)	**ungüento** (m)	[ungu'ento]
ampul (de)	**ampolla** (f)	[am'poja]
drank (de)	**mixtura** (f), **mezcla** (f)	[miks'tura], ['meθklʲa]
siroop (de)	**sirope** (m)	[si'rope]
pil (de)	**píldora** (f)	['pilʲdora]
poeder (de/het)	**polvo** (m)	['polʲβo]
verband (het)	**venda** (f)	['benda]
watten (mv.)	**algodón** (m)	[alʲgo'ðon]
jodium (het)	**yodo** (m)	['joðo]
pleister (de)	**tirita** (f), **curita** (f)	[ti'rita], [ku'rita]
pipet (de)	**pipeta** (f)	[pi'peta]
thermometer (de)	**termómetro** (m)	[ter'mometro]
spuit (de)	**jeringa** (f)	[χe'ringa]
rolstoel (de)	**silla** (f) **de ruedas**	['sija de ru'eðas]
krukken (mv.)	**muletas** (f pl)	[mu'letas]
pijnstiller (de)	**anestésico** (m)	[anes'tesiko]
laxeermiddel (het)	**purgante** (m)	[pur'gante]

spiritus (de)	**alcohol** (m)	[alʲko'olʲ]
medicinale kruiden (mv.)	**hierba** (f) **medicinal**	['jerβa meðiθi'nalʲ]
kruiden- (abn)	**de hierbas** (adj)	[de 'jerβas]

77. Roken. Tabaksproducten

tabak (de)	**tabaco** (m)	[ta'βako]
sigaret (de)	**cigarrillo** (m)	[θiga'rijo]
sigaar (de)	**cigarro** (m)	[θi'garo]
pijp (de)	**pipa** (f)	['pipa]
pakje (~ sigaretten)	**paquete** (m)	[pa'kete]
lucifers (mv.)	**cerillas** (f pl)	[θe'rijas]
luciferdoosje (het)	**caja** (f) **de cerillas**	['kaχa de θe'rijas]
aansteker (de)	**encendedor** (m)	[enθende'ðor]
asbak (de)	**cenicero** (m)	[θeni'θero]
sigarettendoosje (het)	**pitillera** (f)	[piti'jera]
sigarettenpijpje (het)	**boquilla** (f)	[bo'kija]
filter (de/het)	**filtro** (m)	['filʲtro]
roken (ww)	**fumar** (vi, vt)	[fu'mar]
een sigaret opsteken	**encender un cigarrillo**	[enθen'der un θiga'rijo]
roken (het)	**tabaquismo** (m)	[taβa'kismo]
roker (de)	**fumador** (m)	[fuma'ðor]
peuk (de)	**colilla** (f)	[ko'lija]
rook (de)	**humo** (m)	['umo]
as (de)	**ceniza** (f)	[θe'niθa]

HET MENSELIJKE LEEFGEBIED

Stad

78. Stad. Het leven in de stad

stad (de)	**ciudad** (f)	[θju'ðað]
hoofdstad (de)	**capital** (f)	[kapi'talʲ]
dorp (het)	**aldea** (f)	[alʲ'ðea]
plattegrond (de)	**plano** (m) **de la ciudad**	['plʲano de lʲa θju'ðað]
centrum (ov. een stad)	**centro** (m) **de la ciudad**	['θentro de lʲa θju'ðað]
voorstad (de)	**suburbio** (m)	[su'βurβio]
voorstads- (abn)	**suburbano** (adj)	[suβur'βano]
randgemeente (de)	**arrabal** (m)	[ara'βalʲ]
omgeving (de)	**afueras** (f pl)	[afu'eras]
blok (huizenblok)	**barrio** (m)	['bario]
woonwijk (de)	**zona** (f) **de viviendas**	['θona de bi'βjendas]
verkeer (het)	**tráfico** (m)	['trafiko]
verkeerslicht (het)	**semáforo** (m)	[se'maforo]
openbaar vervoer (het)	**transporte** (m) **urbano**	[trans'porte ur'βano]
kruispunt (het)	**cruce** (m)	['kruθe]
zebrapad (oversteekplaats)	**paso** (m) **de peatones**	['paso de pea'tones]
onderdoorgang (de)	**paso** (m) **subterráneo**	['paso suβte'raneo]
oversteken (de straat ~)	**cruzar** (vt)	[kru'θar]
voetganger (de)	**peatón** (m)	[pea'ton]
trottoir (het)	**acera** (f)	[a'θera]
brug (do)	**puente** (m)	[pu'ente]
dijk (de)	**muelle** (m)	[mu'eje]
fontein (de)	**fuente** (f)	[fu'ente]
allee (de)	**alameda** (f)	[alʲa'meða]
park (het)	**parque** (m)	['parke]
boulevard (de)	**bulevar** (m)	[bule'βar]
plein (het)	**plaza** (f)	['plʲaθa]
laan (de)	**avenida** (f)	[aβe'niða]
straat (de)	**calle** (f)	['kaje]
zijstraat (de)	**callejón** (m)	[kaje'χon]
doodlopende straat (de)	**callejón** (m) **sin salida**	[kaje'χon sin sa'liða]
huis (het)	**casa** (f)	['kasa]
gebouw (het)	**edificio** (m)	[eði'fiθio]
wolkenkrabber (de)	**rascacielos** (m)	[raska'θjelʲos]
gevel (de)	**fachada** (f)	[fa'ʧaða]
dak (het)	**techo** (m)	['teʧo]

venster (het)	**ventana** (f)	[ben'tana]
boog (de)	**arco** (m)	['arko]
pilaar (de)	**columna** (f)	[ko'lʲumna]
hoek (ov. een gebouw)	**esquina** (f)	[es'kina]
vitrine (de)	**escaparate** (f)	[eskapa'rate]
gevelreclame (de)	**letrero** (m)	[le'trero]
affiche (de/het)	**cartel** (m)	[kar'telʲ]
reclameposter (de)	**cartel** (m) **publicitario**	[kar'telʲ puβliθi'tario]
aanplakbord (het)	**valla** (f) **publicitaria**	['baja puβliθi'taria]
vuilnis (de/het)	**basura** (f)	[ba'sura]
vuilnisbak (de)	**cajón** (m) **de basura**	[ka'χon de ba'sura]
afval weggooien (ww)	**tirar basura**	[ti'rar ba'sura]
stortplaats (de)	**basurero** (m)	[basu'rero]
telefooncel (de)	**cabina** (f) **telefónica**	[ka'βina tele'fonika]
straatlicht (het)	**farola** (f)	[fa'rolʲa]
bank (de)	**banco** (m)	['baŋko]
politieagent (de)	**policía** (m)	[poli'θia]
politie (de)	**policía** (f)	[poli'θia]
zwerver (de)	**mendigo** (m)	[men'digo]
dakloze (de)	**persona** (f) **sin hogar**	[per'sona sin o'gar]

79. Stedelijke instellingen

winkel (de)	**tienda** (f)	['tjenda]
apotheek (de)	**farmacia** (f)	[far'maθia]
optiek (de)	**óptica** (f)	['optika]
winkelcentrum (het)	**centro** (m) **comercial**	['θentro komer'θjalʲ]
supermarkt (de)	**supermercado** (m)	[supermer'kaðo]
bakkerij (de)	**panadería** (f)	[panaðe'ria]
bakker (de)	**panadero** (m)	[pana'ðero]
banketbakkerij (de)	**pastelería** (f)	[pastele'ria]
kruidenier (de)	**tienda** (f) **de comestibles**	['tjenda de komes'tiβles]
slagerij (de)	**carnicería** (f)	[karniθe'ria]
groentewinkel (de)	**verdulería** (f)	[berðule'ria]
markt (de)	**mercado** (m)	[mer'kaðo]
koffiehuis (het)	**cafetería** (f)	[kafete'ria]
restaurant (het)	**restaurante** (m)	[restau'rante]
bar (de)	**cervecería** (f)	[θerβeθe'ria]
pizzeria (de)	**pizzería** (f)	[pitse'ria]
kapperssalon (de/het)	**peluquería** (f)	[pelʲuke'ria]
postkantoor (het)	**oficina** (f) **de correos**	[ofi'θina de ko'reos]
stomerij (de)	**tintorería** (f)	[tintore'ria]
fotostudio (de)	**estudio** (m) **fotográfico**	[es'tuðjo foto'ɣrafiko]
schoenwinkel (de)	**zapatería** (f)	[θapate'ria]
boekhandel (de)	**librería** (f)	[liβre'ria]

sportwinkel (de)	**tienda** (f) **deportiva**	['tjenda depor'tiβa]
kledingreparatie (de)	**arreglos** (m pl) **de ropa**	[a'reɣlʲos de 'ropa]
kledingverhuur (de)	**alquiler** (m) **de ropa**	[alʲki'ler de 'ropa]
videotheek (de)	**videoclub** (m)	[biðeo·'klʲuβ]
circus (de/het)	**circo** (m)	['θirko]
dierentuin (de)	**zoológico** (m)	[θoo'lʲoχiko]
bioscoop (de)	**cine** (m)	['θine]
museum (het)	**museo** (m)	[mu'seo]
bibliotheek (de)	**biblioteca** (f)	[biβlio'teka]
theater (het)	**teatro** (m)	[te'atro]
opera (de)	**ópera** (f)	['opera]
nachtclub (de)	**club** (m) **nocturno**	[klʲuβ nok'turno]
casino (het)	**casino** (m)	[ka'sino]
moskee (de)	**mezquita** (f)	[meθ'kita]
synagoge (de)	**sinagoga** (f)	[sina'goga]
kathedraal (de)	**catedral** (f)	[kate'ðralʲ]
tempel (de)	**templo** (m)	['templʲo]
kerk (de)	**iglesia** (f)	[i'ɣlesia]
instituut (het)	**instituto** (m)	[insti'tuto]
universiteit (de)	**universidad** (f)	[uniβersi'ðað]
school (de)	**escuela** (f)	[esku'elʲa]
gemeentehuis (het)	**prefectura** (f)	[prefek'tura]
stadhuis (het)	**alcaldía** (f)	[alʲkalʲ'ðia]
hotel (het)	**hotel** (m)	[o'telʲ]
bank (de)	**banco** (m)	['baŋko]
ambassade (de)	**embajada** (f)	[emba'χaða]
reisbureau (het)	**agencia** (f) **de viajes**	[a'χenθja de 'bjaχes]
informatieloket (het)	**oficina** (f) **de información**	[ofi'θina de iɱforma'θjon]
wisselkantoor (het)	**oficina** (f) **de cambio**	[ofi'θina de 'kambio]
metro (de)	**metro** (m)	['metro]
ziekenhuis (het)	**hospital** (m)	[ospi'talʲ]
benzinestation (het)	**gasolinera** (f)	[gasoli'nera]
parking (de)	**aparcamiento** (m)	[aparka'mjento]

80. Borden

gevelreclame (de)	**letrero** (m)	[le'trero]
opschrift (het)	**cartel** (m)	[kar'telʲ]
poster (de)	**pancarta** (f)	[paŋ'karta]
wegwijzer (de)	**señal** (m) **de dirección**	[se'njalʲ de direk'θjon]
pijl (de)	**flecha** (f)	['fletʃa]
waarschuwing (verwittiging)	**advertencia** (f)	[aðβer'tenθia]
waarschuwingsbord (het)	**aviso** (m)	[a'βiso]
waarschuwen (ww)	**advertir** (vt)	[aðβer'tir]
vrije dag (de)	**día** (m) **de descanso**	['dia de des'kanso]

dienstregeling (de)	**horario** (m)	[o'rario]
openingsuren (mv.)	**horario** (m) **de apertura**	[o'rarjo de aper'tura]
WELKOM!	**¡BIENVENIDOS!**	[bjembe'niðos]
INGANG	**ENTRADA**	[en'traða]
UITGANG	**SALIDA**	[sa'liða]
DUWEN	**EMPUJAR**	[empu'χar]
TREKKEN	**TIRAR**	[ti'rar]
OPEN	**ABIERTO**	[a'βjerto]
GESLOTEN	**CERRADO**	[θe'raðo]
DAMES	**MUJERES**	[mu'χeres]
HEREN	**HOMBRES**	['ombres]
KORTING	**REBAJAS**	[re'βaχas]
UITVERKOOP	**SALDOS**	['salʲdos]
NIEUW!	**NOVEDAD**	[noβe'ðað]
GRATIS	**GRATIS**	['gratis]
PAS OP!	**¡ATENCIÓN!**	[aten'θjon]
VOLGEBOEKT	**COMPLETO**	[kom'pleto]
GERESERVEERD	**RESERVADO**	[reser'βaðo]
ADMINISTRATIE	**ADMINISTRACIÓN**	[aðministra'θjon]
ALLEEN VOOR PERSONEEL	**SÓLO PERSONAL AUTORIZADO**	['sol?o perso'nal? autori'?a?o]
GEVAARLIJKE HOND	**CUIDADO CON EL PERRO**	[kui'ðaðo kon elʲ 'pero]
VERBODEN TE ROKEN!	**PROHIBIDO FUMAR**	[proi'βiðo fu'mar]
NIET AANRAKEN!	**NO TOCAR**	[no to'kar]
GEVAARLIJK	**PELIGROSO**	[peli'ɣroso]
GEVAAR	**PELIGRO**	[pe'liɣro]
HOOGSPANNING	**ALTA TENSIÓN**	['alʲta ten'sjon]
VERBODEN TE ZWEMMEN	**PROHIBIDO BAÑARSE**	[proi'βiðo ba'njarse]
BUITEN GEBRUIK	**NO FUNCIONA**	[no fun'θjona]
ONTVLAMBAAR	**INFLAMABLE**	[iɱflʲa'maβle]
VERBODEN	**PROHIBIDO**	[proi'βiðo]
DOORGANG VERBODEN	**PROHIBIDO EL PASO**	[proi'βiðo elʲ 'paso]
OPGELET PAS GEVERFD	**RECIÉN PINTADO**	[re'θjen pin'taðo]

81. Stedelijk vervoer

bus, autobus (de)	**autobús** (m)	[auto'βus]
tram (de)	**tranvía** (m)	[tram'bia]
trolleybus (de)	**trolebús** (m)	[trole'βus]
route (de)	**itinerario** (m)	[itine'rario]
nummer (busnummer, enz.)	**número** (m)	['numero]
rijden met ...	**ir en ...**	[ir en]
stappen (in de bus ~)	**tomar** (vt)	[to'mar]
afstappen (ww)	**bajar del ...**	[ba'χar delʲ]

halte (de)	**parada** (f)	[pa'raða]
volgende halte (de)	**próxima parada** (f)	['proksima pa'raða]
eindpunt (het)	**parada** (f) **final**	[pa'raða fi'nalʲ]
dienstregeling (de)	**horario** (m)	[o'rario]
wachten (ww)	**esperar** (vt)	[espe'rar]
kaartje (het)	**billete** (m)	[bi'jete]
reiskosten (de)	**precio** (m) **del billete**	['preθjo delʲ bi'jete]
kassier (de)	**cajero** (m)	[ka'χero]
kaartcontrole (de)	**control** (m) **de billetes**	[kon'trolʲ de bi'jetes]
controleur (de)	**revisor** (m)	[rebi'sor]
te laat zijn (ww)	**llegar tarde** (vi)	[je'gar 'tarðe]
missen (de bus ~)	**perder** (vt)	[per'ðer]
zich haasten (ww)	**tener prisa**	[te'ner 'prisa]
taxi (de)	**taxi** (m)	['taksi]
taxichauffeur (de)	**taxista** (m)	[ta'ksista]
met de taxi (bw)	**en taxi**	[en 'taksi]
taxistandplaats (de)	**parada** (f) **de taxi**	[pa'raða de 'taksi]
een taxi bestellen	**llamar un taxi**	[ja'mar un 'taksi]
een taxi nemen	**tomar un taxi**	[to'mar un 'taksi]
verkeer (het)	**tráfico** (m)	['trafiko]
file (de)	**atasco** (m)	[a'tasko]
spitsuur (het)	**horas** (f pl) **de punta**	['oras de 'punta]
parkeren (on.ww.)	**aparcar** (vi)	[apar'kar]
parkeren (ov.ww.)	**aparcar** (vt)	[apar'kar]
parking (de)	**aparcamiento** (m)	[aparka'mjento]
metro (de)	**metro** (m)	['metro]
halte (bijv. kleine treinhalte)	**estación** (f)	[esta'θjon]
de metro nemen	**ir en el metro**	[ir en elʲ 'metro]
trein (de)	**tren** (m)	['tren]
station (treinstation)	**estación** (f)	[esta'θjon]

82. Bezienswaardigheden

monument (het)	**monumento** (m)	[monu'mento]
vesting (de)	**fortaleza** (f)	[forta'leθa]
paleis (het)	**palacio** (m)	[pa'lʲaθio]
kasteel (het)	**castillo** (m)	[kas'tijo]
toren (de)	**torre** (f)	['tore]
mausoleum (het)	**mausoleo** (m)	[mauso'leo]
architectuur (de)	**arquitectura** (f)	[arkitek'tura]
middeleeuws (bn)	**medieval** (adj)	[meðje'βalʲ]
oud (bn)	**antiguo** (adj)	[an'tiguo]
nationaal (bn)	**nacional** (adj)	[naθjo'nalʲ]
bekend (bn)	**conocido** (adj)	[kono'θiðo]
toerist (de)	**turista** (m)	[tu'rista]
gids (de)	**guía** (m)	['gia]

rondleiding (de)	**excursión** (f)	[eskur'θjon]
tonen (ww)	**mostrar** (vt)	[mos'trar]
vertellen (ww)	**contar** (vt)	[kon'tar]
vinden (ww)	**encontrar** (vt)	[eŋkon'trar]
verdwalen (de weg kwijt zijn)	**perderse** (vr)	[per'ðerse]
plattegrond (~ van de metro)	**plano** (m), **mapa** (m)	['plʲano], ['mapa]
plattegrond (~ van de stad)	**mapa** (m)	['mapa]
souvenir (het)	**recuerdo** (m)	[reku'erðo]
souvenirwinkel (de)	**tienda** (f) **de regalos**	['tjenda de re'galʲos]
foto's maken	**hacer fotos**	[a'θer 'fotos]
zich laten fotograferen	**fotografiarse** (vr)	[fotoɣra'fjarse]

83. Winkelen

kopen (ww)	**comprar** (vt)	[kom'prar]
aankoop (de)	**compra** (f)	['kompra]
winkelen (ww)	**hacer compras**	[a'θer 'kompras]
winkelen (het)	**compras** (f pl)	['kompras]
open zijn (ov. een winkel, enz.)	**estar abierto**	[es'tar a'βjerto]
gesloten zijn (ww)	**estar cerrado**	[es'tar θe'raðo]
schoeisel (het)	**calzado** (m)	[kalʲ'θaðo]
kleren (mv.)	**ropa** (f)	['ropa]
cosmetica (mv.)	**cosméticos** (m pl)	[kos'metikos]
voedingswaren (mv.)	**productos alimenticios**	[pro'ðuktos alimen'tiθjos]
geschenk (het)	**regalo** (m)	[re'galʲo]
verkoper (de)	**vendedor** (m)	[bende'ðor]
verkoopster (de)	**vendedora** (f)	[bende'ðora]
kassa (de)	**caja** (f)	['kaχa]
spiegel (de)	**espejo** (m)	[es'peχo]
toonbank (de)	**mostrador** (m)	[mostra'ðor]
paskamer (de)	**probador** (m)	[proβa'ðor]
aanpassen (ww)	**probar** (vt)	[pro'βar]
passen (ov. kleren)	**quedar** (vi)	[ke'ðar]
bevallen (prettig vinden)	**gustar** (vi)	[gus'tar]
prijs (de)	**precio** (m)	['preθio]
prijskaartje (het)	**etiqueta** (f) **de precio**	[eti'keta de 'preθio]
kosten (ww)	**costar** (vt)	[kos'tar]
Hoeveel?	**¿Cuánto?**	[ku'anto]
korting (de)	**descuento** (m)	[desku'ento]
niet duur (bn)	**no costoso** (adj)	[no kos'toso]
goedkoop (bn)	**barato** (adj)	[ba'rato]
duur (bn)	**caro** (adj)	['karo]
Dat is duur.	**Es caro**	[es 'karo]
verhuur (de)	**alquiler** (m)	[alʲki'ler]

huren (smoking, enz.)	**alquilar** (vt)	[alʲki'lʲar]
krediet (het)	**crédito** (m)	['kreðito]
op krediet (bw)	**a crédito** (adv)	[a 'kreðito]

84. Geld

geld (het)	**dinero** (m)	[di'nero]
ruil (de)	**cambio** (m)	['kambio]
koers (de)	**curso** (m)	['kurso]
geldautomaat (de)	**cajero** (m) **automático**	[ka'χero auto'matiko]
muntstuk (de)	**moneda** (f)	[mo'neða]
dollar (de)	**dólar** (m)	['dolʲar]
euro (de)	**euro** (m)	['euro]
lire (de)	**lira** (f)	['lira]
Duitse mark (de)	**marco** (m) **alemán**	['marko ale'man]
frank (de)	**franco** (m)	['fraŋko]
pond sterling (het)	**libra esterlina** (f)	['liβra ester'lina]
yen (de)	**yen** (m)	[jen]
schuld (geldbedrag)	**deuda** (f)	['deuða]
schuldenaar (de)	**deudor** (m)	[deu'ðor]
uitlenen (ww)	**prestar** (vt)	[pres'tar]
lenen (geld ~)	**tomar prestado**	[to'mar pres'taðo]
bank (de)	**banco** (m)	['baŋko]
bankrekening (de)	**cuenta** (f)	[ku'enta]
storten (ww)	**ingresar** (vt)	[ingre'sar]
op rekening storten	**ingresar en la cuenta**	[ingre'sar en lʲa ku'enta]
opnemen (ww)	**sacar de la cuenta**	[sa'kar de lʲa ku'enta]
kredietkaart (de)	**tarjeta** (f) **de crédito**	[tar'χeta de 'kreðito]
baar geld (het)	**dinero** (m) **en efectivo**	[di'nero en efek'tiβo]
cheque (de)	**cheque** (m)	['ʧeke]
een cheque uitschrijven	**sacar un cheque**	[sa'kar un 'ʧeke]
chequeboekje (het)	**talonario** (m)	[talʲo'nario]
portefeuille (de)	**cartera** (f)	[kar'tera]
geldbeugel (de)	**monedero** (m)	[mone'ðero]
safe (de)	**caja** (f) **fuerte**	['kaχa fu'erte]
erfgenaam (de)	**heredero** (m)	[ere'ðero]
erfenis (de)	**herencia** (f)	[e'renθia]
fortuin (het)	**fortuna** (f)	[for'tuna]
huur (de)	**arriendo** (m)	[a'rjendo]
huurprijs (de)	**alquiler** (m)	[alʲki'ler]
huren (huis, kamer)	**alquilar** (vt)	[alʲki'lʲar]
prijs (de)	**precio** (m)	['preθio]
kostprijs (de)	**coste** (m)	['koste]
som (de)	**suma** (f)	['suma]
uitgeven (geld besteden)	**gastar** (vt)	[gas'tar]

kosten (mv.)	**gastos** (m pl)	['gastos]
bezuinigen (ww)	**economizar** (vi, vt)	[ekonomi'θar]
zuinig (bn)	**económico** (adj)	[eko'nomiko]
betalen (ww)	**pagar** (vi, vt)	[pa'gar]
betaling (de)	**pago** (m)	['pago]
wisselgeld (het)	**cambio** (m)	['kambio]
belasting (de)	**impuesto** (m)	[impu'esto]
boete (de)	**multa** (f)	['mulʲta]
beboeten (bekeuren)	**multar** (vt)	[mulʲ'tar]

85. Post. Postkantoor

postkantoor (het)	**oficina** (f) **de correos**	[ofi'θina de ko'reos]
post (de)	**correo** (m)	[ko'reo]
postbode (de)	**cartero** (m)	[kar'tero]
openingsuren (mv.)	**horario** (m) **de apertura**	[o'rarjo de aper'tura]
brief (de)	**carta** (f)	['karta]
aangetekende brief (de)	**carta** (f) **certificada**	['karta θertifi'kaða]
briefkaart (de)	**tarjeta** (f) **postal**	[tar'χeta pos'talʲ]
telegram (het)	**telegrama** (m)	[tele'ɣrama]
postpakket (het)	**paquete** (m) **postal**	[pa'kete pos'talʲ]
overschrijving (de)	**giro** (m) **postal**	['χiro pos'talʲ]
ontvangen (ww)	**recibir** (vt)	[reθi'βir]
sturen (zenden)	**enviar** (vt)	[em'bjar]
verzending (de)	**envío** (m)	[em'bio]
adres (het)	**dirección** (f)	[direk'θjon]
postcode (de)	**código** (m) **postal**	['koðigo pos'talʲ]
verzender (de)	**expedidor** (m)	[ekspeði'ðor]
ontvanger (de)	**destinatario** (m)	[destina'tario]
naam (de)	**nombre** (m)	['nombre]
achternaam (de)	**apellido** (m)	[ape'jiðo]
tarief (het)	**tarifa** (f)	[ta'rifa]
standaard (bn)	**ordinario** (adj)	[orði'nario]
zuinig (bn)	**económico** (adj)	[eko'nomiko]
gewicht (het)	**peso** (m)	['peso]
afwegen (op de weegschaal)	**pesar** (vt)	[pe'sar]
envelop (de)	**sobre** (m)	['soβre]
postzegel (de)	**sello** (m)	['sejo]
een postzegel plakken op	**poner un sello**	[po'ner un 'sejo]

Woning. Huis. Thuis

86. Huis. Woning

huis (het)	**casa** (f)	['kasa]
thuis (bw)	**en casa** (adv)	[en 'kasa]
cour (de)	**patio** (m)	['patio]
omheining (de)	**verja** (f)	['berχa]
baksteen (de)	**ladrillo** (m)	[lʲa'ðrijo]
van bakstenen	**de ladrillo** (adj)	[de lʲa'ðrijo]
steen (de)	**piedra** (f)	['pjeðra]
stenen (bn)	**de piedra** (adj)	[de 'pjeðra]
beton (het)	**hormigón** (m)	[ormi'ɣon]
van beton	**de hormigón** (adj)	[de ormi'ɣon]
nieuw (bn)	**nuevo** (adj)	[nu'eβo]
oud (bn)	**viejo** (adj)	['bjeχo]
vervallen (bn)	**deteriorado** (adj)	[deterjo'raðo]
modern (bn)	**moderno** (adj)	[mo'ðerno]
met veel verdiepingen	**de muchos pisos**	[de 'mutʃos 'pisos]
hoog (bn)	**alto** (adj)	['alʲto]
verdieping (de)	**piso** (m), **planta** (f)	['piso], ['plʲanta]
met een verdieping	**de una sola planta**	[de una 'solʲa 'plʲanta]
laagste verdieping (de)	**piso** (m) **bajo**	['piso 'baχo]
bovenverdieping (de)	**piso** (m) **alto**	['piso 'alʲto]
dak (het)	**techo** (m)	['tetʃo]
schoorsteen (de)	**chimenea** (f)	[tʃime'nea]
dakpan (de)	**tejas** (f pl)	['teχas]
pannen- (abn)	**de tejas** (adj)	[de 'teχas]
zolder (de)	**desván** (m)	[des'βan]
venster (het)	**ventana** (f)	[ben'tana]
glas (het)	**vidrio** (m)	['biðrio]
vensterbank (de)	**alféizar** (m)	[al'fejθar]
luiken (mv.)	**contraventanas** (f pl)	[kontraβen'tanas]
muur (de)	**pared** (f)	[pa'reð]
balkon (het)	**balcón** (m)	[balʲ'kon]
regenpijp (de)	**gotera** (f)	[go'tera]
boven (bw)	**arriba**	[a'riβa]
naar boven gaan (ww)	**subir** (vi)	[su'βir]
afdalen (on.ww.)	**descender** (vi)	[deθen'der]
verhuizen (ww)	**mudarse** (vr)	[mu'ðarse]

87. Huis. Ingang. Lift

ingang (de)	**entrada** (f)	[en'traða]
trap (de)	**escalera** (f)	[eska'lera]
treden (mv.)	**escalones** (m pl)	[eska'lʲones]
trapleuning (de)	**baranda** (f)	[ba'randa]
hal (de)	**vestíbulo** (m)	[bes'tiβulʲo]
postbus (de)	**buzón** (m)	[bu'θon]
vuilnisbak (de)	**contenedor** (m) **de basura**	[kontene'ðor de ba'sura]
vuilniskoker (de)	**bajante** (f) **de basura**	[ba'χante de ba'sura]
lift (de)	**ascensor** (m)	[aθen'sor]
goederenlift (de)	**ascensor** (m) **de carga**	[aθen'sor de 'karga]
liftcabine (de)	**cabina** (f)	[ka'βina]
de lift nemen	**ir en el ascensor**	[ir en elʲ aθen'sor]
appartement (het)	**apartamento** (m)	[aparta'mento]
bewoners (mv.)	**inquilinos** (pl)	[iŋki'linos]
buurman (de)	**vecino** (m)	[be'θino]
buurvrouw (de)	**vecina** (f)	[be'θina]
buren (mv.)	**vecinos** (pl)	[be'θinos]

88. Huis. Elektriciteit

elektriciteit (de)	**electricidad** (f)	[elektriθi'ðað]
lamp (de)	**bombilla** (f)	[bom'bija]
schakelaar (de)	**interruptor** (m)	[interup'tor]
zekering (de)	**fusible** (m)	[fu'siβle]
draad (de)	**cable, hilo** (m)	['kaβle], ['ilʲo]
bedrading (de)	**instalación** (f) **eléctrica**	[instalʲa'θjon e'lektrika]
elektriciteitsmeter (de)	**contador** (m) **de luz**	[konta'ðor de lʲuθ]
gegevens (mv.)	**lectura** (f)	[lek'tura]

89. Huis. Deuren. Sloten

deur (de)	**puerta** (f)	[pu'erta]
toegangspoort (de)	**portón** (m)	[por'ton]
deurkruk (de)	**tirador** (m)	[tira'ðor]
ontsluiten (ontgrendelen)	**abrir el cerrojo**	[a'βrir elʲ θe'roχo]
openen (ww)	**abrir** (vt)	[a'βrir]
sluiten (ww)	**cerrar** (vt)	[θe'rar]
sleutel (de)	**llave** (f)	['jaβe]
sleutelbos (de)	**manojo** (m) **de llaves**	[ma'noχo de 'jaβes]
knarsen (bijv. scharnier)	**crujir** (vi)	[kru'χir]
knarsgeluid (het)	**crujido** (m)	[kru'χiðo]
scharnier (het)	**gozne** (m)	['goθne]
deurmat (de)	**felpudo** (m)	[felʲ'puðo]
slot (het)	**cerradura** (f)	[θera'ðura]

sleutelgat (het)	**ojo** (m) **de cerradura**	['oχo de θera'ðura]
grendel (de)	**cerrojo** (m)	[θe'roχo]
schuif (de)	**pestillo** (m)	[pes'tijo]
hangslot (het)	**candado** (m)	[kan'daðo]
aanbellen (ww)	**tocar el timbre**	[to'kar elʲ 'timbre]
bel (geluid)	**campanillazo** (m)	[kampani'jaθo]
deurbel (de)	**timbre** (m)	['timbre]
belknop (de)	**botón** (m)	[bo'ton]
geklop (het)	**toque** (m) **a la puerta**	['toke a lʲa pu'erta]
kloppen (ww)	**tocar la puerta**	[to'kar lʲa pu'erta]
code (de)	**código** (m)	['koðigo]
cijferslot (het)	**cerradura** (f) **de contraseña**	[θera'ðura de kontra'senja]
parlofoon (de)	**telefonillo** (m)	[telefo'nijo]
nummer (het)	**número** (m)	['numero]
naambordje (het)	**placa** (f) **de puerta**	['plʲaka de pu'erta]
deurspion (de)	**mirilla** (f)	[mi'rija]

90. Huis op het platteland

dorp (het)	**aldea** (f)	[alʲ'ðea]
moestuin (de)	**huerta** (f)	[u'erta]
hek (het)	**empalizada** (f)	[empali'θaða]
houten hekwerk (het)	**valla** (f)	['baja]
tuinpoortje (het)	**puertecilla** (f)	[puerte'θija]
graanschuur (de)	**granero** (m)	[gra'nero]
wortelkelder (de)	**sótano** (m)	['sotano]
schuur (de)	**cobertizo** (m)	[koβer'tiθo]
waterput (de)	**pozo** (m)	['poθo]
kachel (de)	**estufa** (f)	[es'tufa]
de kachel stoken	**calentar la estufa**	[kalen'tar lʲa es'tufa]
brandhout (het)	**leña** (f)	['lenja]
houtblok (het)	**leño** (m)	['lenjo]
veranda (de)	**veranda** (f)	[be'randa]
terras (het)	**terraza** (f)	[te'raθa]
bordes (het)	**porche** (m)	['portʃe]
schommel (de)	**columpio** (m)	[ko'lʲumpio]

91. Villa. Herenhuis

landhuisje (het)	**casa** (f) **de campo**	['kasa de 'kampo]
villa (de)	**villa** (f)	['bija]
vleugel (de)	**ala** (f)	['alʲa]
tuin (de)	**jardín** (m)	[χar'ðin]
park (het)	**parque** (m)	['parke]
oranjerie (de)	**invernadero** (m)	[imberna'ðero]
onderhouden (tuin, enz.)	**cuidar** (vt)	[kui'ðar]

zwembad (het)	**piscina** (f)	[pi'θina]
gym (het)	**gimnasio** (m)	[χim'nasio]
tennisveld (het)	**cancha** (f) **de tenis**	['kanʧa de 'tenis]
bioscoopkamer (de)	**sala** (f) **de cine**	['salʲa de 'θine]
garage (de)	**garaje** (m)	[ga'raχe]
privé-eigendom (het)	**propiedad** (f) **privada**	[propje'ðað pri'βaða]
eigen terrein (het)	**terreno** (m) **privado**	[te'reno pri'βaðo]
waarschuwing (de)	**advertencia** (f)	[aðβer'tenθia]
waarschuwingsbord (het)	**letrero** (m) **de aviso**	[le'trero de a'βiθo]
bewaking (de)	**seguridad** (f)	[seguri'ðað]
bewaker (de)	**guardia** (m) **de seguridad**	[gu'arðja de seguri'ðað]
inbraakalarm (het)	**alarma** (f) **antirrobo**	[a'lʲarma anti'roβo]

92. Kasteel. Paleis

kasteel (het)	**castillo** (m)	[kas'tijo]
paleis (het)	**palacio** (m)	[pa'lʲaθio]
vesting (de)	**fortaleza** (f)	[forta'leθa]
ringmuur (de)	**muralla** (f)	[mu'raja]
toren (de)	**torre** (f)	['tore]
donjon (de)	**torre** (f) **principal**	['tore prinθi'palʲ]
valhek (het)	**rastrillo** (m)	[ras'trijo]
onderaardse gang (de)	**pasaje** (m) **subterráneo**	[pa'saχe suβte'raneo]
slotgracht (de)	**foso** (m)	['foso]
ketting (de)	**cadena** (f)	[ka'ðena]
schietgat (het)	**aspillera** (f)	[aspi'jera]
prachtig (bn)	**magnífico** (adj)	[maɣ'nifiko]
majestueus (bn)	**majestuoso** (adj)	[maχestu'oso]
onneembaar (bn)	**inexpugnable** (adj)	[inekspuɣ'naβle]
middeleeuws (bn)	**medieval** (adj)	[meðje'βalʲ]

93. Appartement

appartement (het)	**apartamento** (m)	[aparta'mento]
kamer (de)	**habitación** (f)	[aβita'θjon]
slaapkamer (de)	**dormitorio** (m)	[dormi'torio]
eetkamer (de)	**comedor** (m)	[kome'ðor]
salon (de)	**salón** (m)	[sa'lʲon]
studeerkamer (de)	**despacho** (m)	[des'paʧo]
gang (de)	**antecámara** (f)	[ante'kamara]
badkamer (de)	**cuarto** (m) **de baño**	[ku'arto de 'banjo]
toilet (het)	**servicio** (m)	[ser'βiθio]
plafond (het)	**techo** (m)	['teʧo]
vloer (de)	**suelo** (m)	[su'elʲo]
hoek (de)	**rincón** (m)	[rin'kon]

94. Appartement. Schoonmaken

schoonmaken (ww)	**hacer la limpieza**	[a'θer lʲa lim'pjeθa]
opbergen (in de kast, enz.)	**quitar** (vt)	[ki'tar]
stof (het)	**polvo** (m)	['polʲβo]
stoffig (bn)	**polvoriento** (adj)	[polʲβo'rjento]
stoffen (ww)	**limpiar el polvo**	[lim'pjar elʲ 'polʲβo]
stofzuiger (de)	**aspirador** (m), **aspiradora** (f)	[aspira'ðor], [aspira'ðora]
stofzuigen (ww)	**limpiar con la aspiradora**	[lim'pjar kon lʲa aspira'ðora]
vegen (de vloer ~)	**barrer** (vi, vt)	[ba'rer]
veegsel (het)	**barreduras** (f pl)	[bare'ðuras]
orde (de)	**orden** (m)	['orðen]
wanorde (de)	**desorden** (m)	[de'sorðen]
zwabber (de)	**fregona** (f)	[fre'gona]
poetsdoek (de)	**trapo** (m)	['trapo]
veger (de)	**escoba** (f)	[es'koβa]
stofblik (het)	**cogedor** (m)	[koχe'ðor]

95. Meubels. Interieur

meubels (mv.)	**muebles** (m pl)	[mu'eβles]
tafel (de)	**mesa** (f)	['mesa]
stoel (de)	**silla** (f)	['sija]
bed (het)	**cama** (f)	['kama]
bankstel (het)	**sofá** (m)	[so'fa]
fauteuil (de)	**sillón** (m)	[si'jon]
boekenkast (de)	**librería** (f)	[liβre'ria]
boekenrek (het)	**estante** (m)	[es'tante]
kledingkast (de)	**armario** (m)	[ar'mario]
kapstok (de)	**percha** (f)	['pertʃa]
staande kapstok (de)	**perchero** (m) **de pie**	[per'tʃero de pje]
commode (de)	**cómoda** (f)	['komoða]
salontafeltje (het)	**mesa** (f) **de café**	['mesa de ka'fe]
spiegel (de)	**espejo** (m)	[es'peχo]
tapijt (het)	**tapiz** (m)	[ta'piθ]
tapijtje (het)	**alfombra** (f)	[alʲ'fombra]
haard (de)	**chimenea** (f)	[tʃime'nea]
kaars (de)	**vela** (f)	['belʲa]
kandelaar (de)	**candelero** (m)	[kande'lero]
gordijnen (mv.)	**cortinas** (f pl)	[kor'tinas]
behang (het)	**empapelado** (m)	[empape'lʲaðo]
jaloezie (de)	**estor** (m) **de láminas**	[es'tor de 'lʲaminas]
bureaulamp (de)	**lámpara** (f) **de mesa**	['lʲampara de 'mesa]
wandlamp (de)	**aplique** (m)	[ap'like]
staande lamp (de)	**lámpara** (f) **de pie**	['lʲampara de pje]

luchter (de)	**lámpara** (f) **de araña**	['lʲampara de a'ranja]
poot (ov. een tafel, enz.)	**pata** (f)	['pata]
armleuning (de)	**brazo** (m)	['braθo]
rugleuning (de)	**espaldar** (m)	[espalʲ'ðar]
la (de)	**cajón** (m)	[ka'χon]

96. Beddengoed

beddengoed (het)	**ropa** (f) **de cama**	['ropa de 'kama]
kussen (het)	**almohada** (f)	[alʲmo'aða]
kussenovertrek (de)	**funda** (f)	['funda]
deken (de)	**manta** (f)	['manta]
laken (het)	**sábana** (f)	['saβana]
sprei (de)	**sobrecama** (f)	[soβre'kama]

97. Keuken

keuken (de)	**cocina** (f)	[ko'θina]
gas (het)	**gas** (m)	[gas]
gasfornuis (het)	**cocina** (f) **de gas**	[ko'θina de 'gas]
elektrisch fornuis (het)	**cocina** (f) **eléctrica**	[ko'θina e'lektrika]
oven (de)	**horno** (m)	['orno]
magnetronoven (de)	**horno** (m) **microondas**	['orno mikro·'ondas]
koelkast (de)	**frigorífico** (m)	[frigo'rifiko]
diepvriezer (de)	**congelador** (m)	[konχelʲa'ðor]
vaatwasmachine (de)	**lavavajillas** (m)	['lʲaβa·βa'χijas]
vleesmolen (de)	**picadora** (f) **de carne**	[pika'ðora de 'karne]
vruchtenpers (de)	**exprimidor** (m)	[eksprimi'ðor]
toaster (de)	**tostador** (m)	[tosta'ðor]
mixer (de)	**batidora** (f)	[bati'ðora]
koffiemachine (de)	**cafetera** (f)	[kafe'tera]
koffiepot (de)	**cafetera** (f)	[kafe'tera]
koffiemolen (de)	**molinillo** (m) **de café**	[moli'nijo de ka'fe]
fluitketel (de)	**hervidor** (m) **de agua**	[erβi'ðor de 'agua]
theepot (de)	**tetera** (f)	[te'tera]
deksel (de/het)	**tapa** (f)	['tapa]
theezeefje (het)	**colador** (m) **de té**	[kolʲa'ðor de te]
lepel (de)	**cuchara** (f)	[ku'ʧara]
theelepeltje (het)	**cucharilla** (f)	[kuʧa'rija]
eetlepel (de)	**cuchara** (f) **de sopa**	[ku'ʧara de 'sopa]
vork (de)	**tenedor** (m)	[tene'ðor]
mes (het)	**cuchillo** (m)	[ku'ʧijo]
vaatwerk (het)	**vajilla** (f)	[ba'χija]
bord (het)	**plato** (m)	['plʲato]
schoteltje (het)	**platillo** (m)	[plʲa'tijo]
likeurglas (het)	**vaso** (m) **de chupito**	['baso de ʧu'pito]

glas (het)	**vaso** (m)	['baso]
kopje (het)	**taza** (f)	['taθa]
suikerpot (de)	**azucarera** (f)	[aθuka'rera]
zoutvat (het)	**salero** (m)	[sa'lero]
pepervat (het)	**pimentero** (m)	[pimen'tero]
boterschaaltje (het)	**mantequera** (f)	[mante'kera]
pan (de)	**cacerola** (f)	[kaθe'rolʲa]
bakpan (de)	**sartén** (f)	[sar'ten]
pollepel (de)	**cucharón** (m)	[kuʧa'ron]
vergiet (de/het)	**colador** (m)	[kolʲa'ðor]
dienblad (het)	**bandeja** (f)	[ban'deχa]
fles (de)	**botella** (f)	[bo'teja]
glazen pot (de)	**tarro** (m) **de vidrio**	['taro de 'biðrio]
blik (conserven~)	**lata** (f)	['lʲata]
flesopener (de)	**abrebotellas** (m)	[aβre·βo'tejas]
blikopener (de)	**abrelatas** (m)	[aβre·'lʲatas]
kurkentrekker (de)	**sacacorchos** (m)	[saka'korʧos]
filter (de/het)	**filtro** (m)	['filʲtro]
filteren (ww)	**filtrar** (vt)	[filʲ'trar]
huisvuil (het)	**basura** (f)	[ba'sura]
vuilnisemmer (de)	**cubo** (m) **de basura**	['kuβo de ba'sura]

98. Badkamer

badkamer (de)	**cuarto** (m) **de baño**	[ku'arto de 'banjo]
water (het)	**agua** (f)	['agua]
kraan (de)	**grifo** (m)	['grifo]
warm water (het)	**agua** (f) **caliente**	['agua ka'ljente]
koud water (het)	**agua** (f) **fría**	['agua 'fria]
tandpasta (de)	**pasta** (f) **de dientes**	['pasta de 'djentes]
tanden poetsen (ww)	**limpiarse los dientes**	[lim'pjarse los 'djentes]
tandenborstel (de)	**cepillo** (m) **de dientes**	[θe'pijo de 'djentes]
zich scheren (ww)	**afeitarse** (vr)	[afej'tarse]
scheercrème (de)	**espuma** (f) **de afeitar**	[es'puma de afej'tar]
scheermes (het)	**maquinilla** (f) **de afeitar**	[maki'nija de afej'tar]
wassen (ww)	**lavar** (vt)	[lʲa'βar]
een bad nemen	**darse un baño**	['darse un 'banjo]
douche (de)	**ducha** (f)	['duʧa]
een douche nemen	**darse una ducha**	['darse 'una 'duʧa]
bad (het)	**bañera** (f)	[ba'njera]
toiletpot (de)	**inodoro** (m)	[ino'ðoro]
wastafel (de)	**lavabo** (m)	[lʲa'βaβo]
zeep (de)	**jabón** (m)	[χa'βon]
zeepbakje (het)	**jabonera** (f)	[χaβo'nera]

spons (de)	**esponja** (f)	[es'ponχa]
shampoo (de)	**champú** (m)	[ʧam'pu]
handdoek (de)	**toalla** (f)	[to'aja]
badjas (de)	**bata** (f) **de baño**	['bata de 'banjo]
was (bijv. handwas)	**colada** (f), **lavado** (m)	[ko'lʲaða], [lʲa'βaðo]
wasmachine (de)	**lavadora** (f)	[lʲaβa'ðora]
de was doen	**lavar la ropa**	[lʲa'βar lʲa 'ropa]
waspoeder (de)	**detergente** (m) **en polvo**	[deter'χente en 'polʲβo]

99. Huishoudelijke apparaten

televisie (de)	**televisor** (m)	[teleβi'sor]
cassettespeler (de)	**magnetófono** (m)	[maɣne'tofono]
videorecorder (de)	**vídeo** (m)	['biðeo]
radio (de)	**radio** (m)	['raðio]
speler (de)	**reproductor** (m)	[reproðuk'tor]
videoprojector (de)	**proyector** (m) **de vídeo**	[projek'tor de 'biðeo]
home theater systeem (het)	**sistema** (m) **home cinema**	[sis'tema 'χoum 'θinema]
DVD-speler (de)	**reproductor** (m) **de DVD**	reproðuk'tor de deβe'de]
versterker (de)	**amplificador** (m)	[amplifika'ðor]
spelconsole (de)	**videoconsola** (f)	[biðeo·kon'solʲa]
videocamera (de)	**cámara** (f) **de vídeo**	['kamara de 'biðeo]
fotocamera (de)	**cámara** (f) **fotográfica**	['kamara foto'ɣrafika]
digitale camera (de)	**cámara** (f) **digital**	['kamara diχi'talʲ]
stofzuiger (de)	**aspirador** (m), **aspiradora** (f)	[aspira'ðor], [aspira'ðora]
strijkijzer (het)	**plancha** (f)	['plʲanʧa]
strijkplank (de)	**tabla** (f) **de planchar**	['taβlʲa de plʲan'ʧar]
telefoon (de)	**teléfono** (m)	[te'lefono]
mobieltje (het)	**teléfono** (m) **móvil**	[te'lefono 'moβilʲ]
schrijfmachine (de)	**máquina** (f) **de escribir**	['makina de eskri'βir]
naaimachine (de)	**máquina** (f) **de coser**	['makina de ko'ser]
microfoon (de)	**micrófono** (m)	[mi'krofono]
koptelefoon (de)	**auriculares** (m pl)	[auriku'lʲares]
afstandsbediening (de)	**mando** (m) **a distancia**	['mando a dis'tanθia]
CD (de)	**disco compacto** (m)	['disko kom'pakto]
cassette (de)	**casete** (m)	[ka'sete]
vinylplaat (de)	**disco** (m) **de vinilo**	['disko de bi'nilʲo]

100. Reparaties. Renovatie

renovatie (de)	**renovación** (f)	[renoβa'θjon]
renoveren (ww)	**renovar** (vt)	[reno'βar]
repareren (ww)	**reparar** (vt)	[repa'rar]
op orde brengen	**poner en orden**	[po'ner en 'orðen]
overdoen (ww)	**rehacer** (vt)	[rea'θer]

verf (de)	**pintura** (f)	[pin'tura]
verven (muur ~)	**pintar** (vt)	[pin'tar]
schilder (de)	**pintor** (m)	[pin'tor]
kwast (de)	**brocha** (f)	['broʧa]
kalk (de)	**cal** (f)	[kalʲ]
kalken (ww)	**encalar** (vt)	[eŋka'lʲar]
behang (het)	**empapelado** (m)	[empape'lʲaðo]
behangen (ww)	**empapelar** (vt)	[empape'lʲar]
lak (de/het)	**barniz** (m)	[bar'niθ]
lakken (ww)	**cubrir con barniz**	[ku'βrir kon bar'niθ]

101. Loodgieterswerk

water (het)	**agua** (f)	['agua]
warm water (het)	**agua** (f) **caliente**	['agua ka'ljente]
koud water (het)	**agua** (f) **fría**	['agua 'fria]
kraan (de)	**grifo** (m)	['grifo]
druppel (de)	**gota** (f)	['gota]
druppelen (ww)	**gotear** (vi)	[gote'ar]
lekken (een lek hebben)	**gotear** (vi)	[gote'ar]
lekkage (de)	**escape** (m) **de agua**	[es'kape de 'agua]
plasje (het)	**charco** (m)	['ʧarko]
buis, leiding (de)	**tubo** (m)	['tuβo]
stopkraan (de)	**válvula** (f)	['balʲβulʲa]
verstopt raken (ww)	**estar atascado**	[es'tar atas'kaðo]
gereedschap (het)	**instrumentos** (m pl)	[instru'mentos]
Engelse sleutel (de)	**llave** (f) **inglesa**	['jaβe in'glesa]
losschroeven (ww)	**destornillar** (vt)	[destorni'jar]
aanschroeven (ww)	**atornillar** (vt)	[atorni'jar]
ontstoppen (riool, enz.)	**desatascar** (vt)	[desatas'kar]
loodgieter (de)	**fontanero** (m)	[fonta'nero]
kelder (de)	**sótano** (m)	['sotano]
riolering (de)	**alcantarillado** (m)	[alʲkantari'jaðo]

102. Brand. Vuurzee

brand (de)	**incendio** (m)	[in'θendjo]
vlam (de)	**llama** (f)	['jama]
vonk (de)	**chispa** (f)	['ʧispa]
rook (de)	**humo** (m)	['umo]
fakkel (de)	**antorcha** (f)	[an'torʧa]
kampvuur (het)	**hoguera** (f)	[o'gera]
benzine (de)	**gasolina** (f)	[gaso'lina]
kerosine (de)	**queroseno** (m)	[kero'sene]
brandbaar (bn)	**inflamable** (adj)	[imflʲa'maβle]

ontplofbaar (bn)	**explosivo** (adj)	[ekspl'o'siβo]
VERBODEN TE ROKEN!	**PROHIBIDO FUMAR**	[proi'βiðo fu'mar]
veiligheid (de)	**seguridad** (f)	[seguri'ðað]
gevaar (het)	**peligro** (m)	[pe'liɣro]
gevaarlijk (bn)	**peligroso** (adj)	[peli'ɣroso]
in brand vliegen (ww)	**prenderse fuego**	[pren'derse fu'ego]
explosie (de)	**explosión** (f)	[ekspl'o'sjon]
in brand steken (ww)	**incendiar** (vt)	[inθen'djar]
brandstichter (de)	**incendiario** (m)	[inθen'djario]
brandstichting (de)	**incendio** (m) **provocado**	[in'θendjo proβo'kaðo]
vlammen (ww)	**estar en llamas**	[es'tar en 'ʝamas]
branden (ww)	**arder** (vi)	[ar'ðer]
afbranden (ww)	**incendiarse**	[inθen'djarse]
de brandweer bellen	**llamar a los bomberos**	[ʝa'mar a los bom'beros]
brandweerman (de)	**bombero** (m)	[bom'bero]
brandweerwagen (de)	**coche** (m) **de bomberos**	['koʧe de bom'beros]
brandweer (de)	**cuerpo** (m) **de bomberos**	[ku'erpo de bom'beros]
uitschuifbare ladder (de)	**escalera** (f) **telescópica**	[eska'lera teles'kopika]
brandslang (de)	**manguera** (f)	[man'gera]
brandblusser (de)	**extintor** (m)	[ekstin'tor]
helm (de)	**casco** (m)	['kasko]
sirene (de)	**sirena** (f)	[si'rena]
roepen (ww)	**gritar** (vi)	[gri'tar]
hulp roepen	**pedir socorro**	[pe'ðir so'koro]
redder (de)	**socorrista** (m)	[soko'rista]
redden (ww)	**salvar** (vt)	[sal'βar]
aankomen (per auto, enz.)	**llegar** (vi)	[ʝe'gar]
blussen (ww)	**apagar** (vt)	[apa'gar]
water (het)	**agua** (f)	['agua]
zand (het)	**arena** (f)	[a'rena]
ruïnes (mv.)	**ruinas** (f pl)	[ru'inas]
instorten (gebouw, enz.)	**colapsarse** (vr)	[kol'ap'sarse]
ineenstorten (ww)	**hundirse** (vr)	[un'dirse]
inzakken (ww)	**derrumbarse** (vr)	[derum'barse]
brokstuk (het)	**trozo** (m)	['troθo]
as (de)	**ceniza** (f)	[θe'niθa]
verstikken (ww)	**morir asfixiado**	[mo'rir asfi'ksjaðo]
omkomen (ww)	**perecer** (vi)	[pere'θer]

MENSELIJKE ACTIVITEITEN

Baan. Business. Deel 1

103. Kantoor. Op kantoor werken

kantoor (het)	**oficina** (f)	[ofi'θina]
kamer (de)	**despacho** (m)	[des'patʃo]
receptie (de)	**recepción** (f)	[resep'θjon]
secretaris (de)	**secretario** (m)	[sekre'tario]
directeur (de)	**director** (m)	[direk'tor]
manager (de)	**manager** (m)	['meneχer]
boekhouder (de)	**contable** (m)	[kon'taβle]
werknemer (de)	**colaborador** (m)	[kolʲaβora'ðor]
meubilair (het)	**muebles** (m pl)	[mu'eβles]
tafel (de)	**escritorio** (m)	[eskri'torio]
bureaustoel (de)	**silla** (f)	['sija]
ladeblok (het)	**cajonera** (f)	[kaχo'nera]
kapstok (de)	**perchero** (m) **de pie**	[per'tʃero de pje]
computer (de)	**ordenador** (m)	[orðena'ðor]
printer (de)	**impresora** (f)	[impre'sora]
fax (de)	**fax** (m)	['faks]
kopieerapparaat (het)	**fotocopiadora** (f)	[foto·kopia'ðora]
papier (het)	**papel** (m)	[pa'pelʲ]
kantoorartikelen (mv.)	**papelería** (f)	[papele'ria]
muismat (de)	**alfombrilla** (f) **para ratón**	[alʲfom'brija 'para ra'ton]
blad (het)	**hoja** (f)	['oχa]
ordner (de)	**carpeta** (f)	[kar'peta]
catalogus (de)	**catálogo** (m)	[ka'talʲogo]
telefoongids (de)	**directorio** (m) **telefónico**	[direk'torio tele'foniko]
documentatie (de)	**documentación** (f)	[dokumenta'θjon]
brochure (de)	**folleto** (m)	[fo'jeto]
flyer (de)	**prospecto** (m)	[pros'pekto]
monster (het), staal (de)	**muestra** (f)	[mu'estra]
training (de)	**reunión** (f) **de formación**	[reu'njon de forma'θjon]
vergadering (de)	**reunión** (f)	[reu'njon]
lunchpauze (de)	**pausa** (f) **del almuerzo**	['pausa del almu'erθo]
een kopie maken	**hacer una copia**	[a'θer 'una 'kopia]
de kopieën maken	**hacer copias**	[a'θer 'kopias]
een fax ontvangen	**recibir un fax**	[reθi'βir un 'faks]
een fax versturen	**enviar un fax**	[em'bjar un 'faks]
opbellen (ww)	**llamar por teléfono**	[ja'mar por te'lefono]

antwoorden (ww)	**responder** (vi, vt)	[respon'der]
doorverbinden (ww)	**poner en comunicación**	[po'ner en komunika'θjon]
afspreken (ww)	**fijar** (vt)	[fi'χar]
demonstreren (ww)	**demostrar** (vt)	[demos'trar]
absent zijn (ww)	**estar ausente**	[es'tar au'sente]
afwezigheid (de)	**ausencia** (f)	[au'senθia]

104. Bedrijfsprocessen. Deel 1

bedrijf (business)	**negocio** (m), **comercio** (m)	[ne'goθio], [ko'merθio]
zaak (de), beroep (het)	**ocupación** (f)	[okupa'θjon]
firma (de)	**firma** (f)	['firma]
bedrijf (maatschap)	**compañía** (f)	[kompa'njia]
corporatie (de)	**corporación** (f)	[korpora'θjon]
onderneming (de)	**empresa** (f)	[em'presa]
agentschap (het)	**agencia** (f)	[a'χenθia]
overeenkomst (de)	**acuerdo** (m)	[aku'erðo]
contract (het)	**contrato** (m)	[kon'trato]
transactie (de)	**trato** (m), **acuerdo** (m)	['trato], [aku'erðo]
bestelling (de)	**pedido** (m)	[pe'ðiðo]
voorwaarde (de)	**condición** (f)	[kondi'θjon]
in het groot (bw)	**al por mayor** (adv)	[alʲ por ma'jor]
groothandels- (abn)	**al por mayor** (adj)	[alʲ por ma'jor]
groothandel (de)	**venta** (f) **al por mayor**	['benta alʲ por ma'jor]
kleinhandels- (abn)	**al por menor** (adj)	[alʲ por me'nor]
kleinhandel (de)	**venta** (f) **al por menor**	['benta alʲ por me'nor]
concurrent (de)	**competidor** (m)	[kompeti'ðor]
concurrentie (de)	**competencia** (f)	[kompe'tenθia]
concurreren (ww)	**competir** (vi)	[kompe'tir]
partner (de)	**socio** (m)	['soθio]
partnerschap (het)	**sociedad** (f)	[soθje'ðað]
crisis (de)	**crisis** (f)	['krisis]
bankroet (het)	**bancarrota** (f)	[baŋka'rota]
bankroet gaan (ww)	**ir a la bancarrota**	[ir a lʲa baŋka'rota]
moeilijkheid (de)	**dificultad** (f)	[difikulʲ'tað]
probleem (het)	**problema** (m)	[pro'βlema]
catastrofe (de)	**catástrofe** (f)	[ka'tastrofe]
economie (de)	**economía** (f)	[ekono'mia]
economisch (bn)	**económico** (adj)	[eko'nomiko]
economische recessie (de)	**recesión** (f) **económica**	[rese'θjon eko'nomika]
doel (het)	**meta** (f)	['meta]
taak (de)	**objetivo** (m)	[oβχe'tiβo]
handelen (handel drijven)	**comerciar** (vi)	[komer'θjar]
netwerk (het)	**red** (f)	[reð]
voorraad (de)	**existencias** (f pl)	[eksis'tenθias]

assortiment (het) **surtido** (m) [sur'tiðo]
leider (de) **líder** (m) ['liðer]
groot (bn) **grande** (adj) ['grande]
monopolie (het) **monopolio** (m) [mono'polio]

theorie (de) **teoría** (f) [teo'ria]
praktijk (de) **práctica** (f) ['praktika]
ervaring (de) **experiencia** (f) [ekspe'rjenθia]
tendentie (de) **tendencia** (f) [ten'denθia]
ontwikkeling (de) **desarrollo** (m) [desa'rojo]

105. Bedrijfsprocessen. Deel 2

voordeel (het) **rentabilidad** (f) [rentaβili'ðað]
voordelig (bn) **rentable** (adj) [ren'taβle]

delegatie (de) **delegación** (f) [delega'θjon]
salaris (het) **salario** (m) [sa'lʲario]
corrigeren (fouten ~) **corregir** (vt) [kore'χir]
zakenreis (de) **viaje** (m) **de negocios** ['bjaχe de ne'goθjos]
commissie (de) **comisión** (f) [komi'sjon]

controleren (ww) **controlar** (vt) [kontro'lʲar]
conferentie (de) **conferencia** (f) [koɱfe'renθia]
licentie (de) **licencia** (f) [li'θenθia]
betrouwbaar (partner, enz.) **fiable** (adj) ['fjaβle]

aanzet (de) **iniciativa** (f) [iniθja'tiβa]
norm (bijv. ~ stellen) **norma** (f) ['norma]
omstandigheid (de) **circunstancia** (f) [θirkuns'tanθia]
taak, plicht (de) **deber** (m) [de'βer]

organisatie (bedrijf, zaak) **empresa** (f) [em'presa]
organisatie (proces) **organización** (f) [organiθa'θjon]
georganiseerd (bn) **organizado** (adj) [organi'θaðo]
afzegging (de) **anulación** (f) [anulʲa'θjon]
afzeggen (ww) **anular** (vt) [anu'lʲar]
verslag (het) **informe** (m) [iɱ'forme]

patent (het) **patente** (m) [pa'tente]
patenteren (ww) **patentar** (vt) [paten'tar]
plannen (ww) **planear** (vt) [plʲane'ar]

premie (de) **premio** (m) ['premio]
professioneel (bn) **profesional** (adj) [profesjo'nalʲ]
procedure (de) **procedimiento** (m) [proθeði'mjento]

onderzoeken (contract, enz.) **examinar** (vt) [eksami'nar]
berekening (de) **cálculo** (m) ['kalʲkulʲo]
reputatie (de) **reputación** (f) [reputa'θjon]
risico (het) **riesgo** (m) ['rjesgo]

beheren (managen) **dirigir** (vt) [diri'χir]
informatie (de) **información** (f) [iɱforma'θjon]

eigendom (bezit)	**propiedad** (f)	[propje'ðað]
unie (de)	**unión** (f)	[u'njon]
levensverzekering (de)	**seguro** (m) **de vida**	[se'guro de 'biða]
verzekeren (ww)	**asegurar** (vt)	[asegu'rar]
verzekering (de)	**seguro** (m)	[se'guro]
veiling (de)	**subasta** (f)	[su'βasta]
verwittigen (ww)	**notificar** (vt)	[notifi'kar]
beheer (het)	**gestión** (f)	[χes'tjon]
dienst (de)	**servicio** (m)	[ser'βiθio]
forum (het)	**foro** (m)	['foro]
functioneren (ww)	**funcionar** (vi)	[funθjo'nar]
stap, etappe (de)	**etapa** (f)	[e'tapa]
juridisch (bn)	**jurídico** (adj)	[χu'riðiko]
jurist (de)	**jurista** (m)	[χu'rista]

106. Productie. Werken

industriële installatie (fabriek)	**planta** (f)	['plʲanta]
fabriek (de)	**fábrica** (f)	['faβrika]
werkplaatsruimte (de)	**taller** (m)	[ta'jer]
productielocatie (de)	**planta** (f) **de producción**	['plʲanta de proðuk'θjon]
industrie (de)	**industria** (f)	[in'dustria]
industrieel (bn)	**industrial** (adj)	[indus'trjalʲ]
zware industrie (de)	**industria** (f) **pesada**	[in'dustrja pe'saða]
lichte industrie (de)	**industria** (f) **ligera**	[in'dustrja li'χera]
productie (de)	**producción** (f)	[proðuk'θjon]
produceren (ww)	**producir** (vt)	[proðu'θir]
grondstof (de)	**materias** (f pl) **primas**	[ma'terjas 'primas]
voorman, ploegbaas (de)	**jefe** (m) **de brigada**	['χefe de bri'gaða]
ploeg (de)	**brigada** (f)	[bri'gaða]
arbeider (de)	**obrero** (m)	[o'βrero]
werkdag (de)	**día** (m) **de trabajo**	['dia de tra'βaχo]
pauze (de)	**descanso** (m)	[des'kanso]
samenkomst (de)	**reunión** (f)	[reu'njon]
bespreken (spreken over)	**discutir** (vt)	[disku'tir]
plan (het)	**plan** (m)	[plʲan]
het plan uitvoeren	**cumplir el plan**	[kum'plir elʲ 'plʲan]
productienorm (de)	**tasa** (f) **de producción**	['tasa de proðuk'θjon]
kwaliteit (de)	**calidad** (f)	[kali'ðað]
controle (de)	**control** (m)	[kon'trolʲ]
kwaliteitscontrole (de)	**control** (m) **de calidad**	[kon'trolʲ de kali'ðað]
arbeidsveiligheid (de)	**seguridad** (f) **de trabajo**	[seguri'ðað de tra'βaχo]
discipline (de)	**disciplina** (f)	[diθi'plina]
overtreding (de)	**infracción** (f)	[iɱfrak'θjon]
overtreden (ww)	**violar, infringir** (vt)	[bio'lʲar], [iɱfrin'χir]

staking (de)	**huelga** (f)	[u'elʲga]
staker (de)	**huelguista** (m)	[uelʲ'gista]
staken (ww)	**estar en huelga**	[es'tar en u'elʲga]
vakbond (de)	**sindicato** (m)	[sindi'kato]
uitvinden (machine, enz.)	**inventar** (vt)	[imben'tar]
uitvinding (de)	**invención** (f)	[imben'θjon]
onderzoek (het)	**investigación** (f)	[imbestiga'θjon]
verbeteren (beter maken)	**mejorar** (vt)	[meχo'rar]
technologie (de)	**tecnología** (f)	[teknolʲo'χia]
technische tekening (de)	**dibujo** (m) **técnico**	[di'βuχo 'tekniko]
vracht (de)	**cargamento** (m)	[karga'mento]
lader (de)	**cargador** (m)	[karga'ðor]
laden (vrachtwagen)	**cargar** (vt)	[kar'gar]
laden (het)	**carga** (f)	['karga]
lossen (ww)	**descargar** (vt)	[deskar'gar]
lossen (het)	**descarga** (f)	[des'karga]
transport (het)	**transporte** (m)	[trans'porte]
transportbedrijf (de)	**compañía** (f) **de transporte**	[kompa'njia de trans'porte]
transporteren (ww)	**transportar** (vt)	[transpor'tar]
goederenwagon (de)	**vagón** (m)	[ba'ɣon]
tank (bijv. ketelwagen)	**cisterna** (f)	[θis'terna]
vrachtwagen (de)	**camión** (m)	[ka'mjon]
machine (de)	**máquina** (f) **herramienta**	['makina era'mjenta]
mechanisme (het)	**mecanismo** (m)	[meka'nismo]
industrieel afval (het)	**desperdicios** (m pl)	[desper'ðiθjos]
verpakking (de)	**empaquetado** (m)	[empake'taðo]
verpakken (ww)	**empaquetar** (vt)	[empake'tar]

107. Contract. Overeenstemming

contract (het)	**contrato** (m)	[kon'trato]
overeenkomst (de)	**acuerdo** (m)	[aku'erðo]
bijlage (de)	**anexo** (m)	[a'nekso]
een contract sluiten	**firmar un contrato**	[fir'mar un kon'trato]
handtekening (de)	**firma** (f)	['firma]
ondertekenen (ww)	**firmar** (vt)	[fir'mar]
stempel (de)	**sello** (m)	['sejo]
voorwerp (het) van de overeenkomst	**objeto** (m) **del acuerdo**	[oβ'χeto delʲ aku'erðo]
clausule (de)	**cláusula** (f)	['klʲausulʲa]
partijen (mv.)	**partes** (f pl)	['partes]
vestigingsadres (het)	**domicilio** (m) **legal**	[domi'θilio le'galʲ]
het contract verbreken (overtreden)	**violar el contrato**	[bio'lʲar elʲ kon'trato]
verplichting (de)	**obligación** (f)	[oβliga'θjon]

verantwoordelijkheid (de)	**responsabilidad** (f)	[responsaβili'ðað]
overmacht (de)	**fuerza** (f) **mayor**	[fu'erθa ma'jor]
geschil (het)	**disputa** (f)	[dis'puta]
sancties (mv.)	**penalidades** (f pl)	[penali'ðaðes]

108. Import & Export

import (de)	**importación** (f)	[importa'θjon]
importeur (de)	**importador** (m)	[importa'ðor]
importeren (ww)	**importar** (vt)	[impor'tar]
import- (abn)	**de importación** (adj)	[de importa'θjon]
uitvoer (export)	**exportación** (f)	[eksporta'θjon]
exporteur (de)	**exportador** (m)	[eksporta'ðor]
exporteren (ww)	**exportar** (vt)	[ekspor'tar]
uitvoer- (bijv., ~goederen)	**de exportación** (adj)	[de eksporta'θjon]
goederen (mv.)	**mercancía** (f)	[merkan'θia]
partij (de)	**lote** (m) **de mercancías**	['lʲote de merkan'θias]
gewicht (het)	**peso** (m)	['peso]
volume (het)	**volumen** (m)	[bo'lʲumen]
kubieke meter (de)	**metro** (m) **cúbico**	['metro 'kuβiko]
producent (de)	**productor** (m)	[proðuk'tor]
transportbedrijf (de)	**compañía** (f) **de transporte**	[kompa'njia de trans'porte]
container (de)	**contenedor** (m)	[kontene'ðor]
grens (de)	**frontera** (f)	[fron'tera]
douane (de)	**aduana** (f)	[aðu'ana]
douanerecht (het)	**derechos** (m pl) **arancelarios**	[de'retʃos aranθe'lʲarios]
douanier (de)	**aduanero** (m)	[aðua'nero]
smokkelen (het)	**contrabandismo** (m)	[kontraβan'dismo]
smokkelwaar (de)	**contrabando** (m)	[kontra'βando]

109. Financiën

aandeel (het)	**acción** (f)	[ak'θjon]
obligatie (de)	**bono** (m), **obligación** (f)	['bono], [oβliga'θjon]
wissel (de)	**letra** (f) **de cambio**	['letra de 'kambio]
beurs (de)	**bolsa** (f)	['bolʲsa]
aandelenkoers (de)	**cotización** (f) **de valores**	[kotiθa'θjon de ba'lʲores]
dalen (ww)	**abaratarse** (vr)	[aβar'tarse]
stijgen (ww)	**encarecerse** (vr)	[eŋkare'θerse]
deel (het)	**parte** (f)	['parte]
meerderheidsbelang (het)	**interés** (m) **mayoritario**	[inte'res majori'tario]
investeringen (mv.)	**inversiones** (f pl)	[imber'sjones]
investeren (ww)	**invertir** (vi, vt)	[imber'tir]

procent (het)	**porcentaje** (m)	[porθen'taχe]
rente (de)	**interés** (m)	[inte'res]
winst (de)	**beneficio** (m)	[bene'fiθio]
winstgevend (bn)	**beneficioso** (adj)	[benefi'θjoso]
belasting (de)	**impuesto** (m)	[impu'esto]
valuta (vreemde ~)	**divisa** (f)	[di'βisa]
nationaal (bn)	**nacional** (adj)	[naθjo'nalʲ]
ruil (de)	**cambio** (m)	['kambio]
boekhouder (de)	**contable** (m)	[kon'taβle]
boekhouding (de)	**contaduría** (f)	[kontaðu'ria]
bankroet (het)	**bancarrota** (f)	[baŋka'rota]
ondergang (de)	**quiebra** (f)	['kjeβra]
faillissement (het)	**ruina** (f)	[ru'ina]
geruïneerd zijn (ww)	**arruinarse** (vr)	[arui'narse]
inflatie (de)	**inflación** (f)	[iɱflʲa'θjon]
devaluatie (de)	**devaluación** (f)	[deβalʲua'θjon]
kapitaal (het)	**capital** (m)	[kapi'talʲ]
inkomen (het)	**ingresos** (m pl)	[in'gresos]
omzet (de)	**volumen** (m) **de negocio**	[bo'lʲumen de ne'goθio]
middelen (mv.)	**recursos** (m pl)	[re'kursos]
financiële middelen (mv.)	**recursos** (m pl) **monetarios**	[re'kursos mone'tarjos]
operationele kosten (mv.)	**gastos** (m pl) **accesorios**	['gastos akθe'sorjos]
reduceren (kosten ~)	**reducir** (vt)	[reðu'θir]

110. Marketing

marketing (de)	**mercadotecnia** (f)	[merkaðo'teknia]
markt (de)	**mercado** (m)	[mer'kaðo]
marktsegment (het)	**segmento** (m) **del mercado**	[seɣ'mento delʲ mer'kaðo]
product (het)	**producto** (m)	[pro'ðukto]
goederen (mv.)	**mercancía** (f)	[merkan'θia]
handelsmerk (het)	**marca** (f) **comercial**	['marka komer'θjalʲ]
beeldmerk (het)	**logotipo** (m)	[lʲogo'tipo]
logo (het)	**logo** (m)	['lʲogo]
vraag (de)	**demanda** (f)	[de'manda]
aanbod (het)	**oferta** (f)	[o'ferta]
behoefte (de)	**necesidad** (f)	[neθesi'ðað]
consument (de)	**consumidor** (m)	[konsumi'ðor]
analyse (de)	**análisis** (m)	[a'nalisis]
analyseren (ww)	**analizar** (vt)	[anali'θar]
positionering (de)	**posicionamiento** (m)	[posiθjona'mjento]
positioneren (ww)	**posicionar** (vt)	[posiθjo'nar]
prijs (de)	**precio** (m)	['preθio]
prijspolitiek (de)	**política** (f) **de precios**	[po'litika de 'preθjos]
prijsvorming (de)	**formación** (f) **de precios**	[forma'θjon de 'preθjos]

111. Reclame

reclame (de)	**publicidad** (f)	[puβliθi'ðað]
adverteren (ww)	**publicitar** (vt)	[puβliθi'tar]
budget (het)	**presupuesto** (m)	[presupu'esto]
advertentie, reclame (de)	**anuncio** (m)	[a'nunθio]
TV-reclame (de)	**publicidad** (f) **televisiva**	[puβliθi'ðað teleβi'siβa]
radioreclame (de)	**publicidad** (f) **radiofónica**	[puβliθi'ðað raðjo'fonika]
buitenreclame (de)	**publicidad** (f) **exterior**	[puβliθi'ðað ekste'rjor]
massamedia (de)	**medios** (m pl) **de comunicación de masas**	['meðjos de komunika'θjon de 'masas]
periodiek (de)	**periódico** (m)	[pe'rjoðiko]
imago (het)	**imagen** (f)	[i'maχen]
slagzin (de)	**consigna** (f)	[kon'signa]
motto (het)	**divisa** (f)	[di'βisa]
campagne (de)	**campaña** (f)	[kam'panja]
reclamecampagne (de)	**campaña** (f) **publicitaria**	[kam'panja puβliθi'taria]
doelpubliek (het)	**auditorio** (m) **objetivo**	[auði'torio oβχe'tiβo]
visitekaartje (het)	**tarjeta** (f) **de visita**	[tar'χeta de bi'sita]
flyer (de)	**prospecto** (m)	[pros'pekto]
brochure (de)	**folleto** (m)	[fo'jeto]
folder (de)	**panfleto** (m)	[paɱ'fleto]
nieuwsbrief (de)	**boletín** (m)	[bole'tin]
gevelreclame (de)	**letrero** (m)	[le'trero]
poster (de)	**pancarta** (f)	[paŋ'karta]
aanplakbord (het)	**valla** (f) **publicitaria**	['baja puβliθi'taria]

112. Bankieren

bank (de)	**banco** (m)	['baŋko]
bankfiliaal (het)	**sucursal** (f)	[sukur'salʲ]
bankbediende (de)	**consultor** (m)	[konsulʲ'tor]
manager (de)	**gerente** (m)	[χe'rente]
bankrekening (de)	**cuenta** (f)	[ku'enta]
rekeningnummer (het)	**numero** (m) **de la cuenta**	['numero de lʲa ku'enta]
lopende rekening (de)	**cuenta** (f) **corriente**	[ku'enta ko'rjente]
spaarrekening (de)	**cuenta** (f) **de ahorros**	[ku'enta de a'oros]
een rekening openen	**abrir una cuenta**	[a'βrir una ku'enta]
de rekening sluiten	**cerrar la cuenta**	[θe'rar lʲa ku'enta]
op rekening storten	**ingresar en la cuenta**	[ingre'sar en lʲa ku'enta]
opnemen (ww)	**sacar de la cuenta**	[sa'kar de lʲa ku'enta]
storting (de)	**depósito** (m)	[de'posito]
een storting maken	**hacer un depósito**	[a'θer un de'posito]

overschrijving (de)	**giro** (m)	['χiro]
een overschrijving maken	**hacer un giro**	[a'θer un 'χiro]
som (de)	**suma** (f)	['suma]
Hoeveel?	**¿Cuánto?**	[ku'anto]
handtekening (de)	**firma** (f)	['firma]
ondertekenen (ww)	**firmar** (vt)	[fir'mar]
kredietkaart (de)	**tarjeta** (f) **de crédito**	[tar'χeta de 'kreðito]
code (de)	**código** (m)	['koðigo]
kredietkaartnummer (het)	**número** (m) **de tarjeta de crédito**	['numero de tar'χeta de 'kreðito]
geldautomaat (de)	**cajero** (m) **automático**	[ka'χero auto'matiko]
cheque (de)	**cheque** (m)	['ʧeke]
een cheque uitschrijven	**sacar un cheque**	[sa'kar un 'ʧeke]
chequeboekje (het)	**talonario** (m)	[talʲo'nario]
lening, krediet (de)	**crédito** (m)	['kreðito]
een lening aanvragen	**pedir el crédito**	[pe'ðir elʲ 'kreðito]
een lening nemen	**obtener un crédito**	[oβte'ner un 'kreðito]
een lening verlenen	**conceder un crédito**	[konθe'ðer un 'kreðito]
garantie (de)	**garantía** (f)	[garan'tia]

113. Telefoon. Telefoongesprek

telefoon (de)	**teléfono** (m)	[te'lefono]
mobieltje (het)	**teléfono** (m) **móvil**	[te'lefono 'moβilʲ]
antwoordapparaat (het)	**contestador** (m)	[kontesta'ðor]
bellen (ww)	**llamar, telefonear**	[ja'mar], [telefone'ar]
belletje (telefoontje)	**llamada** (f)	[ja'maða]
een nummer draaien	**marcar un número**	[mar'kar un 'numero]
Hallo!	**¿Sí?, ¿Dígame?**	[si], ['digame]
vragen (ww)	**preguntar** (vt)	[pregun'tar]
antwoorden (ww)	**responder** (vi, vt)	[respon'der]
horen (ww)	**oír** (vt)	[o'ir]
goed (bw)	**bien** (adv)	[bjen]
slecht (bw)	**mal** (adv)	[malʲ]
storingen (mv.)	**ruidos** (m pl)	[ru'iðos]
hoorn (de)	**auricular** (m)	[auriku'lʲar]
opnemen (ww)	**descolgar** (vt)	[deskolʲ'gar]
ophangen (ww)	**colgar el auricular**	[kolʲ'gar elʲ auriku'lʲar]
bezet (bn)	**ocupado** (adj)	[oku'paðo]
overgaan (ww)	**sonar** (vi)	[so'nar]
telefoonboek (het)	**guía** (f) **de teléfonos**	['gia de te'lefonos]
lokaal (bn)	**local** (adj)	[lʲo'kalʲ]
interlokaal (bn)	**de larga distancia**	[de 'lʲarga dis'tanθia]
buitenlands (bn)	**internacional** (adj)	[internaθjo'nalʲ]

114. Mobiele telefoon

mobieltje (het)	**teléfono** (m) **móvil**	[te'lefono 'moβilʲ]
scherm (het)	**pantalla** (f)	[pan'taja]
toets, knop (de)	**botón** (m)	[bo'ton]
simkaart (de)	**tarjeta SIM** (f)	[tar'χeta sim]
batterij (de)	**pila** (f)	['pilʲa]
leeg zijn (ww)	**descargarse** (vr)	[deskar'garse]
acculader (de)	**cargador** (m)	[karga'ðor]
menu (het)	**menú** (m)	[me'nu]
instellingen (mv.)	**preferencias** (f pl)	[prefe'renθias]
melodie (beltoon)	**melodía** (f)	[melʲo'ðia]
selecteren (ww)	**seleccionar** (vt)	[selekθjo'nar]
rekenmachine (de)	**calculadora** (f)	[kalʲkulʲa'ðora]
voicemail (de)	**contestador** (m)	[kontesta'ðor]
wekker (de)	**despertador** (m)	[desperta'ðor]
contacten (mv.)	**contactos** (m pl)	[kon'taktos]
SMS-bericht (het)	**mensaje** (m) **de texto**	[men'saχe de 'teksto]
abonnee (de)	**abonado** (m)	[aβo'naðo]

115. Schrijfbehoeften

balpen (de)	**bolígrafo** (m)	[bo'liɣrafo]
vulpen (de)	**pluma** (f) **estilográfica**	['plʲuma estilʲo'ɣrafika]
potlood (het)	**lápiz** (m)	['lʲapiθ]
marker (de)	**marcador** (m)	[marka'ðor]
viltstift (de)	**rotulador** (m)	[rotulʲa'ðor]
notitieboekje (het)	**bloc** (m) **de notas**	['blʲok de 'notas]
agenda (boekje)	**agenda** (f)	[a'χenda]
liniaal (de/het)	**regla** (f)	['reɣlʲa]
rekenmachine (de)	**calculadora** (f)	[kalʲkulʲa'ðora]
gom (de)	**goma** (f) **de borrar**	['goma de bo'rar]
punaise (de)	**chincheta** (f)	[ʧin'ʧeta]
paperclip (de)	**clip** (m)	[klip]
lijm (de)	**cola** (f), **pegamento** (m)	['kolʲa], [pega'mento]
nietmachine (de)	**grapadora** (f)	[grapa'ðora]
perforator (de)	**perforador** (m)	[perfora'ðor]
potloodslijper (de)	**sacapuntas** (m)	[saka'puntas]

116. Verschillende soorten documenten

verslag (het)	**informe** (m)	[iɱ'forme]
overeenkomst (de)	**acuerdo** (m)	[aku'erðo]

aanvraagformulier (het)	**formulario** (m) **de solicitud**	[formu'lʲario de soliθi'tuð]
origineel, authentiek (bn)	**auténtico** (adj)	[au'tentiko]
badge, kaart (de)	**tarjeta** (f)	[tar'χeta]
visitekaartje (het)	**tarjeta** (f) **de visita**	[tar'χeta de bi'sita]
certificaat (het)	**certificado** (m)	[θertifi'kaðo]
cheque (de)	**cheque** (m)	['ʧeke]
rekening (in restaurant)	**cuenta** (f)	[ku'enta]
grondwet (de)	**constitución** (f)	[konstitu'θjon]
contract (het)	**contrato** (m)	[kon'trato]
kopie (de)	**copia** (f)	['kopia]
exemplaar (het)	**ejemplar** (m)	[eχemp'lʲar]
douaneaangifte (de)	**declaración** (f) **de aduana**	[deklʲara'θjon de aðu'ana]
document (het)	**documento** (m)	[doku'mento]
rijbewijs (het)	**permiso** (m) **de conducir**	[per'miso de kondu'θir]
bijlage (de)	**anexo** (m)	[a'nekso]
formulier (het)	**cuestionario** (m)	[kuestjo'nario]
identiteitskaart (de)	**carnet** (m) **de identidad**	[karnet de iðenti'ðað]
aanvraag (de)	**solicitud** (f) **de información**	[soliθi'tuð de iɱforma'θjon]
uitnodigingskaart (de)	**tarjeta** (f) **de invitación**	[tar'χeta de imbita'θjon]
factuur (de)	**factura** (f)	[fak'tura]
wet (de)	**ley** (f)	[lej]
brief (de)	**carta** (f)	['karta]
briefhoofd (het)	**hoja** (f) **membretada**	['oχa mem'bretaða]
lijst (de)	**lista** (f)	['lista]
manuscript (het)	**manuscrito** (m)	[manus'krito]
nieuwsbrief (de)	**boletín** (m)	[bole'tin]
briefje (het)	**nota** (f)	['nota]
pasje (voor personeel, enz.)	**pase** (m)	['pase]
paspoort (het)	**pasaporte** (m)	[pasa'porte]
vergunning (de)	**permiso** (m)	[per'miso]
CV, curriculum vitae (het)	**curriculum vitae** (m)	[ku'rikulʲum bi'tae]
schuldbekentenis (de)	**pagaré** (m)	[paga're]
kwitantie (de)	**recibo** (m)	[re'θiβo]
bon (kassabon)	**ticket** (m) **de compra**	[ti'ket de 'kompra]
rapport (het)	**informe** (m)	[iɱ'forme]
tonen (paspoort, enz.)	**presentar** (vt)	[presen'tar]
ondertekenen (ww)	**firmar** (vt)	[fir'mar]
handtekening (de)	**firma** (f)	['firma]
stempel (de)	**sello** (m)	['sejo]
tekst (de)	**texto** (m)	['teksto]
biljet (het)	**billete** (m)	[bi'jete]
doorhalen (doorstrepen)	**tachar** (vt)	[ta'ʧar]
invullen (een formulier ~)	**rellenar** (vt)	[reje'nar]
vrachtbrief (de)	**guía** (f) **de embarque**	['gia de em'barke]
testament (het)	**testamento** (m)	[testa'mento]

117. Soorten bedrijven

uitzendbureau (het)	**agencia** (f) **de empleo**	[a'χenθja de em'pleo]
bewakingsfirma (de)	**agencia** (f) **de seguridad**	[a'χenθja de seguri'ðað]
persbureau (het)	**agencia** (f) **de información**	[a'χenθja de iɱforma'θjon]
reclamebureau (het)	**agencia** (f) **de publicidad**	[a'χenθja de puβliθi'ðað]
antiek (het)	**antigüedad** (f)	[antiɣue'ðað]
verzekering (de)	**seguro** (m)	[se'guro]
naaiatelier (het)	**taller** (m)	[ta'jer]
banken (mv.)	**negocio** (m) **bancario**	[ne'goθjo baŋ'kario]
bar (de)	**bar** (m)	[bar]
bouwbedrijven (mv.)	**construcción** (f)	[konstruk'θjon]
juwelen (mv.)	**joyería** (f)	[χoje'ria]
juwelier (de)	**joyero** (m)	[χo'jero]
wasserette (de)	**lavandería** (f)	[lʲaβande'ria]
alcoholische dranken (mv.)	**bebidas** (f pl) **alcohólicas**	[be'βiðas alʲko'olikas]
nachtclub (de)	**club** (m) **nocturno**	[klʲuβ nok'turno]
handelsbeurs (de)	**bolsa** (f) **de comercio**	['bolʲsa de ko'merθio]
bierbrouwerij (de)	**fábrica** (f) **de cerveza**	['faβrika de θer'βeθa]
uitvaartcentrum (het)	**funeraria** (f)	[fune'raria]
casino (het)	**casino** (m)	[ka'sino]
zakencentrum (het)	**centro** (m) **de negocios**	['θentro de ne'goθjos]
bioscoop (de)	**cine** (m)	['θine]
airconditioning (de)	**climatizadores** (m pl)	[klimatiθa'ðores]
handel (de)	**comercio** (m)	[ko'merθio]
luchtvaartmaatschappij (de)	**compañía** (f) **aérea**	[kompa'njia a'erea]
adviesbureau (het)	**consultoría** (f)	[konsulʲto'ria]
koerierdienst (de)	**servicio** (m) **de entrega**	[ser'βiθjo de en'trega]
tandheelkunde (de)	**estomatología** (f)	[estomatolʲo'χia]
design (het)	**diseño** (m)	[di'senjo]
business school (de)	**escuela** (f) **de negocios**	[esku'elʲa de ne'goθjos]
magazijn (het)	**almacén** (m)	[alʲma'θen]
kunstgalerie (de)	**galería** (f) **de arte**	[gale'ria de 'arte]
ijsje (het)	**helado** (m)	[e'lʲaðo]
hotel (het)	**hotel** (m)	[o'telʲ]
vastgoed (het)	**inmueble** (m)	[inmu'eβle]
drukkerij (de)	**poligrafía** (f)	[poliɣra'fia]
industrie (de)	**industria** (f)	[in'dustria]
Internet (het)	**internet** (m), **red** (f)	[inter'net], [reð]
investeringen (mv.)	**inversiones** (f pl)	[imber'sjones]
krant (de)	**periódico** (m)	[pe'rjoðiko]
boekhandel (de)	**librería** (f)	[liβre'ria]
lichte industrie (de)	**industria** (f) **ligera**	[in'dustrja li'χera]
winkel (de)	**tienda** (f)	['tjenda]
uitgeverij (de)	**editorial** (f)	[eðito'rjalʲ]
medicijnen (mv.)	**medicina** (f)	[meði'θina]

meubilair (het) **muebles** (m pl) [mu'eβles]
museum (het) **museo** (m) [mu'seo]

olie (aardolie) **petróleo** (m) [pe'troleo]
apotheek (de) **farmacia** (f) [far'maθia]
farmacie (de) **industria** (f) **farmacéutica** [in'dustrja farma'θeutika]
zwembad (het) **piscina** (f) [pi'θina]
stomerij (de) **tintorería** (f) [tintore'ria]
voedingswaren (mv.) **productos alimenticios** [pro'ðuktos alimen'tiθjos]
reclame (de) **publicidad** (f) [puβliθi'ðað]

radio (de) **radio** (f) ['raðio]
afvalinzameling (de) **recojo** (m) **de basura** [re'koχo de ba'sura]
restaurant (het) **restaurante** (m) [restau'rante]
tijdschrift (het) **revista** (f) [re'βista]

schoonheidssalon (de/het) **salón** (m) **de belleza** [sa'lʲon de be'jeθa]
financiële diensten (mv.) **servicios** (m pl) **financieros** [ser'βiθjos finan'θjeros]
juridische diensten (mv.) **asesoría** (f) **jurídica** [aseso'ria χu'riðika]
boekhouddiensten (mv.) **contabilidad** (f) [kontaβili'ðað]
audit diensten (mv.) **servicios** (m pl) **de auditoría** [ser'βiθjos de auðito'ria]
sport (de) **deporte** (m) [de'porte]
supermarkt (de) **supermercado** (m) [supermer'kaðo]

televisie (de) **televisión** (f) [teleβi'θjon]
theater (het) **teatro** (m) [te'atro]
toerisme (het) **turismo** (m) [tu'rismo]
transport (het) **servicios de transporte** [ser'βiθjos de trans'porte]

postorderbedrijven (mv.) **venta** (f) **por catálogo** ['benta por ka'talʲogo]
kleding (de) **ropa** (f) ['ropa]
dierenarts (de) **veterinario** (m) [beteri'nario]

Baan. Business. Deel 2

118. Show. Tentoonstelling

beurs (de)	**exposición** (f)	[eksposi'θjon]
vakbeurs, handelsbeurs (de)	**feria** (f) **comercial**	['ferja komer'θjalʲ]
deelneming (de)	**participación** (f)	[partiθipa'θjon]
deelnemen (ww)	**participar** (vi)	[partiθi'par]
deelnemer (de)	**participante** (m)	[partiθi'pante]
directeur (de)	**director** (m)	[direk'tor]
organisatiecomité (het)	**dirección** (f)	[direk'θjon]
organisator (de)	**organizador** (m)	[organiθa'ðor]
organiseren (ww)	**organizar** (vt)	[organi'θar]
deelnemingsaanvraag (de)	**solicitud** (f) **de participación**	[soliθi'tuð de partiθipa'θjon]
invullen (een formulier ~)	**rellenar** (vt)	[reje'nar]
details (mv.)	**detalles** (m pl)	[de'tajes]
informatie (de)	**información** (f)	[iɱforma'θjon]
prijs (de)	**precio** (m)	['preθio]
inclusief (bijv. ~ BTW)	**incluso** (adj)	[iŋk'lʲuso]
inbegrepen (alles ~)	**incluir** (vt)	[iŋklʲu'ir]
betalen (ww)	**pagar** (vi, vt)	[pa'gar]
registratietarief (het)	**cuota** (f) **de registro**	[ku'ota de re'χistro]
ingang (de)	**entrada** (f)	[en'traða]
paviljoen (het), hal (de)	**pabellón** (m)	[paβe'jon]
registreren (ww)	**registrar** (vt)	[reχis'trar]
badge, kaart (de)	**tarjeta** (f)	[tar'χeta]
beursstand (de)	**stand** (m) **de feria**	[stand de 'feria]
reserveren (een stand ~)	**reservar** (vt)	[reser'βar]
vitrine (de)	**vitrina** (f)	[bi'trina]
licht (het)	**lámpara** (f)	['lʲampara]
design (het)	**diseño** (m)	[di'senjo]
plaatsen (ww)	**poner** (vt)	[po'ner]
geplaatst zijn (ww)	**situarse** (vr)	[situ'arse]
distributeur (de)	**distribuidor** (m)	[distriβui'ðor]
leverancier (de)	**proveedor** (m)	[proβee'ðor]
leveren (ww)	**suministrar** (vt)	[suminis'trar]
land (het)	**país** (m)	[pa'is]
buitenlands (bn)	**extranjero** (adj)	[ekstran'χero]
product (het)	**producto** (m)	[pro'ðukto]
associatie (de)	**asociación** (f)	[asoθja'θjon]

conferentiezaal (de)	**sala** (f) **de conferencias**	['salʲa de komfe'renθias]
congres (het)	**congreso** (m)	[kon'greso]
wedstrijd (de)	**concurso** (m)	[ko'ŋkurso]
bezoeker (de)	**visitante** (m)	[bisi'tante]
bezoeken (ww)	**visitar** (vt)	[bisi'tar]
afnemer (de)	**cliente** (m)	[kli'ente]

119. Massamedia

krant (de)	**periódico** (m)	[pe'rjoðiko]
tijdschrift (het)	**revista** (f)	[re'βista]
pers (gedrukte media)	**prensa** (f)	['prensa]
radio (de)	**radio** (f)	['raðio]
radiostation (het)	**estación** (f) **de radio**	[esta'θjon de 'raðio]
televisie (de)	**televisión** (f)	[teleβi'θjon]
presentator (de)	**presentador** (m)	[presenta'ðor]
nieuwslezer (de)	**presentador** (m) **de noticias**	[presenta'ðor de no'tiθias]
commentator (de)	**comentarista** (m)	[komenta'rista]
journalist (de)	**periodista** (m)	[perjo'ðista]
correspondent (de)	**corresponsal** (m)	[korespon'salʲ]
fotocorrespondent (de)	**corresponsal** (m) **fotográfico**	[korespon'salʲ foto'ɣrafiko]
reporter (de)	**reportero** (m)	[repor'tero]
redacteur (de)	**redactor** (m)	[reðak'tor]
chef-redacteur (de)	**redactor jefe** (m)	[reðak'tor 'χefe]
zich abonneren op	**suscribirse** (vr)	[suskri'βirse]
abonnement (het)	**suscripción** (f)	[suskrip'θjon]
abonnee (de)	**suscriptor** (m)	[suskrip'tor]
lezen (ww)	**leer** (vi, vt)	[le'er]
lezer (de)	**lector** (m)	[lek'tor]
oplage (de)	**tirada** (f)	[ti'raða]
maand-, maandelijks (bn)	**mensual** (adj)	[mensu'alʲ]
wekelijks (bn)	**semanal** (adj)	[sema'nalʲ]
nummer (het)	**número** (m)	['numero]
vers (~ van de pers)	**nuevo** (adj)	[nu'eβo]
kop (de)	**titular** (m)	[titu'lʲar]
korte artikel (het)	**noticia** (f)	[no'tiθia]
rubriek (de)	**columna** (f)	[ko'lʲumna]
artikel (het)	**artículo** (m)	[ar'tikulʲo]
pagina (de)	**página** (f)	['paχina]
reportage (de)	**reportaje** (m)	[repor'taχe]
gebeurtenis (de)	**evento** (m)	[e'βento]
sensatie (de)	**sensación** (f)	[sensa'θjon]
schandaal (het)	**escándalo** (m)	[es'kandalʲo]
schandalig (bn)	**escandaloso** (adj)	[eskanda'lʲoso]
groot (~ schandaal, enz.)	**gran** (adj)	[gran]
programma (het)	**emisión** (f)	[emi'sjon]

interview (het)	**entrevista** (f)	[entre'βista]
live uitzending (de)	**transmisión** (f) **en vivo**	[transmi'θjon en 'biβo]
kanaal (het)	**canal** (m)	[ka'nalʲ]

120. Landbouw

landbouw (de)	**agricultura** (f)	[aɣrikulʲ'tura]
boer (de)	**campesino** (m)	[kampe'sino]
boerin (de)	**campesina** (f)	[kampe'sina]
landbouwer (de)	**granjero** (m)	[gran'χero]
tractor (de)	**tractor** (m)	[trak'tor]
maaidorser (de)	**cosechadora** (f)	[kosetʃa'ðora]
ploeg (de)	**arado** (m)	[a'raðo]
ploegen (ww)	**arar** (vi, vt)	[a'rar]
akkerland (het)	**labrado** (m)	[lʲa'βraðo]
voor (de)	**surco** (m)	['surko]
zaaien (ww)	**sembrar** (vi, vt)	[sem'brar]
zaaimachine (de)	**sembradora** (f)	[sembra'ðora]
zaaien (het)	**siembra** (f)	['sjembra]
zeis (de)	**guadaña** (f)	[gua'ðanja]
maaien (ww)	**segar** (vi, vt)	[se'gar]
schop (de)	**pala** (f)	['palʲa]
spitten (ww)	**layar** (vt)	[lʲa'jar]
schoffel (de)	**azada** (f)	[a'θaða]
wieden (ww)	**sachar, escardar**	[sa'tʃar], [eskar'ðar]
onkruid (het)	**mala hierba** (f)	['malʲa 'jerβa]
gieter (de)	**regadera** (f)	[rega'ðera]
begieten (water geven)	**regar** (vt)	[re'gar]
bewatering (de)	**riego** (m)	['rjego]
riek, hooivork (de)	**horquilla** (f)	[or'kija]
hark (de)	**rastrillo** (m)	[ras'trijo]
kunstmest (de)	**fertilizante** (m)	[fertili'θante]
bemesten (ww)	**abonar** (vt)	[aβo'nar]
mest (de)	**estiércol** (m)	[es'tjerkolʲ]
veld (het)	**campo** (m)	['kampo]
wei (de)	**prado** (m)	['praðo]
moestuin (de)	**huerta** (f)	[u'erta]
boomgaard (de)	**jardín** (m)	[χar'ðin]
weiden (ww)	**pacer** (vt)	[pa'θer]
herder (de)	**pastor** (m)	[pas'tor]
weiland (de)	**pastadero** (m)	[pasta'ðero]
veehouderij (de)	**ganadería** (f)	[ganaðe'ria]
schapenteelt (de)	**cría** (f) **de ovejas**	['kria de o'βeχas]

plantage (de)	**plantación** (f)	[plʲanta'θjon]
rijtje (het)	**hilera** (f)	[i'lera]
broeikas (de)	**invernadero** (m)	[imberna'ðero]
droogte (de)	**sequía** (f)	[se'kia]
droog (bn)	**seco, árido** (adj)	['seko], ['ariðo]
graan (het)	**grano** (m)	['grano]
graangewassen (mv.)	**cereales** (m pl)	[θere'ales]
oogsten (ww)	**recolectar** (vt)	[rekolek'tar]
molenaar (de)	**molinero** (m)	[moli'nero]
molen (de)	**molino** (m)	[mo'lino]
malen (graan ~)	**moler** (vt)	[mo'ler]
bloem (bijv. tarwebloem)	**harina** (f)	[a'rina]
stro (het)	**paja** (f)	['paχa]

121. Gebouw. Bouwproces

bouwplaats (de)	**obra** (f)	['oβra]
bouwen (ww)	**construir** (vt)	[konstru'ir]
bouwvakker (de)	**albañil** (m)	[alʲβa'njilʲ]
project (het)	**proyecto** (m)	[pro'jekto]
architect (de)	**arquitecto** (m)	[arki'tekto]
arbeider (de)	**obrero** (m)	[o'βrero]
fundering (de)	**cimientos** (m pl)	[θi'mjentos]
dak (het)	**techo** (m)	['tetʃo]
heipaal (de)	**pila** (f) **de cimentación**	['pilʲa de θimenta'θjon]
muur (de)	**muro** (m)	['muro]
betonstaal (het)	**armadura** (f)	[arma'ðura]
steigers (mv.)	**andamio** (m)	[an'damio]
beton (het)	**hormigón** (m)	[ormi'ɣon]
graniet (het)	**granito** (m)	[gra'nito]
steen (de)	**piedra** (f)	['pjeðra]
baksteen (de)	**ladrillo** (m)	[lʲa'ðrijo]
zand (het)	**arena** (f)	[a'rena]
cement (de/het)	**cemento** (m)	[θe'mento]
pleister (het)	**estuco** (m)	[es'tuko]
pleisteren (ww)	**estucar** (vt)	[estu'kar]
verf (de)	**pintura** (f)	[pin'tura]
verven (muur ~)	**pintar** (vt)	[pin'tar]
ton (de)	**barril** (m)	[ba'rilʲ]
kraan (de)	**grúa** (f)	['grua]
heffen, hijsen (ww)	**levantar** (vt)	[leβan'tar]
neerlaten (ww)	**bajar** (vt)	[ba'χar]
bulldozer (de)	**bulldózer** (m)	[bulʲ'ðoθer]
graafmachine (de)	**excavadora** (f)	[ekskaβa'ðora]

graafbak (de)	**cuchara** (f)	[ku'ʧara]
graven (tunnel, enz.)	**cavar** (vt)	[ka'βar]
helm (de)	**casco** (m)	['kasko]

122. Wetenschap. Onderzoek. Wetenschappers

wetenschap (de)	**ciencia** (f)	['θjenθia]
wetenschappelijk (bn)	**científico** (adj)	[θjen'tifiko]
wetenschapper (de)	**científico** (m)	[θjen'tifiko]
theorie (de)	**teoría** (f)	[teo'ria]
axioma (het)	**axioma** (m)	[aksi'oma]
analyse (de)	**análisis** (m)	[a'nalisis]
analyseren (ww)	**analizar** (vt)	[anali'θar]
argument (het)	**argumento** (m)	[argu'mento]
substantie (de)	**sustancia** (f)	[sus'tanθia]
hypothese (de)	**hipótesis** (f)	[i'potesis]
dilemma (het)	**dilema** (m)	[di'lema]
dissertatie (de)	**tesis** (f) **de grado**	['tesis de 'graðo]
dogma (het)	**dogma** (m)	['doɣma]
doctrine (de)	**doctrina** (f)	[dok'trina]
onderzoek (het)	**investigación** (f)	[imbestiga'θjon]
onderzoeken (ww)	**investigar** (vt)	[imbesti'gar]
toetsing (de)	**prueba** (f)	[pru'eβa]
laboratorium (het)	**laboratorio** (m)	[lʲaβora'torio]
methode (de)	**método** (m)	['metoðo]
molecule (de/het)	**molécula** (f)	[mo'lekulʲa]
monitoring (de)	**seguimiento** (m)	[segi'mjento]
ontdekking (de)	**descubrimiento** (m)	[deskuβri'mjento]
postulaat (het)	**postulado** (m)	[postu'lʲaðo]
principe (het)	**principio** (m)	[prin'θipio]
voorspelling (de)	**pronóstico** (m)	[pro'nostiko]
een prognose maken	**pronosticar** (vt)	[pronosti'kar]
synthese (de)	**síntesis** (f)	['sintesis]
tendentie (de)	**tendencia** (f)	[ten'denθia]
theorema (het)	**teorema** (m)	[teo'rema]
leerstellingen (mv.)	**enseñanzas** (f pl)	[ense'njanθas]
feit (het)	**hecho** (m)	['eʧo]
expeditie (de)	**expedición** (f)	[ekspeði'θjon]
experiment (het)	**experimento** (m)	[eksperi'mento]
academicus (de)	**académico** (m)	[aka'ðemiko]
bachelor (bijv. BA, LLB)	**bachiller** (m)	[baʧi'jer]
doctor (de)	**doctorado** (m)	[dokto'raðo]
universitair docent (de)	**docente** (m)	[do'θente]
master, magister (de)	**Master** (m)	['master]
professor (de)	**profesor** (m)	[profe'sor]

Beroepen en ambachten

123. Zoeken naar werk. Ontslag

baan (de)	**trabajo** (m)	[tra'βaχo]
personeel (het)	**personal** (m)	[perso'nalʲ]
carrière (de)	**carrera** (f)	[ka'rera]
vooruitzichten (mv.)	**perspectiva** (f)	[perspek'tiβa]
meesterschap (het)	**maestría** (f)	[maes'tria]
keuze (de)	**selección** (f)	[selek'θjon]
uitzendbureau (het)	**agencia** (f) **de empleo**	[a'χenθja de em'pleo]
CV, curriculum vitae (het)	**curriculum vitae** (m)	[ku'rikulʲum bi'tae]
sollicitatiegesprek (het)	**entrevista** (f)	[entre'βista]
vacature (de)	**vacancia** (f)	[ba'kanθia]
salaris (het)	**salario** (m)	[sa'lʲario]
vaste salaris (het)	**salario** (m) **fijo**	[sa'lʲario 'fiχo]
loon (het)	**remuneración** (f)	[remunera'θjon]
betrekking (de)	**puesto** (m)	[pu'esto]
taak, plicht (de)	**deber** (m)	[de'βer]
takenpakket (het)	**gama** (f) **de deberes**	['gama de de'βeres]
bezig (~ zijn)	**ocupado** (adj)	[oku'paðo]
ontslagen (ww)	**despedir** (vt)	[despe'ðir]
ontslag (het)	**despido** (m)	[des'piðo]
werkloosheid (de)	**desempleo** (m)	[desem'pleo]
werkloze (de)	**desempleado** (m)	[desemple'aðo]
pensioen (het)	**jubilación** (f)	[χuβilʲa'θjon]
met pensioen gaan	**jubilarse** (vr)	[χuβi'lʲarse]

124. Zakenmensen

directeur (de)	**director** (m)	[direk'tor]
beheerder (de)	**gerente** (m)	[χe'rente]
hoofd (het)	**jefe** (m)	['χefe]
baas (de)	**superior** (m)	[supe'rjor]
superieuren (mv.)	**superiores** (m pl)	[supe'rjores]
president (de)	**presidente** (m)	[presi'ðente]
voorzitter (de)	**presidente** (m)	[presi'ðente]
adjunct (de)	**adjunto** (m)	[að'χunto]
assistent (de)	**asistente** (m)	[asis'tente]
secretaris (de)	**secretario** (m), **secretaria** (f)	[sekre'tario], [sekre'taria]

persoonlijke assistent (de)	**secretario** (m) **particular**	[sekre'tarjo partiku'lʲar]
zakenman (de)	**hombre** (m) **de negocios**	['ombre de ne'goθjos]
ondernemer (de)	**emprendedor** (m)	[emprende'ðor]
oprichter (de)	**fundador** (m)	[funda'ðor]
oprichten (een nieuw bedrijf ~)	**fundar** (vt)	[fun'dar]
stichter (de)	**institutor** (m)	[institu'tor]
partner (de)	**socio** (m)	['soθio]
aandeelhouder (de)	**accionista** (m)	[akθjo'nista]
miljonair (de)	**millonario** (m)	[mijo'nario]
miljardair (de)	**multimillonario** (m)	[mulʲti·mijo'nario]
eigenaar (de)	**propietario** (m)	[propje'tario]
landeigenaar (de)	**terrateniente** (m)	[tera·te'njente]
klant (de)	**cliente** (m)	[kli'ente]
vaste klant (de)	**cliente** (m) **habitual**	[kli'ente aβitu'alʲ]
koper (de)	**comprador** (m)	[kompra'ðor]
bezoeker (de)	**visitante** (m)	[bisi'tante]
professioneel (de)	**profesional** (m)	[profesjo'nalʲ]
expert (de)	**experto** (m)	[eks'perto]
specialist (de)	**especialista** (m)	[espeθja'lista]
bankier (de)	**banquero** (m)	[baŋ'kero]
makelaar (de)	**broker** (m)	['broker]
kassier (de)	**cajero** (m)	[ka'χero]
boekhouder (de)	**contable** (m)	[kon'taβle]
bewaker (de)	**guardia** (m) **de seguridad**	[gu'arðja de seguri'ðað]
investeerder (de)	**inversionista** (m)	[imbersjo'nista]
schuldenaar (de)	**deudor** (m)	[deu'ðor]
crediteur (de)	**acreedor** (m)	[akree'ðor]
lener (de)	**prestatario** (m)	[presta'tario]
importeur (de)	**importador** (m)	[importa'ðor]
exporteur (de)	**exportador** (m)	[eksporta'ðor]
producent (de)	**productor** (m)	[proðuk'tor]
distributeur (de)	**distribuidor** (m)	[distriβui'ðor]
bemiddelaar (de)	**intermediario** (m)	[interme'ðjario]
adviseur, consulent (de)	**asesor** (m)	[ase'sor]
vertegenwoordiger (de)	**representante** (m)	[represen'tante]
agent (de)	**agente** (m)	[a'χente]
verzekeringsagent (de)	**agente** (m) **de seguros**	[a'χente de se'guros]

125. Dienstverlenende beroepen

kok (de)	**cocinero** (m)	[koθi'nero]
chef-kok (de)	**jefe** (m) **de cocina**	['χefe de ko'θina]
bakker (de)	**panadero** (m)	[pana'ðero]

barman (de) **barman** (m) ['barman]
kelner, ober (de) **camarero** (m) [kama'rero]
serveerster (de) **camarera** (f) [kama'rera]

advocaat (de) **abogado** (m) [aβo'gaðo]
jurist (de) **jurista** (m) [χu'rista]
notaris (de) **notario** (m) [no'tario]

elektricien (de) **electricista** (m) [elektri'θista]
loodgieter (de) **fontanero** (m) [fonta'nero]
timmerman (de) **carpintero** (m) [karpin'tero]

masseur (de) **masajista** (m) [masa'χista]
masseuse (de) **masajista** (f) [masa'χista]
dokter, arts (de) **médico** (m) ['meðiko]

taxichauffeur (de) **taxista** (m) [ta'ksista]
chauffeur (de) **chofer** (m) ['ʧofer]
koerier (de) **repartidor** (m) [reparti'ðor]

kamermeisje (het) **camarera** (f) [kama'rera]
bewaker (de) **guardia** (m) **de seguridad** [gu'arðja de seguri'ðað]
stewardess (de) **azafata** (f) [aθa'fata]

meester (de) **profesor** (m) [profe'sor]
bibliothecaris (de) **bibliotecario** (m) [biβliote'kario]
vertaler (de) **traductor** (m) [traðuk'tor]
tolk (de) **intérprete** (m) [in'terprete]
gids (de) **guía** (m) ['gia]

kapper (de) **peluquero** (m) [pelʲu'kero]
postbode (de) **cartero** (m) [kar'tero]
verkoper (de) **vendedor** (m) [bende'ðor]

tuinman (de) **jardinero** (m) [χarði'nero]
huisbediende (de) **servidor** (m) [serβi'ðor]
dienstmeisje (het) **criada** (f) [kri'aða]
schoonmaakster (de) **mujer** (f) **de la limpieza** [mu'χer de lʲa lim'pjeθa]

126. Militaire beroepen en rangen

soldaat (rang) **soldado** (m) **raso** [solʲ'ðaðo 'raso]
sergeant (de) **sargento** (m) [sar'χento]
luitenant (de) **teniente** (m) [te'njente]
kapitein (de) **capitán** (m) [kapi'tan]

majoor (de) **mayor** (m) [ma'jor]
kolonel (de) **coronel** (m) [koro'nelʲ]
generaal (de) **general** (m) [χene'ralʲ]
maarschalk (de) **mariscal** (m) [maris'kalʲ]
admiraal (de) **almirante** (m) [alʲmi'rante]

militair (de) **militar** (m) [mili'tar]
soldaat (de) **soldado** (m) [solʲ'ðaðo]

officier (de)	**oficial** (m)	[ofi'θalʲ]
commandant (de)	**comandante** (m)	[koman'dante]
grenswachter (de)	**guardafronteras** (m)	[guarða·fron'teras]
marconist (de)	**radio-operador** (m)	['raðjo opera'ðor]
verkenner (de)	**explorador** (m)	[ekspľora'ðor]
sappeur (de)	**zapador** (m)	[θapa'ðor]
schutter (de)	**tirador** (m)	[tira'ðor]
stuurman (de)	**navegador** (m)	[naβega'ðor]

127. Ambtenaren. Priesters

koning (de)	**rey** (m)	[rej]
koningin (de)	**reina** (f)	['rejna]
prins (de)	**príncipe** (m)	['prinθipe]
prinses (de)	**princesa** (f)	[prin'θesa]
tsaar (de)	**zar** (m)	[θar]
tsarina (de)	**zarina** (f)	[θa'rina]
president (de)	**presidente** (m)	[presi'ðente]
minister (de)	**ministro** (m)	[mi'nistro]
eerste minister (de)	**primer ministro** (m)	[pri'mer mi'nistro]
senator (de)	**senador** (m)	[sena'ðor]
diplomaat (de)	**diplomático** (m)	[diplʲo'matiko]
consul (de)	**cónsul** (m)	['konsulʲ]
ambassadeur (de)	**embajador** (m)	[embaχa'ðor]
adviseur (de)	**consejero** (m)	[konse'χero]
ambtenaar (de)	**funcionario** (m)	[funθjo'nario]
prefect (de)	**prefecto** (m)	[pre'fekto]
burgemeester (de)	**alcalde** (m)	[alʲ'kalʲde]
rechter (de)	**juez** (m)	[χu'eθ]
aanklager (de)	**fiscal** (m)	[fis'kalʲ]
missionaris (de)	**misionero** (m)	[misjo'nero]
monnik (de)	**monje** (m)	['monχe]
abt (de)	**abad** (m)	[a'βað]
rabbi, rabbijn (de)	**rabino** (m)	[ra'βino]
vizier (de)	**visir** (m)	[bi'sir]
sjah (de)	**sha, shah** (m)	[ʃa]
sjeik (de)	**jeque** (m)	['χeke]

128. Agrarische beroepen

imker (de)	**apicultor** (m)	[apikulʲ'tor]
herder (de)	**pastor** (m)	[pas'tor]
landbouwkundige (de)	**agrónomo** (m)	[a'ɣronomo]

veehouder (de)	**ganadero** (m)	[gana'ðero]
dierenarts (de)	**veterinario** (m)	[beteri'nario]
landbouwer (de)	**granjero** (m)	[gran'χero]
wijnmaker (de)	**vinicultor** (m)	[binikulʲ'tor]
zoöloog (de)	**zoólogo** (m)	[θo'olʲogo]
cowboy (de)	**vaquero** (m)	[ba'kero]

129. Kunst beroepen

acteur (de)	**actor** (m)	[ak'tor]
actrice (de)	**actriz** (f)	[ak'triθ]
zanger (de)	**cantante** (m)	[kan'tante]
zangeres (de)	**cantante** (f)	[kan'tante]
danser (de)	**bailarín** (m)	[bajlʲa'rin]
danseres (de)	**bailarina** (f)	[bajlʲa'rina]
artiest (mann.)	**artista** (m)	[ar'tista]
artiest (vrouw.)	**artista** (f)	[ar'tista]
muzikant (de)	**músico** (m)	['musiko]
pianist (de)	**pianista** (m)	[pja'nista]
gitarist (de)	**guitarrista** (m)	[gita'rista]
orkestdirigent (de)	**director** (m) **de orquesta**	[direk'tor de or'kesta]
componist (de)	**compositor** (m)	[komposi'tor]
impresario (de)	**empresario** (m)	[empre'sario]
filmregisseur (de)	**director** (m) **de cine**	[direk'tor de 'θine]
filmproducent (de)	**productor** (m)	[proðuk'tor]
scenarioschrijver (de)	**guionista** (m)	[gijo'nista]
criticus (de)	**crítico** (m)	['kritiko]
schrijver (de)	**escritor** (m)	[eskri'tor]
dichter (de)	**poeta** (m)	[po'eta]
beeldhouwer (de)	**escultor** (m)	[eskulʲ'tor]
kunstenaar (de)	**pintor** (m)	[pin'tor]
jongleur (de)	**malabarista** (m)	[malʲaβa'rista]
clown (de)	**payaso** (m)	[pa'jaso]
acrobaat (de)	**acróbata** (m)	[a'kroβata]
goochelaar (de)	**ilusionista** (m)	[ilʲusjo'nista]

130. Verschillende beroepen

dokter, arts (de)	**médico** (m)	['meðiko]
ziekenzuster (de)	**enfermera** (f)	[eɱfer'mera]
psychiater (de)	**psiquiatra** (m)	[si'kjatra]
tandarts (de)	**dentista** (m)	[den'tista]
chirurg (de)	**cirujano** (m)	[θiru'χano]

astronaut (de)	**astronauta** (m)	[astro'nauta]
astronoom (de)	**astrónomo** (m)	[as'tronomo]
piloot (de)	**piloto** (m)	[pi'lʲoto]
chauffeur (de)	**conductor** (m)	[konduk'tor]
machinist (de)	**maquinista** (m)	[maki'nista]
mecanicien (de)	**mecánico** (m)	[me'kaniko]
mijnwerker (de)	**minero** (m)	[mi'nero]
arbeider (de)	**obrero** (m)	[o'βrero]
bankwerker (de)	**cerrajero** (m)	[θera'χero]
houtbewerker (de)	**carpintero** (m)	[karpin'tero]
draaier (de)	**tornero** (m)	[tor'nero]
bouwvakker (de)	**albañil** (m)	[alʲβa'njilʲ]
lasser (de)	**soldador** (m)	[solʲda'ðor]
professor (de)	**profesor** (m)	[profe'sor]
architect (de)	**arquitecto** (m)	[arki'tekto]
historicus (de)	**historiador** (m)	[istorja'ðor]
wetenschapper (de)	**científico** (m)	[θjen'tifiko]
fysicus (de)	**físico** (m)	['fisiko]
scheikundige (de)	**químico** (m)	['kimiko]
archeoloog (de)	**arqueólogo** (m)	[arke'olʲogo]
geoloog (de)	**geólogo** (m)	[χe'olʲogo]
onderzoeker (de)	**investigador** (m)	[imbestiga'ðor]
babysitter (de)	**niñera** (f)	[ni'njera]
leraar, pedagoog (de)	**pedagogo** (m)	[peða'gogo]
redacteur (de)	**redactor** (m)	[reðak'tor]
chef-redacteur (de)	**redactor jefe** (m)	[reðak'tor 'χefe]
correspondent (de)	**corresponsal** (m)	[korespon'salʲ]
typiste (de)	**mecanógrafa** (f)	[meka'noɣrafa]
designer (de)	**diseñador** (m)	[disenja'ðor]
computerexpert (de)	**especialista** (m) **en ordenadores**	[espeθja'lista en orðena'ðores]
programmeur (de)	**programador** (m)	[proɣrama'ðor]
ingenieur (de)	**ingeniero** (m)	[inχe'njero]
matroos (de)	**marino** (m)	[ma'rino]
zeeman (de)	**marinero** (m)	[mari'nero]
redder (de)	**socorrista** (m)	[soko'rista]
brandweerman (de)	**bombero** (m)	[bom'bero]
politieagent (de)	**policía** (m)	[poli'θia]
nachtwaker (de)	**vigilante** (m) **nocturno**	[biχi'lʲante nok'turno]
detective (de)	**detective** (m)	[detek'tiβe]
douanier (de)	**aduanero** (m)	[aðua'nero]
lijfwacht (de)	**guardaespaldas** (m)	[guarða·es'palʲdas]
gevangenisbewaker (de)	**guardia** (m) **de prisiones**	[gu'arðja de pri'sjones]
inspecteur (de)	**inspector** (m)	[inspek'tor]
sportman (de)	**deportista** (m)	[depor'tista]
trainer (de)	**entrenador** (m)	[entrena'ðor]

slager, beenhouwer (de)	**carnicero** (m)	[karni'θero]
schoenlapper (de)	**zapatero** (m)	[θapa'tero]
handelaar (de)	**comerciante** (m)	[komer'θjante]
lader (de)	**cargador** (m)	[karga'ðor]
kledingstilist (de)	**diseñador** (m) **de moda**	[disenja'ðor de 'moða]
model (het)	**modelo** (f)	[mo'ðelʲo]

131. Beroepen. Sociale status

scholier (de)	**escolar** (m)	[esko'lʲar]
student (de)	**estudiante** (m)	[estu'ðjante]
filosoof (de)	**filósofo** (m)	[fi'lʲosofo]
econoom (de)	**economista** (m)	[ekono'mista]
uitvinder (de)	**inventor** (m)	[imben'tor]
werkloze (de)	**desempleado** (m)	[desemple'aðo]
gepensioneerde (de)	**jubilado** (m)	[χuβi'lʲaðo]
spion (de)	**espía** (m)	[es'pia]
gedetineerde (de)	**prisionero** (m)	[prisjo'nero]
staker (de)	**huelguista** (m)	[uelʲ'gista]
bureaucraat (de)	**burócrata** (m)	[bu'rokrata]
reiziger (de)	**viajero** (m)	[bja'χero]
homoseksueel (de)	**homosexual** (m)	[omoseksu'alʲ]
hacker (computerkraker)	**hacker** (m)	['aker]
hippie (de)	**hippie** (m)	['χipi]
bandiet (de)	**bandido** (m)	[ban'diðo]
huurmoordenaar (de)	**sicario** (m)	[si'kario]
drugsverslaafde (de)	**drogadicto** (m)	[droɣ·a'ðikto]
drugshandelaar (de)	**narcotraficante** (m)	[narko·trafi'kante]
prostituee (de)	**prostituta** (f)	[prosti'tuta]
pooier (de)	**chulo** (m), **proxeneta** (m)	['ʧulʲo], [prokse'neta]
tovenaar (de)	**brujo** (m)	['bruχo]
tovenares (de)	**bruja** (f)	['bruχa]
piraat (de)	**pirata** (m)	[pi'rata]
slaaf (de)	**esclavo** (m)	[es'klʲaβo]
samoerai (de)	**samurai** (m)	[samu'raj]
wilde (de)	**salvaje** (m)	[salʲ'βaχe]

Sport

132. Soorten sporten. Sporters

sportman (de)	**deportista** (m)	[depor'tista]
soort sport (de/het)	**tipo** (m) **de deporte**	['tipo de de'porte]
basketbal (het)	**baloncesto** (m)	[balʲon'θesto]
basketbalspeler (de)	**baloncestista** (m)	[balʲonθes'tista]
baseball (het)	**béisbol** (m)	['bejsβolʲ]
baseballspeler (de)	**beisbolista** (m)	[bejsβo'lista]
voetbal (het)	**fútbol** (m)	['futβolʲ]
voetballer (de)	**futbolista** (m)	[futβo'lista]
doelman (de)	**portero** (m)	[por'tero]
hockey (het)	**hockey** (m)	['χokej]
hockeyspeler (de)	**jugador** (m) **de hockey**	[χuga'ðor de 'χokej]
volleybal (het)	**voleibol** (m)	[bolej'βolʲ]
volleybalspeler (de)	**voleibolista** (m)	[bolejβo'lista]
boksen (het)	**boxeo** (m)	[bo'kseo]
bokser (de)	**boxeador** (m)	[boksea'ðor]
worstelen (het)	**lucha** (f)	['lʲutʃa]
worstelaar (de)	**luchador** (m)	[lʲutʃa'ðor]
karate (de)	**kárate** (m)	['karate]
karateka (de)	**karateka** (m)	[kara'teka]
judo (de)	**judo** (m)	['juðo]
judoka (de)	**judoka** (m)	[ju'ðoka]
tennis (het)	**tenis** (m)	['tenis]
tennisspeler (de)	**tenista** (m)	[te'nista]
zwemmen (het)	**natación** (f)	[nata'θjon]
zwemmer (de)	**nadador** (m)	[naða'ðor]
schermen (het)	**esgrima** (f)	[ez'ɣrima]
schermer (de)	**esgrimidor** (m)	[ezɣrimi'ðor]
schaak (het)	**ajedrez** (m)	[aχe'ðreθ]
schaker (de)	**ajedrecista** (m)	[aχeðre'θista]
alpinisme (het)	**alpinismo** (m)	[alʲpi'nismo]
alpinist (de)	**alpinista** (m)	[alʲpi'nista]
hardlopen (het)	**carrera** (f)	[ka'rera]

renner (de)	**corredor** (m)	[kore'ðor]
atletiek (de)	**atletismo** (m)	[atle'tismo]
atleet (de)	**atleta** (m)	[at'leta]
paardensport (de)	**deporte** (m) **hípico**	[de'porte 'χipiko]
ruiter (de)	**jinete** (m)	[χi'nete]
kunstschaatsen (het)	**patinaje** (m) **artístico**	[pati'naχe ar'tistiko]
kunstschaatser (de)	**patinador** (m)	[patina'ðor]
kunstschaatsster (de)	**patinadora** (f)	[patina'ðora]
gewichtheffen (het)	**levantamiento** (m) **de pesas**	[leβanta'mjento de 'pesas]
gewichtheffer (de)	**levantador** (m) **de pesas**	[leβanta'ðor de 'pesas]
autoraces (mv.)	**carreras** (f pl) **de coches**	[ka'reras de 'koʧes]
coureur (de)	**piloto** (m) **de carreras**	[pi'lʲoto de ka'reras]
wielersport (de)	**ciclismo** (m)	[θik'lismo]
wielrenner (de)	**ciclista** (m)	[θik'lista]
verspringen (het)	**salto** (m) **de longitud**	['salʲto de lʲonχi'tuð]
polsstokspringen (het)	**salto** (m) **con pértiga**	['salʲto kon 'pertiga]
verspringer (de)	**saltador** (m)	[salʲta'ðor]

133. Soorten sporten. Diversen

Amerikaans voetbal (het)	**fútbol** (m) **americano**	['futβolʲ ameri'kano]
badminton (het)	**bádminton** (m)	['baðminton]
biatlon (de)	**biatlón** (m)	[biat'lʲon]
biljart (het)	**billar** (m)	[bi'jar]
bobsleeën (het)	**bobsleigh** (m)	['boβslej]
bodybuilding (de)	**culturismo** (m)	[kulʲtu'rismo]
waterpolo (het)	**waterpolo** (m)	[water'polʲo]
handbal (de)	**balonmano** (m)	[balʲon'mano]
golf (het)	**golf** (m)	[golʲf]
roeisport (de)	**remo** (m)	['remo]
duiken (het)	**buceo** (m)	[bu'θeo]
langlaufen (het)	**esquí** (m) **de fondo**	[es'ki de 'fondo]
tafeltennis (het)	**tenis** (m) **de mesa**	['tenis de 'mesa]
zeilen (het)	**vela** (f)	['belʲa]
rally (de)	**rally** (m)	['rali]
rugby (het)	**rugby** (m)	['ruɣβi]
snowboarden (het)	**snowboard** (m)	[eznow'βorðıŋ]
boogschieten (het)	**tiro** (m) **con arco**	['tiro kon 'arko]

134. Fitnessruimte

lange halter (de)	**barra** (f) **de pesas**	['bara de 'pesas]
halters (mv.)	**pesas** (f pl)	['pesas]
training machine (de)	**aparato** (m) **de ejercicios**	[apa'rato de eχer'θiθjos]

hometrainer (de)	**bicicleta** (f) **estática**	[biθik'leta es'tatika]
loopband (de)	**cinta** (f) **de correr**	['θinta de ko'rer]
rekstok (de)	**barra** (f) **fija**	['bara 'fiχa]
brug (de) gelijke leggers	**barras** (f pl) **paralelas**	['baras para'lelʲas]
paardsprong (de)	**potro** (m)	['potro]
mat (de)	**colchoneta** (f)	[kolʲʧo'neta]
springtouw (het)	**comba** (f)	['komba]
aerobics (de)	**aeróbica** (f)	[ae'roβika]
yoga (de)	**yoga** (m)	['joga]

135. Hockey

hockey (het)	**hockey** (m)	['χokej]
hockeyspeler (de)	**jugador** (m) **de hockey**	[χuga'ðor de 'χokej]
hockey spelen	**jugar al hockey**	[χu'gar alʲ 'χokej]
ijs (het)	**hielo** (m)	['jelʲo]
puck (de)	**disco** (m)	['disko]
hockeystick (de)	**palo** (m) **de hockey**	['palʲo de 'χokej]
schaatsen (mv.)	**patines** (m pl)	[pa'tines]
boarding (de)	**muro** (m)	['muro]
schot (het)	**tiro** (m)	['tiro]
doelman (de)	**portero** (m)	[por'tero]
goal (de)	**gol** (m)	[golʲ]
een goal scoren	**marcar un gol**	[mar'kar un 'golʲ]
periode (de)	**periodo** (m)	[pe'rjoðo]
tweede periode (de)	**segundo periodo** (m)	[se'ɣundo pe'rjoðo]
reservebank (de)	**banquillo** (m) **de reserva**	[baŋ'kijo de re'serβa]

136. Voetbal

voetbal (het)	**fútbol** (m)	['futβolʲ]
voetballer (de)	**futbolista** (m)	[futβo'lista]
voetbal spelen	**jugar al fútbol**	[χu'gar alʲ 'futβolʲ]
eredivisie (de)	**liga** (f) **superior**	['liga supe'rjor]
voetbalclub (de)	**club** (m) **de fútbol**	[klʲuβ de 'futβolʲ]
trainer (de)	**entrenador** (m)	[entrena'ðor]
eigenaar (de)	**propietario** (m)	[propje'tario]
team (het)	**equipo** (m)	[e'kipo]
aanvoerder (de)	**capitán** (m) **del equipo**	[kapi'tan delʲ e'kipo]
speler (de)	**jugador** (m)	[χuga'ðor]
reservespeler (de)	**reserva** (m)	[re'serβa]
aanvaller (de)	**delantero** (m)	[delʲan'tero]
centrale aanvaller (de)	**delantero** (m) **centro**	[delʲan'tero 'θentro]

doelpuntmaker (de) **goleador** (m) [golea'ðor]
verdediger (de) **defensa** (m) [de'fensa]
middenvelder (de) **medio** (m) ['meðio]

match, wedstrijd (de) **match** (m) [matʃ]
elkaar ontmoeten (ww) **encontrarse** (vr) [eŋkon'trarse]
finale (de) **final** (f) [fi'nalʲ]
halve finale (de) **semifinal** (f) [semifi'nalʲ]
kampioenschap (het) **campeonato** (m) [kampeo'nato]

helft (de) **tiempo** (m) ['tjempo]
eerste helft (de) **primer tiempo** (m) [pri'mer 'tjempo]
pauze (de) **descanso** (m) [des'kanso]

doel (het) **puerta** (f) [pu'erta]
doelman (de) **portero** (m) [por'tero]
doelpaal (de) **poste** (m) ['poste]
lat (de) **larguero** (m) [lʲar'gero]
doelnet (het) **red** (f) [reð]
een goal incasseren **recibir un gol** [reθi'βir un golʲ]

bal (de) **balón** (m) [ba'lʲon]
pass (de) **pase** (m) ['pase]
schot (het), schop (de) **tiro** (m) ['tiro]
schieten (de bal ~) **lanzar un tiro** [lʲan'θar un 'tiro]
vrije schop (directe ~) **tiro** (m) **de castigo** ['tiro de kas'tigo]
hoekschop, corner (de) **saque** (m) **de esquina** ['sake de es'kina]

aanval (de) **ataque** (m) [a'take]
tegenaanval (de) **contraataque** (m) [kontra·a'take]
combinatie (de) **combinación** (f) [kombina'θjon]

scheidsrechter (de) **árbitro** (m) ['arβitro]
fluiten (ww) **silbar** (vi) [silʲ'βar]
fluitsignaal (het) **silbato** (m) [silʲ'βato]
overtreding (de) **infracción** (f) [iɱfrak'θjon]
een overtreding maken **cometer una infracción** [kome'ter una iɱfrak'θjon]
uit het veld te sturen **expulsar del campo** [ekspulʲ'sar delʲ 'kampo]

gele kaart (de) **tarjeta** (f) **amarilla** [tar'χeta ama'rija]
rode kaart (de) **tarjeta** (f) **roja** [tar'χeta 'roχa]
diskwalificatie (de) **descalificación** (f) [deskalifika'θjon]
diskwalificeren (ww) **descalificar** (vt) [deskalifi'kar]

strafschop, penalty (de) **penalti** (m) [pe'nalʲti]
muur (de) **barrera** (f) [ba'rera]
scoren (ww) **meter un gol** [me'ter un 'golʲ]
goal (de), doelpunt (het) **gol** (m) [golʲ]
een goal scoren **marcar un gol** [mar'kar un 'golʲ]

vervanging (de) **reemplazo** (m) [reem'plʲaθo]
vervangen (ov.ww.) **reemplazar** (vt) [reemplʲa'θar]
regels (mv.) **reglas** (f pl) ['reɣlʲas]
tactiek (de) **táctica** (f) ['taktika]
stadion (het) **estadio** (m) [es'taðio]
tribune (de) **gradería** (f) [graðe'ria]

fan, supporter (de)	**hincha** (m)	['intʃa]
schreeuwen (ww)	**gritar** (vi)	[gri'tar]
scorebord (het)	**tablero** (m)	[ta'βlero]
stand (~ is 3-1)	**tanteo** (m)	[tan'teo]
nederlaag (de)	**derrota** (f)	[de'rota]
verliezen (ww)	**perder** (vi)	[per'ðer]
gelijkspel (het)	**empate** (m)	[em'pate]
in gelijk spel eindigen	**empatar** (vi)	[empa'tar]
overwinning (de)	**victoria** (f)	[bik'toria]
overwinnen (ww)	**ganar** (vi)	[ga'nar]
kampioen (de)	**campeón** (m)	[kampe'on]
best (bn)	**mejor** (adj)	[me'χor]
feliciteren (ww)	**felicitar** (vt)	[feliθi'tar]
commentator (de)	**comentarista** (m)	[komenta'rista]
becommentariëren (ww)	**comentar** (vt)	[komen'tar]
uitzending (de)	**transmisión** (f)	[transmi'θjon]

137. Alpine skiën

ski's (mv.)	**esquís** (m pl)	[es'kis]
skiën (ww)	**esquiar** (vi)	[es'kjar]
skigebied (het)	**estación** (f) **de esquí**	[esta'θjon de es'ki]
skilift (de)	**telesquí** (m)	[teles'ki]
skistokken (mv.)	**bastones** (m pl)	[bas'tones]
helling (de)	**cuesta** (f)	[ku'esta]
slalom (de)	**eslalon** (m)	[es'lʲalʲon]

138. Tennis. Golf

golf (het)	**golf** (m)	[golʲf]
golfclub (de)	**club** (m) **de golf**	['klʲuβ de 'golʲf]
golfer (de)	**jugador** (m) **de golf**	[χuga'ðor de 'golʲf]
hole (de)	**hoyo** (m)	['ojo]
golfclub (de)	**palo** (m)	['palʲo]
trolley (de)	**carro** (m) **de golf**	['karo de 'golʲf]
tennis (het)	**tenis** (m)	['tenis]
tennisveld (het)	**cancha** (f) **de tenis**	['kantʃa de 'tenis]
opslag (de)	**saque** (m)	['sake]
serveren, opslaan (ww)	**sacar** (vi)	[sa'kar]
racket (het)	**raqueta** (f)	[ra'keta]
net (het)	**red** (f)	[reð]
bal (de)	**pelota** (f)	[pe'lʲota]

139. Schaken

schaak (het)	**ajedrez** (m)	[aχe'ðreθ]
schaakstukken (mv.)	**piezas** (f pl)	['pjeθas]
schaker (de)	**ajedrecista** (m)	[aχeðre'θista]
schaakbord (het)	**tablero** (m) **de ajedrez**	[ta'βlero de aχe'ðreθ]
schaakstuk (het)	**pieza** (f)	['pjeθa]
witte stukken (mv.)	**blancas** (f pl)	['blʲaŋkas]
zwarte stukken (mv.)	**negras** (f pl)	['neɣras]
pion (de)	**peón** (m)	[pe'on]
loper (de)	**alfil** (m)	[alʲ'filʲ]
paard (het)	**caballo** (m)	[ka'βajo]
toren (de)	**torre** (f)	['tore]
dame, koningin (de)	**reina** (f)	['rejna]
koning (de)	**rey** (m)	[rej]
zet (de)	**jugada** (f)	[χu'gaða]
zetten (ww)	**jugar** (vt)	[χu'gar]
opofferen (ww)	**sacrificar** (vt)	[sakrifi'kar]
rokade (de)	**enroque** (m)	[en'roke]
schaak (het)	**jaque** (m)	['χake]
schaakmat (het)	**mate** (m)	['mate]
schaakwedstrijd (de)	**torneo** (m) **de ajedrez**	[tor'neo de aχe'ðreθ]
grootmeester (de)	**gran maestro** (m)	[gran ma'estro]
combinatie (de)	**combinación** (f)	[kombina'θjon]
partij (de)	**partida** (f)	[par'tiða]
dammen (de)	**damas** (f pl)	['damas]

140. Boksen

boksen (het)	**boxeo** (m)	[bo'kseo]
boksgevecht (het)	**combate** (m)	[kom'bate]
bokswedstrijd (de)	**pelea** (f) **de boxeo**	[pe'lea de bo'kseo]
ronde (de)	**asalto** (m)	[a'salʲto]
ring (de)	**cuadrilátero** (m)	[kuaðri'lʲatero]
gong (de)	**campana** (f)	[kam'pana]
stoot (de)	**golpe** (m)	['golʲpe]
knock-down (de)	**knockdown** (m)	[nok'ðaun]
knock-out (de)	**nocaut** (m)	[no'kaut]
knock-out slaan (ww)	**noquear** (vt)	[noke'ar]
bokshandschoen (de)	**guante** (m) **de boxeo**	[gu'ante de bo'kseo]
referee (de)	**árbitro** (m)	['arβitro]
lichtgewicht (het)	**peso** (m) **ligero**	['peso li'χero]
middengewicht (het)	**peso** (m) **medio**	['peso 'meðio]
zwaargewicht (het)	**peso** (m) **pesado**	['peso pe'saðo]

141. Sporten. Diversen

Olympische Spelen (mv.)	**Juegos** (m pl) **Olímpicos**	[χu'egos o'limpikos]
winnaar (de)	**vencedor** (m)	[benθe'ðor]
overwinnen (ww)	**vencer** (vi)	[ben'θer]
winnen (ww)	**ganar** (vi)	[ga'nar]
leider (de)	**líder** (m)	['liðer]
leiden (ww)	**liderar** (vt)	[liðe'rar]
eerste plaats (de)	**primer puesto** (m)	[pri'mer pu'esto]
tweede plaats (de)	**segundo puesto** (m)	[se'gundo pu'esto]
derde plaats (de)	**tercer puesto** (m)	[ter'θer pu'esto]
medaille (de)	**medalla** (f)	[me'ðaja]
trofee (de)	**trofeo** (m)	[tro'feo]
beker (de)	**copa** (f)	['kopa]
prijs (de)	**premio** (m)	['premio]
hoofdprijs (de)	**premio** (m) **principal**	['premio prinθi'palʲ]
record (het)	**record** (m)	['rekorð]
een record breken	**establecer un record**	[estaβle'θer un 'rekorð]
finale (de)	**final** (m)	[fi'nalʲ]
finale (bn)	**de final** (adj)	[de fi'nalʲ]
kampioen (de)	**campeón** (m)	[kampe'on]
kampioenschap (het)	**campeonato** (m)	[kampeo'nato]
stadion (het)	**estadio** (m)	[es'taðio]
tribune (de)	**gradería** (f)	[graðe'ria]
fan, supporter (de)	**hincha** (m)	['intʃa]
tegenstander (de)	**adversario** (m)	[aðβer'sario]
start (de)	**arrancadero** (m)	[araŋka'ðero]
finish (de)	**línea** (f) **de meta**	['linea de 'meta]
nederlaag (de)	**derrota** (f)	[de'rota]
verliezen (ww)	**perder** (vi)	[per'ðer]
rechter (de)	**árbitro** (m)	['arβitro]
jury (de)	**jurado** (m)	[χu'raðo]
stand (~ is 3-1)	**cuenta** (f)	[ku'enta]
gelijkspel (het)	**empate** (m)	[em'pate]
in gelijk spel eindigen	**empatar** (vi)	[empa'tar]
punt (het)	**punto** (m)	['punto]
uitslag (de)	**resultado** (m)	[resulʲ'taðo]
periode (de)	**tiempo** (m)	['tjempo]
pauze (de)	**descanso** (m)	[des'kanso]
doping (de)	**droga** (f), **doping** (m)	['droga], ['dopin]
straffen (ww)	**penalizar** (vt)	[penali'θar]
diskwalificeren (ww)	**descalificar** (vt)	[deskalifi'kar]
toestel (het)	**aparato** (m)	[apa'rato]
speer (de)	**jabalina** (f)	[χaβa'lina]

kogel (de)	**peso** (m)	['peso]
bal (de)	**bola** (f)	['bolʲa]
doel (het)	**objetivo** (m)	[oβχe'tiβo]
schietkaart (de)	**blanco** (m)	['blʲaŋko]
schieten (ww)	**tirar** (vi)	[ti'rar]
precies (bijv. precieze schot)	**preciso** (adj)	[pre'θiso]
trainer, coach (de)	**entrenador** (m)	[entrena'ðor]
trainen (ww)	**entrenar** (vt)	[entre'nar]
zich trainen (ww)	**entrenarse** (vr)	[entre'narse]
training (de)	**entrenamiento** (m)	[entrena'mjento]
gymnastiekzaal (de)	**gimnasio** (m)	[χim'nasio]
oefening (de)	**ejercicio** (m)	[eχer'θiθio]
opwarming (de)	**calentamiento** (m)	[kalenta'mjento]

Onderwijs

142. School

school (de)	**escuela** (f)	[esku'elʲa]
schooldirecteur (de)	**director** (m) **de escuela**	[direk'tor de esku'elʲa]
leerling (de)	**alumno** (m)	[a'lʲumno]
leerlinge (de)	**alumna** (f)	[a'lʲumna]
scholier (de)	**escolar** (m)	[esko'lʲar]
scholiere (de)	**escolar** (f)	[esko'lʲar]
leren (lesgeven)	**enseñar** (vt)	[ense'njar]
studeren (bijv. een taal ~)	**aprender** (vt)	[apren'der]
van buiten leren	**aprender de memoria**	[apren'der de me'moria]
leren (bijv. ~ tellen)	**aprender** (vt)	[apren'der]
in school zijn (schooljongen zijn)	**estar en la escuela**	[es'tar en lʲa esku'elʲa]
naar school gaan	**ir a la escuela**	[ir a lʲa esku'elʲa]
alfabet (het)	**alfabeto** (m)	[alʲfa'βeto]
vak (schoolvak)	**materia** (f)	[ma'teria]
klaslokaal (het)	**aula** (f)	[aulʲa]
les (de)	**lección** (f)	[lek'θjon]
pauze (de)	**recreo** (m)	[re'kreo]
bel (de)	**campana** (f)	[kam'pana]
schooltafel (de)	**pupitre** (m)	[pu'pitre]
schoolbord (het)	**pizarra** (f)	[pi'θara]
cijfer (het)	**nota** (f)	['nota]
goed cijfer (het)	**buena nota** (f)	[bu'ena 'nota]
slecht cijfer (het)	**mala nota** (f)	['malʲa 'nota]
een cijfer geven	**poner una nota**	[po'ner 'una 'nota]
fout (de)	**falta** (f)	['falʲta]
fouten maken	**hacer faltas**	[a'θer 'falʲtas]
corrigeren (fouten ~)	**corregir** (vt)	[kore'χir]
spiekbriefje (het)	**chuleta** (f)	[ʧu'leta]
huiswerk (het)	**deberes** (m pl) **de casa**	[de'βeres de 'kasa]
oefening (de)	**ejercicio** (m)	[eχer'θiθio]
aanwezig zijn (ww)	**estar presente**	[es'tar pre'sente]
absent zijn (ww)	**estar ausente**	[es'tar au'sente]
school verzuimen	**faltar a las clases**	[falʲ'tar a lʲas 'klʲases]
bestraffen (een stout kind ~)	**castigar** (vt)	[kasti'gar]
bestraffing (de)	**castigo** (m)	[kas'tigo]

gedrag (het)	**conducta** (f)	[kon'dukta]
cijferlijst (de)	**libreta** (f) **de notas**	[li'βreta de 'notas]
potlood (het)	**lápiz** (m)	['lʲapiθ]
gom (de)	**goma** (f) **de borrar**	['goma de bo'rar]
krijt (het)	**tiza** (f)	['tiθa]
pennendoos (de)	**cartuchera** (f)	[kartu'ʧera]
boekentas (de)	**mochila** (f)	[mo'ʧilʲa]
pen (de)	**bolígrafo** (m)	[bo'liɣrafo]
schrift (de)	**cuaderno** (m)	[kua'ðerno]
leerboek (het)	**manual** (m)	[manu'alʲ]
passer (de)	**compás** (m)	[kom'pas]
technisch tekenen (ww)	**trazar** (vi, vt)	[tra'θar]
technische tekening (de)	**dibujo** (m) **técnico**	[di'βuχo 'tekniko]
gedicht (het)	**poema** (m), **poesía** (f)	[po'ema], [poe'sia]
van buiten (bw)	**de memoria** (adv)	[de me'moria]
van buiten leren	**aprender de memoria**	[apren'der de me'moria]
vakantie (de)	**vacaciones** (f pl)	[baka'θjones]
met vakantie zijn	**estar de vacaciones**	[es'tar de baka'θjones]
vakantie doorbrengen	**pasar las vacaciones**	[pa'sar lʲas baka'θjones]
toets (schriftelijke ~)	**prueba** (f) **escrita**	[pru'eβa es'krita]
opstel (het)	**composición** (f)	[komposi'θjon]
dictee (het)	**dictado** (m)	[dik'taðo]
examen (het)	**examen** (m)	[e'ksamen]
examen afleggen	**hacer un examen**	[a'θer un e'ksamen]
experiment (het)	**experimento** (m)	[eksperi'mento]

143. Hogeschool. Universiteit

academie (de)	**academia** (f)	[aka'ðemia]
universiteit (de)	**universidad** (f)	[uniβersi'ðað]
faculteit (de)	**facultad** (f)	[fakulʲ'tað]
student (de)	**estudiante** (m)	[estu'ðjante]
studente (de)	**estudiante** (f)	[estu'ðjante]
leraar (de)	**profesor** (m)	[profe'sor]
collegezaal (de)	**aula** (f)	['aulʲa]
afgestudeerde (de)	**graduado** (m)	[graðu'aðo]
diploma (het)	**diploma** (m)	[di'plʲoma]
dissertatie (de)	**tesis** (f) **de grado**	['tesis de 'graðo]
onderzoek (het)	**estudio** (m)	[es'tuðio]
laboratorium (het)	**laboratorio** (m)	[lʲaβora'torio]
college (het)	**clase** (f)	['klʲase]
medestudent (de)	**compañero** (m) **de curso**	[kompa'njero de 'kurso]
studiebeurs (de)	**beca** (f)	['beka]
academische graad (de)	**grado** (m) **académico**	['graðo aka'ðemiko]

144. Wetenschappen. Disciplines

wiskunde (de)	**matemáticas** (f pl)	[mate'matikas]
algebra (de)	**álgebra** (f)	['alχeβra]
meetkunde (de)	**geometría** (f)	[χeome'tria]
astronomie (de)	**astronomía** (f)	[astrono'mia]
biologie (de)	**biología** (f)	[biolʲo'χia]
geografie (de)	**geografía** (f)	[χeoɣra'fia]
geologie (de)	**geología** (f)	[χeolʲo'χia]
geschiedenis (de)	**historia** (f)	[is'toria]
geneeskunde (de)	**medicina** (f)	[meði'θina]
pedagogiek (de)	**pedagogía** (f)	[peðago'χia]
rechten (mv.)	**derecho** (m)	[de'reʧo]
fysica, natuurkunde (de)	**física** (f)	['fisika]
scheikunde (de)	**química** (f)	['kimika]
filosofie (de)	**filosofía** (f)	[filʲoso'fia]
psychologie (de)	**psicología** (f)	[sikolʲo'χia]

145. Schrift. Spelling

grammatica (de)	**gramática** (f)	[gra'matika]
vocabulaire (het)	**vocabulario** (m)	[bokaβu'lʲario]
fonetiek (de)	**fonética** (f)	[fo'netika]
zelfstandig naamwoord (het)	**sustantivo** (m)	[sustan'tiβo]
bijvoeglijk naamwoord (het)	**adjetivo** (m)	[aðχe'tiβo]
werkwoord (het)	**verbo** (m)	['berβo]
bijwoord (het)	**adverbio** (m)	[að'βerβio]
voornaamwoord (het)	**pronombre** (m)	[pro'nombre]
tussenwerpsel (het)	**interjección** (f)	[interχek'θjon]
voorzetsel (het)	**preposición** (f)	[preposi'θjon]
stam (de)	**raíz** (f), **radical** (m)	[ra'iθ], [raði'kalʲ]
achtervoegsel (het)	**desinencia** (f)	[desi'nenθia]
voorvoegsel (het)	**prefijo** (m)	[pre'fiχo]
lettergreep (de)	**sílaba** (f)	['silʲaβa]
achtervoegsel (het)	**sufijo** (m)	[su'fiχo]
nadruk (de)	**acento** (m)	[a'θento]
afkappingsteken (het)	**apóstrofo** (m)	[a'postrofo]
punt (de)	**punto** (m)	['punto]
komma (de/het)	**coma** (m)	['koma]
puntkomma (de)	**punto y coma**	['punto i 'koma]
dubbelpunt (de)	**dos puntos** (m pl)	[dos 'puntos]
beletselteken (het)	**puntos** (m pl) **suspensivos**	['puntos suspen'siβos]
vraagteken (het)	**signo** (m) **de interrogación**	['siɣno de interoga'θjon]
uitroepteken (het)	**signo** (m) **de admiración**	['siɣno de aðmira'θjon]

aanhalingstekens (mv.)	**comillas** (f pl)	[ko'mijas]
tussen aanhalingstekens (bw)	**entre comillas**	['entre ko'mijas]
haakjes (mv.)	**paréntesis** (m)	[pa'rentesis]
tussen haakjes (bw)	**entre paréntesis**	['entre pa'rentesis]
streepje (het)	**guión** (m)	[gi'jon]
gedachtestreepje (het)	**raya** (f)	['raja]
spatie (~ tussen twee woorden)	**blanco** (m)	['blʲaŋko]
letter (de)	**letra** (f)	['letra]
hoofdletter (de)	**letra** (f) **mayúscula**	['letra ma'juskulʲa]
klinker (de)	**vocal** (f)	[bo'kalʲ]
medeklinker (de)	**consonante** (m)	[konso'nante]
zin (de)	**oración** (f)	[ora'θjon]
onderwerp (het)	**sujeto** (m)	[su'χeto]
gezegde (het)	**predicado** (m)	[preði'kaðo]
regel (in een tekst)	**línea** (f)	['linea]
op een nieuwe regel (bw)	**en una nueva línea**	[en 'una nu'eβa 'linea]
alinea (de)	**párrafo** (m)	['parafo]
woord (het)	**palabra** (f)	[pa'lʲaβra]
woordgroep (de)	**combinación** (f) **de palabras**	[kombina'θjon de pa'lʲaβras]
uitdrukking (de)	**expresión** (f)	[ekspre'θjon]
synoniem (het)	**sinónimo** (m)	[si'nonimo]
antoniem (het)	**antónimo** (m)	[an'tonimo]
regel (de)	**regla** (f)	['reɣlʲa]
uitzondering (de)	**excepción** (f)	[ekθep'θjon]
correct (bijv. ~e spelling)	**correcto** (adj)	[ko'rekto]
vervoeging, conjugatie (de)	**conjugación** (f)	[konχuga'θjon]
verbuiging, declinatie (de)	**declinación** (f)	[deklina'θjon]
naamval (de)	**caso** (m)	['kaso]
vraag (de)	**pregunta** (f)	[pre'gunta]
onderstrepen (ww)	**subrayar** (vt)	[suβra'jar]
stippellijn (de)	**línea** (f) **de puntos**	['linea de 'puntos]

146. Vreemde talen

taal (de)	**lengua** (f)	['lengua]
vreemd (bn)	**extranjero** (adj)	[ekstran'χero]
vreemde taal (de)	**lengua** (f) **extranjera**	['lengua ekstran'χera]
leren (bijv. van buiten ~)	**estudiar** (vt)	[estu'ðjar]
studeren (Nederlands ~)	**aprender** (vt)	[apren'der]
lezen (ww)	**leer** (vi, vt)	[le'er]
spreken (ww)	**hablar** (vi, vt)	[a'βlʲar]
begrijpen (ww)	**comprender** (vt)	[kompren'der]
schrijven (ww)	**escribir** (vt)	[eskri'βir]
snel (bw)	**rápidamente** (adv)	['rapiða'mente]

langzaam (bw)	**lentamente** (adv)	[lenta'mente]
vloeiend (bw)	**con fluidez** (adv)	[kon flʲui'ðeθ]
regels (mv.)	**reglas** (f pl)	['reɣlʲas]
grammatica (de)	**gramática** (f)	[gra'matika]
vocabulaire (het)	**vocabulario** (m)	[bokaβu'lʲario]
fonetiek (de)	**fonética** (f)	[fo'netika]
leerboek (het)	**manual** (m)	[manu'alʲ]
woordenboek (het)	**diccionario** (m)	[dikθjo'nario]
leerboek (het) voor zelfstudie	**manual** (m) **autodidáctico**	[manu'alʲ autoði'ðaktiko]
taalgids (de)	**guía** (f) **de conversación**	['gia de kombersa'θjon]
cassette (de)	**casete** (m)	[ka'sete]
videocassette (de)	**videocasete** (f)	[biðeo·ka'sete]
CD (de)	**disco compacto** (m)	['disko kom'pakto]
DVD (de)	**DVD** (m)	[deβe'de]
alfabet (het)	**alfabeto** (m)	[alʲfa'βeto]
spellen (ww)	**deletrear** (vt)	[deletre'ar]
uitspraak (de)	**pronunciación** (f)	[pronunθja'θjon]
accent (het)	**acento** (m)	[a'θento]
met een accent (bw)	**con acento**	[kon a'θento]
zonder accent (bw)	**sin acento**	[sin a'θento]
woord (het)	**palabra** (f)	[pa'lʲaβra]
betekenis (de)	**significado** (m)	[siɣnifi'kaðo]
cursus (de)	**cursos** (m pl)	['kursos]
zich inschrijven (ww)	**inscribirse** (vr)	[inskri'βirse]
leraar (de)	**profesor** (m)	[profe'sor]
vertaling (een ~ maken)	**traducción** (f)	[traðuk'θjon]
vertaling (tekst)	**traducción** (f)	[traðuk'θjon]
vertaler (de)	**traductor** (m)	[traðuk'tor]
tolk (de)	**intérprete** (m)	[in'terprete]
polyglot (de)	**políglota** (m)	[po'liɣlʲota]
geheugen (het)	**memoria** (f)	[me'moria]

147. Sprookjesfiguren

Sinterklaas (de)	**Papá Noel** (m)	[pa'pa no'elʲ]
Assepoester (de)	**Cenicienta** (f)	[θeni'θjenta]
zeemeermin (de)	**sirena** (f)	[si'rena]
Neptunus (de)	**Neptuno**	[nep'tuno]
magiër, tovenaar (de)	**mago** (m)	['mago]
goede heks (de)	**maga** (f)	['maga]
magisch (bn)	**mágico** (adj)	['maχiko]
toverstokje (het)	**varita** (f) **mágica**	[ba'rita 'maχika]
sprookje (het)	**cuento** (m) **de hadas**	[ku'ento de 'aðas]
wonder (het)	**milagro** (m)	[mi'lʲaɣro]

dwerg (de)	**enano** (m)	[e'nano]
veranderen in ... (anders worden)	**transformarse en ...**	[transfor'marse en]
geest (de)	**fantasma** (m)	[fan'tasma]
spook (het)	**espíritu** (m)	[es'piritu]
monster (het)	**monstruo** (m)	['monstruo]
draak (de)	**dragón** (m)	[dra'ɣon]
reus (de)	**gigante** (m)	[χi'gante]

148. Dierenriem

Ram (de)	**Aries** (m)	['aries]
Stier (de)	**Tauro** (m)	['tauro]
Tweelingen (mv.)	**Géminis** (m pl)	['χeminis]
Kreeft (de)	**Cáncer** (m)	['kanθer]
Leeuw (de)	**Leo** (m)	['leo]
Maagd (de)	**Virgo** (m)	['birgo]
Weegschaal (de)	**Libra** (f)	['liβra]
Schorpioen (de)	**Escorpio** (m)	[es'korpio]
Boogschutter (de)	**Sagitario** (m)	[saχi'tario]
Steenbok (de)	**Capricornio** (m)	[kapri'kornio]
Waterman (de)	**Acuario** (m)	[aku'ario]
Vissen (mv.)	**Piscis** (m pl)	['piθis]
karakter (het)	**carácter** (m)	[ka'rakter]
karaktertrekken (mv.)	**rasgos** (m pl) **de carácter**	['rasgos de ka'rakter]
gedrag (het)	**conducta** (f)	[kon'dukta]
waarzeggen (ww)	**decir la buenaventura**	[de'θir ʎa buenaβen'tura]
waarzegster (de)	**adivinadora** (f)	[aðiβina'ðora]
horoscoop (de)	**horóscopo** (m)	[o'roskopo]

Kunst

149. Theater

theater (het)	**teatro** (m)	[te'atro]
opera (de)	**ópera** (f)	['opera]
operette (de)	**opereta** (f)	[ope'reta]
ballet (het)	**ballet** (m)	[ba'let]
affiche (de/het)	**cartelera** (f)	[karte'lera]
theatergezelschap (het)	**compañía** (f)	[kompa'njia]
tournee (de)	**gira** (f) **artística**	['χira ar'tistika]
op tournee zijn	**hacer una gira artística**	[a'θer una 'χira ar'tistika]
repeteren (ww)	**ensayar** (vi, vt)	[ensa'jar]
repetitie (de)	**ensayo** (m)	[en'sajo]
repertoire (het)	**repertorio** (m)	[reper'torio]
voorstelling (de)	**representación** (f)	[representa'θjon]
spektakel (het)	**espectáculo** (m)	[espek'takulʲo]
toneelstuk (het)	**pieza** (f) **de teatro**	['pjeθa de te'atro]
biljet (het)	**billet** (m)	[bi'je]
kassa (de)	**taquilla** (f)	[ta'kija]
foyer (de)	**vestíbulo** (m)	[bes'tiβulʲo]
garderobe (de)	**guardarropa** (f)	[guarða'ropa]
garderobe nummer (het)	**ficha** (f) **de guardarropa**	['fiʧa de guarða'ropa]
verrekijker (de)	**gemelos** (m pl)	[χe'melʲos]
plaatsaanwijzer (de)	**acomodador** (m)	[akomoða'ðor]
parterre (de)	**patio** (m) **de butacas**	['patjo de bu'takas]
balkon (het)	**balconcillo** (m)	[balkon'θijo]
gouden rang (de)	**entresuelo** (m)	[entresu'elʲo]
loge (de)	**palco** (m)	['palʲko]
rij (de)	**fila** (f)	['filʲa]
plaats (de)	**asiento** (m)	[a'sjento]
publiek (het)	**público** (m)	['puβliko]
kijker (de)	**espectador** (m)	[espekta'ðor]
klappen (ww)	**aplaudir** (vi, vt)	[aplʲau'ðir]
applaus (het)	**aplausos** (m pl)	[ap'lʲausos]
ovatie (de)	**ovación** (f)	[oβa'θjon]
toneel (op het ~ staan)	**escenario** (m)	[eθe'nario]
gordijn, doek (het)	**telón** (m)	[te'lʲon]
toneeldecor (het)	**decoración** (f)	[dekora'θjon]
backstage (de)	**bastidores** (m pl)	[basti'ðores]
scène (de)	**escena** (f)	[eθ'sena]
bedrijf (het)	**acto** (m)	['akto]
pauze (de)	**entreacto** (m)	[entre'akto]

150. Bioscoop

acteur (de)	**actor** (m)	[ak'tor]
actrice (de)	**actriz** (f)	[ak'triθ]
bioscoop (de)	**cine** (m)	['θine]
speelfilm (de)	**película** (f)	[pe'likulʲa]
aflevering (de)	**episodio** (m)	[epi'soðio]
detectivefilm (de)	**película** (f) **policíaca**	[pe'likulʲa poli'θiaka]
actiefilm (de)	**película** (f) **de acción**	[pe'likulʲa de ak'θjon]
avonturenfilm (de)	**película** (f) **de aventura**	[pe'likulʲa de aβen'tura]
sciencefictionfilm (de)	**película** (f) **de ciencia ficción**	[pe'likul?a de '?jen?ia fik'?jon]
griezelfilm (de)	**película** (f) **de horror**	[pe'likulʲa de o'ror]
komedie (de)	**película** (f) **cómica**	[pe'likulʲa 'komika]
melodrama (het)	**melodrama** (m)	[melʲo'ðrama]
drama (het)	**drama** (m)	['drama]
speelfilm (de)	**película** (f) **de ficción**	[pe'likulʲa de fik'θjon]
documentaire (de)	**documental** (m)	[dokumen'talʲ]
tekenfilm (de)	**dibujos** (m pl) **animados**	[di'βuχos ani'maðos]
stomme film (de)	**cine** (m) **mudo**	['θine 'muðo]
rol (de)	**papel** (m)	[pa'pelʲ]
hoofdrol (de)	**papel** (m) **principal**	[pa'pelʲ prinθi'palʲ]
spelen (ww)	**interpretar** (vt)	[interpre'tar]
filmster (de)	**estrella** (f) **de cine**	[es'treja de 'θine]
bekend (bn)	**conocido** (adj)	[kono'θiðo]
beroemd (bn)	**famoso** (adj)	[fa'moso]
populair (bn)	**popular** (adj)	[popu'lʲar]
scenario (het)	**guión** (m) **de cine**	[gi'jon de 'θine]
scenarioschrijver (de)	**guionista** (m)	[gijo'nista]
regisseur (de)	**director** (m) **de cine**	[direk'tor de 'θine]
filmproducent (de)	**productor** (m)	[proðuk'tor]
assistent (de)	**asistente** (m)	[asis'tente]
cameraman (de)	**operador** (m) **de cámara**	[opera'ðor de 'kamara]
stuntman (de)	**doble** (m) **de riesgo**	['doβle de 'rjesgo]
stuntdubbel (de)	**doble** (m)	['doβle]
een film maken	**filmar una película**	[filʲ'mar una pe'likulʲa]
auditie (de)	**audición** (f)	[auði'θjon]
opnamen (mv.)	**rodaje** (m)	[ro'ðaχe]
filmploeg (de)	**equipo** (m) **de rodaje**	[e'kipo de ro'ðaχe]
filmset (de)	**plató** (m) **de rodaje**	[plʲa'to de ro'ðaχe]
filmcamera (de)	**cámara** (f)	['kamara]
bioscoop (de)	**cine** (m)	['θine]
scherm (het)	**pantalla** (f)	[pan'taja]
een film vertonen	**mostrar la película**	[mos'trar lʲa pe'likulʲa]
geluidsspoor (de)	**pista** (f) **sonora**	['pista so'nora]
speciale effecten (mv.)	**efectos** (m pl) **especiales**	[e'fektos espe'θjales]

ondertiteling (de)	**subtítulos** (m pl)	[suβ'titulʲos]
voortiteling, aftiteling (de)	**créditos** (m pl)	['kreðitos]
vertaling (de)	**traducción** (f)	[traðuk'θjon]

151. Schilderij

kunst (de)	**arte** (m)	['arte]
schone kunsten (mv.)	**bellas artes** (f pl)	['bejas 'artes]
kunstgalerie (de)	**galería** (f) **de arte**	[gale'ria de 'arte]
kunsttentoonstelling (de)	**exposición** (f) **de arte**	[eksposi'θjon de 'arte]
schilderkunst (de)	**pintura** (f)	[pin'tura]
grafiek (de)	**gráfica** (f)	['grafika]
abstracte kunst (de)	**abstraccionismo** (m)	[aβstrakθjo'nismo]
impressionisme (het)	**impresionismo** (m)	[impresjo'nismo]
schilderij (het)	**pintura** (f)	[pin'tura]
tekening (de)	**dibujo** (m)	[di'βuχo]
poster (de)	**pancarta** (f)	[paŋ'karta]
illustratie (de)	**ilustración** (f)	[ilʲustra'θjon]
miniatuur (de)	**miniatura** (f)	[minia'tura]
kopie (de)	**copia** (f)	['kopia]
reproductie (de)	**reproducción** (f)	[reproðuk'θjon]
mozaïek (het)	**mosaico** (m)	[mo'saiko]
gebrandschilderd glas (het)	**vitral** (m)	[bi'tralʲ]
fresco (het)	**fresco** (m)	['fresko]
gravure (de)	**grabado** (m)	[gra'βaðo]
buste (de)	**busto** (m)	['busto]
beeldhouwwerk (het)	**escultura** (f)	[eskulʲ'tura]
beeld (bronzen ~)	**estatua** (f)	[es'tatua]
gips (het)	**yeso** (m)	['jeso]
gipsen (bn)	**en yeso** (adj)	[en 'jeso]
portret (het)	**retrato** (m)	[re'trato]
zelfportret (het)	**autorretrato** (m)	[autore'trato]
landschap (het)	**paisaje** (m)	[paj'saχe]
stilleven (het)	**naturaleza** (f) **muerta**	[natura'leθa mu'erta]
karikatuur (de)	**caricatura** (m)	[karika'tura]
schets (de)	**boceto** (m)	[bo'θeto]
verf (de)	**pintura** (f)	[pin'tura]
aquarel (de)	**acuarela** (f)	[akua'relʲa]
olieverf (de)	**óleo** (m)	['oleo]
potlood (het)	**lápiz** (m)	['lʲapiθ]
Oost-Indische inkt (de)	**tinta** (f) **china**	['tinta 'ʧina]
houtskool (de)	**carboncillo** (m)	[karβon'θijo]
tekenen (met krijt)	**dibujar** (vi, vt)	[diβu'χar]
schilderen (ww)	**pintar** (vi, vt)	[pin'tar]
poseren (ww)	**posar** (vi)	[po'sar]
naaktmodel (man)	**modelo** (m)	[mo'ðelʲo]

naaktmodel (vrouw)	**modelo** (f)	[mo'ðelʲo]
kunstenaar (de)	**pintor** (m)	[pin'tor]
kunstwerk (het)	**obra** (f) **de arte**	['oβra de 'arte]
meesterwerk (het)	**obra** (f) **maestra**	['oβra ma'estra]
studio, werkruimte (de)	**estudio** (m)	[es'tuðio]
schildersdoek (het)	**lienzo** (m)	['ljenθo]
schildersezel (de)	**caballete** (m)	[kaβa'jete]
palet (het)	**paleta** (f)	[pa'leta]
lijst (een vergulde ~)	**marco** (m)	['marko]
restauratie (de)	**restauración** (f)	[restaura'θjon]
restaureren (ww)	**restaurar** (vt)	[restau'rar]

152. Literatuur & Poëzie

literatuur (de)	**literatura** (f)	[litera'tura]
auteur (de)	**autor** (m)	[au'tor]
pseudoniem (het)	**seudónimo** (m)	[seu'ðonimo]
boek (het)	**libro** (m)	['liβro]
boekdeel (het)	**tomo** (m)	['tomo]
inhoudsopgave (de)	**tabla** (f) **de contenidos**	['taβlʲa de konte'niðos]
pagina (de)	**página** (f)	['paχina]
hoofdpersoon (de)	**héroe** (m) **principal**	['eroe prinθi'palʲ]
handtekening (de)	**autógrafo** (m)	[au'toɣrafo]
verhaal (het)	**relato** (m) **corto**	[re'lʲato 'korto]
novelle (de)	**cuento** (m)	[ku'ento]
roman (de)	**novela** (f)	[no'βelʲa]
werk (literatuur)	**obra** (f) **literaria**	['oβra lite'raria]
fabel (de)	**fábula** (f)	['faβulʲa]
detectiveroman (de)	**novela** (f) **policíaca**	[no'βelʲa poli'θiaka]
gedicht (het)	**verso** (m)	['berso]
poëzie (de)	**poesía** (f)	[poe'sia]
epos (het)	**poema** (m)	[po'ema]
dichter (de)	**poeta** (m)	[po'eta]
fictie (de)	**bellas letras** (f pl)	['bejas 'letras]
sciencefiction (de)	**ciencia ficción** (f)	['θjenθia fik'θjon]
avonturenroman (de)	**aventuras** (f pl)	[aβen'turas]
opvoedkundige literatuur (de)	**literatura** (f) **didáctica**	[litera'tura di'ðaktika]
kinderliteratuur (de)	**literatura** (f) **infantil**	[litera'tura iɱfan'tilʲ]

153. Circus

circus (de/het)	**circo** (m)	['θirko]
chapiteau circus (de/het)	**circo** (m) **ambulante**	['θirko ambu'lʲante]
programma (het)	**programa** (m)	[pro'ɣrama]
voorstelling (de)	**representación** (f)	[representa'θjon]
nummer (circus ~)	**número** (m)	['numero]

arena (de)	**arena** (f)	[a'rena]
pantomime (de)	**pantomima** (f)	[panto'mima]
clown (de)	**payaso** (m)	[pa'jaso]
acrobaat (de)	**acróbata** (m)	[a'kroβata]
acrobatiek (de)	**acrobacia** (f)	[akro'βaθia]
gymnast (de)	**gimnasta** (m)	[χim'nasta]
gymnastiek (de)	**gimnasia** (f) **acrobática**	[χim'nasia akro'βatika]
salto (de)	**salto** (m)	['salʲto]
sterke man (de)	**forzudo** (m)	[for'θuðo]
temmer (de)	**domador** (m)	[doma'ðor]
ruiter (de)	**caballista** (m)	[kaβa'jista]
assistent (de)	**asistente** (m)	[asis'tente]
stunt (de)	**truco** (m)	['truko]
goocheltruc (de)	**truco** (m) **de magia**	['truko de 'maχia]
goochelaar (de)	**ilusionista** (m)	[ilʲusjo'nista]
jongleur (de)	**malabarista** (m)	[malʲaβa'rista]
jongleren (ww)	**malabarear** (vt)	[malʲaβare'ar]
dierentrainer (de)	**amaestrador** (m)	[amaestra'ðor]
dressuur (de)	**amaestramiento** (m)	[amaestra'mjento]
dresseren (ww)	**amaestrar** (vt)	[amaes'trar]

154. Muziek. Popmuziek

muziek (de)	**música** (f)	['musika]
muzikant (de)	**músico** (m)	['musiko]
muziekinstrument (het)	**instrumento** (m) **musical**	[instru'mento musi'kalʲ]
spelen (bijv. gitaar ~)	**tocar ...**	[to'kar]
gitaar (de)	**guitarra** (f)	[gi'tara]
viool (de)	**violín** (m)	[bio'lin]
cello (de)	**violonchelo** (m)	[biolʲon'ʧelʲo]
contrabas (de)	**contrabajo** (m)	[kontra'βaχo]
harp (de)	**arpa** (f)	['arpa]
piano (de)	**piano** (m)	['pjano]
vleugel (de)	**piano** (m) **de cola**	['pjano de 'kolʲa]
orgel (het)	**órgano** (m)	['organo]
blaasinstrumenten (mv.)	**instrumentos** (m pl) **de viento**	[instru'mentos de 'bjento]
hobo (de)	**oboe** (m)	[o'βoe]
saxofoon (de)	**saxofón** (m)	[sakso'fon]
klarinet (de)	**clarinete** (m)	[klʲari'nete]
fluit (de)	**flauta** (f)	['flʲauta]
trompet (de)	**trompeta** (f)	[trom'peta]
accordeon (de/het)	**acordeón** (m)	[akorðe'on]
trommel (de)	**tambor** (m)	[tam'bor]
duet (het)	**dúo** (m)	['duo]
trio (het)	**trío** (m)	['trio]

kwartet (het)	**cuarteto** (m)	[kuar'teto]
koor (het)	**coro** (m)	['koro]
orkest (het)	**orquesta** (f)	[or'kesta]
popmuziek (de)	**música** (f) **pop**	['musika pop]
rockmuziek (de)	**música** (f) **rock**	['musika rok]
rockgroep (de)	**grupo** (m) **de rock**	['grupo de rok]
jazz (de)	**jazz** (m)	[ʤʲas]
idool (het)	**ídolo** (m)	['iðolʲo]
bewonderaar (de)	**admirador** (m)	[aðmira'ðor]
concert (het)	**concierto** (m)	[kon'θjerto]
symfonie (de)	**sinfonía** (f)	[siɱfo'nia]
compositie (de)	**composición** (f)	[komposi'θjon]
componeren (muziek ~)	**escribir** (vt)	[eskri'βir]
zang (de)	**canto** (m)	['kanto]
lied (het)	**canción** (f)	[kan'θjon]
melodie (de)	**melodía** (f)	[melʲo'ðia]
ritme (het)	**ritmo** (m)	['riðmo]
blues (de)	**blues** (m)	[blʲus]
bladmuziek (de)	**notas** (f pl)	['notas]
dirigeerstok (baton)	**batuta** (f)	[ba'tuta]
strijkstok (de)	**arco** (m)	['arko]
snaar (de)	**cuerda** (f)	[ku'erða]
koffer (de)	**estuche** (m)	[es'tuʧe]

Rusten. Entertainment. Reizen

155. Trip. Reizen

toerisme (het)	**turismo** (m)	[tu'rismo]
toerist (de)	**turista** (m)	[tu'rista]
reis (de)	**viaje** (m)	['bjaχe]
avontuur (het)	**aventura** (f)	[aβen'tura]
tocht (de)	**viaje** (m)	['bjaχe]
vakantie (de)	**vacaciones** (f pl)	[baka'θjones]
met vakantie zijn	**estar de vacaciones**	[es'tar de baka'θjones]
rust (de)	**descanso** (m)	[des'kanso]
trein (de)	**tren** (m)	['tren]
met de trein	**en tren**	[en 'tren]
vliegtuig (het)	**avión** (m)	[a'βjon]
met het vliegtuig	**en avión**	[en a'βjon]
met de auto	**en coche**	[en 'kotʃe]
per schip (bw)	**en barco**	[en 'barko]
bagage (de)	**equipaje** (m)	[eki'paχe]
valies (de)	**maleta** (f)	[ma'leta]
bagagekarretje (het)	**carrito** (m) **de equipaje**	[ka'rito de eki'paχe]
paspoort (het)	**pasaporte** (m)	[pasa'porte]
visum (het)	**visado** (m)	[bi'saðo]
kaartje (het)	**billete** (m)	[bi'jete]
vliegticket (het)	**billete** (m) **de avión**	[bi'jete de a'βjon]
reisgids (de)	**guía** (f)	['gia]
kaart (de)	**mapa** (m)	['mapa]
gebied (landelijk ~)	**área** (f)	['area]
plaats (de)	**lugar** (m)	[l^{j}u'gar]
exotische bestemming (de)	**exotismo** (m)	[ekso'tismo]
exotisch (bn)	**exótico** (adj)	[e'ksotiko]
verwonderlijk (bn)	**asombroso** (adj)	[asom'broso]
groep (de)	**grupo** (m)	['grupo]
rondleiding (de)	**excursión** (f)	[eskur'θjon]
gids (de)	**guía** (m)	['gia]

156. Hotel

hotel (het)	**hotel** (m)	[o'tel^j]
motel (het)	**motel** (m)	[mo'tel^j]
3-sterren	**de tres estrellas**	[de 'tres es'trejas]

5-sterren	**de cinco estrellas**	[de 'θiŋko es'trejas]
overnachten (ww)	**hospedarse** (vr)	[ospe'ðarse]
kamer (de)	**habitación** (f)	[aβita'θjon]
eenpersoonskamer (de)	**habitación** (f) **individual**	[aβita'θjon indiβiðu'alʲ]
tweepersoonskamer (de)	**habitación** (f) **doble**	[aβita'θjon 'doβle]
een kamer reserveren	**reservar una habitación**	[reser'βar 'una aβita'θjon]
halfpension (het)	**media pensión** (f)	['meðia pen'θjon]
volpension (het)	**pensión** (f) **completa**	[pen'θjon kom'pleta]
met badkamer	**con baño**	[kon 'banjo]
met douche	**con ducha**	[kon 'dutʃa]
satelliet-tv (de)	**televisión** (f) **satélite**	[teleβi'θjon sa'telite]
airconditioner (de)	**climatizador** (m)	[klimatiθa'ðor]
handdoek (de)	**toalla** (f)	[to'aja]
sleutel (de)	**llave** (f)	['jaβe]
administrateur (de)	**administrador** (m)	[aðministra'ðor]
kamermeisje (het)	**camarera** (f)	[kama'rera]
piccolo (de)	**maletero** (m)	[male'tero]
portier (de)	**portero** (m)	[por'tero]
restaurant (het)	**restaurante** (m)	[restau'rante]
bar (de)	**bar** (m)	[bar]
ontbijt (het)	**desayuno** (m)	[desa'juno]
avondeten (het)	**cena** (f)	['θena]
buffet (het)	**buffet** (m) **libre**	[bu'fet 'liβre]
hal (de)	**vestíbulo** (m)	[bes'tiβulʲo]
lift (de)	**ascensor** (m)	[aθen'sor]
NIET STOREN	**NO MOLESTAR**	[no moles'tar]
VERBODEN TE ROKEN!	**PROHIBIDO FUMAR**	[proi'βiðo fu'mar]

157. Boeken. Lezen

boek (het)	**libro** (m)	['liβro]
auteur (de)	**autor** (m)	[au'tor]
schrijver (de)	**escritor** (m)	[eskri'tor]
schrijven (een boek)	**escribir** (vt)	[eskri'βir]
lezer (de)	**lector** (m)	[lek'tor]
lezen (ww)	**leer** (vi, vt)	[le'er]
lezen (het)	**lectura** (f)	[lek'tura]
stil (~ lezen)	**en silencio**	[en si'lenθio]
hardop (~ lezen)	**en voz alta**	[en 'boθ 'alʲta]
uitgeven (boek ~)	**editar** (vt)	[eði'tar]
uitgeven (het)	**edición** (f)	[eði'θjon]
uitgever (de)	**editor** (m)	[eði'tor]
uitgeverij (de)	**editorial** (f)	[eðito'rjalʲ]
verschijnen (bijv. boek)	**salir** (vt)	[sa'lir]

verschijnen (het)	**salida** (f)	[sa'liða]
oplage (de)	**tirada** (f)	[ti'raða]
boekhandel (de)	**librería** (f)	[liβre'ria]
bibliotheek (de)	**biblioteca** (f)	[biβlio'teka]
novelle (de)	**cuento** (m)	[ku'ento]
verhaal (het)	**relato** (m) **corto**	[re'lʲato 'korto]
roman (de)	**novela** (f)	[no'βelʲa]
detectiveroman (de)	**novela** (f) **policíaca**	[no'βelʲa poli'θiaka]
memoires (mv.)	**memorias** (f pl)	[me'morias]
legende (de)	**leyenda** (f)	[le'jenda]
mythe (de)	**mito** (m)	['mito]
gedichten (mv.)	**versos** (m pl)	['bersos]
autobiografie (de)	**autobiografía** (f)	[autoβioɣra'fia]
bloemlezing (de)	**obras** (f pl) **escogidas**	['oβras esko'χiðas]
sciencefiction (de)	**ciencia ficción** (f)	['θjenθia fik'θjon]
naam (de)	**título** (m)	['titulʲo]
inleiding (de)	**introducción** (f)	[introðuk'θjon]
voorblad (het)	**portada** (f)	[por'taða]
hoofdstuk (het)	**capítulo** (m)	[ka'pitulʲo]
fragment (het)	**extracto** (m)	[eks'trakto]
episode (de)	**episodio** (m)	[epi'soðio]
intrige (de)	**sujeto** (m)	[su'χeto]
inhoud (de)	**contenido** (m)	[konte'niðo]
inhoudsopgave (de)	**tabla** (f) **de contenidos**	['taβlʲa de konte'niðos]
hoofdpersonage (het)	**héroe** (m) **principal**	['eroe prinθi'palʲ]
boekdeel (het)	**tomo** (m)	['tomo]
omslag (de/het)	**cubierta** (f)	[ku'βjerta]
boekband (de)	**encuadernado** (m)	[eŋkuaðer'naðo]
bladwijzer (de)	**marcador** (m) **de libro**	[marka'ðor de 'liβro]
pagina (de)	**página** (f)	['paχina]
bladeren (ww)	**hojear** (vt)	[oχe'ar]
marges (mv.)	**márgenes** (m pl)	['marχenes]
annotatie (de)	**anotación** (f)	[anota'θjon]
opmerking (de)	**nota** (f) **al pie**	['nota alʲ pje]
tekst (de)	**texto** (m)	['teksto]
lettertype (het)	**fuente** (f)	[fu'ente]
drukfout (de)	**errata** (f)	[e'rata]
vertaling (de)	**traducción** (f)	[traðuk'θjon]
vertalen (ww)	**traducir** (vt)	[traðu'θir]
origineel (het)	**original** (m)	[oriχi'nalʲ]
beroemd (bn)	**famoso** (adj)	[fa'moso]
onbekend (bn)	**desconocido** (adj)	[deskono'θiðo]
interessant (bn)	**interesante** (adj)	[intere'sante]
bestseller (de)	**best-seller** (m)	[best'seller]

woordenboek (het) **diccionario** (m) [dikθjo'nario]
leerboek (het) **manual** (m) [manu'alʲ]
encyclopedie (de) **enciclopedia** (f) [enθiklʲo'peðia]

158. Jacht. Vissen

jacht (de) **caza** (f) ['kaθa]
jagen (ww) **cazar** (vi, vt) [ka'θar]
jager (de) **cazador** (m) [kaθa'ðor]

schieten (ww) **tirar** (vi) [ti'rar]
geweer (het) **fusil** (m) [fu'silʲ]
patroon (de) **cartucho** (m) [kar'tuʧo]
hagel (de) **perdigón** (m) [perði'ɣon]

val (de) **cepo** (m) ['θepo]
valstrik (de) **trampa** (f) ['trampa]
in de val trappen **caer en el cepo** [ka'er en elʲ 'θepo]
een val zetten **poner un cepo** [po'ner un 'θepo]

stroper (de) **cazador** (m) **furtivo** [kaθa'ðor fur'tiβo]
wild (het) **caza** (f) **menor** ['kaθa me'nor]
jachthond (de) **perro** (m) **de caza** ['pero de 'kaθa]
safari (de) **safari** (m) [sa'fari]
opgezet dier (het) **animal** (m) **disecado** [ani'malʲ dise'kaðo]

visser (de) **pescador** (m) [peska'ðor]
visvangst (de) **pesca** (f) ['peska]
vissen (ww) **pescar** (vi) [pes'kar]

hengel (de) **caña** (f) **de pescar** ['kanja de pes'kar]
vislijn (de) **sedal** (m) [se'ðalʲ]
haak (de) **anzuelo** (m) [anθu'elʲo]

dobber (de) **flotador** (m) [flʲota'ðor]
aas (het) **cebo** (m) ['θeβo]

de hengel uitwerpen **lanzar el anzuelo** [lʲan'θar elʲ anθu'elʲo]
bijten (ov. de vissen) **picar** (vt) [pi'kar]

vangst (de) **pesca** (f) ['peska]
wak (het) **agujero** (m) **en el hielo** [agu'χero en elʲ 'jelʲo]

net (het) **red** (f) [reð]
boot (de) **barca** (f) ['barka]
vissen met netten **pescar con la red** [pes'kar kon lʲa 'reð]
het net uitwerpen **tirar la red** [ti'rar lʲa 'reð]

het net binnenhalen **sacar la red** [sa'kar lʲa 'reð]
in het net vallen **caer en la red** [ka'er en lʲa 'reð]

walvisvangst (de) **ballenero** (m) [baje'nero]
walvisvaarder (de) **ballenero** (m) [baje'nero]
harpoen (de) **arpón** (m) [ar'pon]

159. Spellen. Biljart

biljart (het)	**billar** (m)	[bi'jar]
biljartzaal (de)	**sala** (f) **de billar**	['salʲa de bi'jar]
biljartbal (de)	**bola** (f) **de billar**	['bolʲa de bi'jar]
een bal in het gat jagen	**entronerar la bola**	[entrone'rar lʲa 'bolʲa]
keu (de)	**taco** (m)	['tako]
gat (het)	**tronera** (f)	[tro'nera]

160. Spellen. Speelkaarten

speelkaart (de)	**carta** (f)	['karta]
kaarten (mv.)	**cartas** (f pl)	['kartas]
pak (het) kaarten	**baraja** (f)	[ba'raχa]
troef (de)	**triunfo** (m)	[tri'uɱfo]
ruiten (mv.)	**cuadrados** (m pl)	[kua'ðraðos]
schoppen (mv.)	**picas** (f pl)	['pikas]
klaveren (mv.)	**corazones** (m pl)	[kora'θones]
harten (mv.)	**tréboles** (m pl)	['treβoles]
aas (de)	**as** (m)	[as]
koning (de)	**rey** (m)	[rej]
dame (de)	**dama** (f)	['dama]
boer (de)	**sota** (f)	['sota]
uitdelen (kaarten ~)	**dar, distribuir** (vt)	[dar], [distriβu'ir]
schudden (de kaarten ~)	**barajar** (vt)	[bara'χar]
beurt (de)	**jugada** (f)	[χu'gaða]
punt (bijv. vijftig ~en)	**punto** (m)	['punto]
valsspeler (de)	**fullero** (m)	[fu'jero]

161. Casino. Roulette

casino (het)	**casino** (m)	[ka'sino]
roulette (de)	**ruleta** (f)	[ru'leta]
inzet (de)	**puesta** (f)	[pu'esta]
een bod doen	**apostar** (vt)	[apos'tar]
rood (de)	**rojo** (m)	['roχo]
zwart (de)	**negro** (m)	['neɣro]
inzetten op rood	**apostar al rojo**	[apos'tar alʲ 'roχo]
inzetten op zwart	**apostar al negro**	[apos'tar alʲ 'neɣro]
croupier (de)	**crupier** (m, f)	[kru'pje]
de cilinder draaien	**girar la ruleta**	[χi'rar lʲa ru'leta]
spelregels (mv.)	**reglas** (f pl) **de juego**	['reɣlʲas de χu'ego]
fiche (pokerfiche, etc.)	**ficha** (f)	['fiʧa]
winnen (ww)	**ganar** (vi, vt)	[ga'nar]
winst (de)	**ganancia** (f)	[ga'nanθia]

verliezen (ww)	**perder** (vi)	[per'ðer]
verlies (het)	**pérdida** (f)	['perðiða]
speler (de)	**jugador** (m)	[χuga'ðor]
blackjack (kaartspel)	**black jack** (m)	[blek 'ʤek]
dobbelspel (het)	**juego** (m) **de dados**	[χu'ego de 'daðos]
dobbelstenen (mv.)	**dados** (m pl)	['daðos]
speelautomaat (de)	**tragaperras** (f)	[traga'peras]

162. Rusten. Spellen. Diversen

wandelen (on.ww.)	**pasear** (vi)	[pase'ar]
wandeling (de)	**paseo** (m)	[pa'seo]
trip (per auto)	**paseo** (m)	[pa'seo]
avontuur (het)	**aventura** (f)	[aβen'tura]
picknick (de)	**picnic** (m)	['piknik]
spel (het)	**juego** (m)	[χu'ego]
speler (de)	**jugador** (m)	[χuga'ðor]
partij (de)	**partido** (m)	[par'tiðo]
collectioneur (de)	**coleccionista** (m)	[kolekθjo'nista]
collectioneren (ww)	**coleccionar** (vt)	[kolekθjo'nar]
collectie (de)	**colección** (f)	[kolek'θjon]
kruiswoordraadsel (het)	**crucigrama** (m)	[kruθi'ɣrama]
hippodroom (de)	**hipódromo** (m)	[i'poðromo]
discotheek (de)	**discoteca** (f)	[disko'teka]
sauna (de)	**sauna** (f)	['sauna]
loterij (de)	**lotería** (f)	[lʲote'ria]
trektocht (kampeertocht)	**marcha** (f)	['marʧa]
kamp (het)	**campo** (m)	['kampo]
rugzaktoerist (de)	**campista** (m)	[kam'pista]
tent (de)	**tienda** (f) **de campaña**	['tjenda de kam'panja]
kompas (het)	**brújula** (f)	['bruχulʲa]
bekijken (een film ~)	**ver** (vt)	[ber]
kijker (televisie~)	**telespectador** (m)	[tele·spekta'ðor]
televisie-uitzending (de)	**programa** (m) **de televisión**	[pro'ɣrama de teleβi'sjon]

163. Fotografie

fotocamera (de)	**cámara** (f) **fotográfica**	['kamara foto'ɣrafika]
foto (de)	**foto** (f)	['foto]
fotograaf (de)	**fotógrafo** (m)	[fo'toɣrafo]
fotostudio (de)	**estudio** (m) **fotográfico**	[es'tuðjo foto'ɣrafiko]
fotoalbum (het)	**álbum** (m) **de fotos**	['alʲβum de 'fotos]
lens (de), objectief (het)	**objetivo** (m)	[oβχe'tiβo]
telelens (de)	**teleobjetivo** (m)	[tele·oβχe'tiβo]

filter (de/het)	**filtro** (m)	['filʲtro]
lens (de)	**lente** (m)	['lente]
optiek (de)	**óptica** (f)	['optika]
diafragma (het)	**diafragma** (m)	[dia'fraɣma]
belichtingstijd (de)	**tiempo** (m) **de exposición**	['tjempo de eksposi'θjon]
zoeker (de)	**visor** (m)	[bi'sor]
digitale camera (de)	**cámara** (f) **digital**	['kamara diχi'talʲ]
statief (het)	**trípode** (m)	['tripoðe]
flits (de)	**flash** (m)	[flʲaʃ]
fotograferen (ww)	**fotografiar** (vt)	[fotoɣra'fjar]
foto's maken	**hacer fotos**	[a'θer 'fotos]
zich laten fotograferen	**fotografiarse** (vr)	[fotoɣra'fjarse]
focus (de)	**foco** (m)	['foko]
scherpstellen (ww)	**enfocar** (vt)	[eŋfo'kar]
scherp (bn)	**nítido** (adj)	['nitiðo]
scherpte (de)	**nitidez** (f)	[niti'ðeθ]
contrast (het)	**contraste** (m)	[kon'traste]
contrastrijk (bn)	**de alto contraste** (adj)	[de 'alʲto kon'traste]
kiekje (het)	**foto** (f)	['foto]
negatief (het)	**negativo** (m)	[nega'tiβo]
filmpje (het)	**película** (f) **fotográfica**	[pe'likulʲa foto'ɣrafika]
beeld (frame)	**fotograma** (m)	[foto'ɣrama]
afdrukken (foto's ~)	**imprimir** (vt)	[impri'mir]

164. Strand. Zwemmen

strand (het)	**playa** (f)	['plʲaja]
zand (het)	**arena** (f)	[a'rena]
leeg (~ strand)	**desierto** (adj)	[de'sjerto]
bruine kleur (de)	**bronceado** (m)	[bronθe'aðo]
zonnebaden (ww)	**broncearse** (vr)	[bronθe'arse]
gebruind (bn)	**bronceado** (adj)	[bronθe'aðo]
zonnecrème (de)	**protector** (m) **solar**	[protek'tor so'lʲar]
bikini (de)	**bikini** (m)	[bi'kini]
badpak (het)	**traje** (m) **de baño**	['traχe de 'banjo]
zwembroek (de)	**bañador** (m)	[banja'ðor]
zwembad (het)	**piscina** (f)	[pi'θina]
zwemmen (ww)	**nadar** (vi)	[na'ðar]
douche (de)	**ducha** (f)	['duʧa]
zich omkleden (ww)	**cambiarse** (vr)	[kam'bjarse]
handdoek (de)	**toalla** (f)	[to'aja]
boot (de)	**barca** (f)	['barka]
motorboot (de)	**lancha** (f) **motora**	['lʲanʧa mo'tora]
waterski's (mv.)	**esquís** (m pl) **acuáticos**	[es'kis aku'atikos]

waterfiets (de) **bicicleta** (f) **acuática** [biθik'leta aku'atika]
surfen (het) **surf** (m) [surf]
surfer (de) **surfista** (m) [sur'fista]

scuba, aqualong (de) **equipo** (m) **de buceo** [e'kipo de bu'θeo]
zwemvliezen (mv.) **aletas** (f pl) [a'letas]
duikmasker (het) **máscara** (f) **de buceo** ['maskara de bu'θeo]
duiker (de) **buceador** (m) [buθea'ðor]
duiken (ww) **bucear** (vi) [buθe'ar]
onder water (bw) **bajo el agua** ['baχo elʲ 'agua]

parasol (de) **sombrilla** (f) [som'brija]
ligstoel (de) **tumbona** (f) [tum'bona]
zonnebril (de) **gafas** (f pl) **de sol** ['gafas de 'solʲ]
luchtmatras (de/het) **colchoneta** (f) **inflable** [kolʲʧo'neta iŋ'flʲaβle]

spelen (ww) **jugar** (vi) [χu'gar]
gaan zwemmen (ww) **bañarse** (vr) [ba'njarse]

bal (de) **pelota** (f) **de playa** [pe'lʲota de 'plʲaja]
opblazen (oppompen) **inflar** (vt) [iŋ'flʲar]
lucht-, opblaasbare (bn) **inflable** (adj) [iŋ'flʲaβle]

golf (hoge ~) **ola** (f) ['olʲa]
boei (de) **boya** (f) ['boja]
verdrinken (ww) **ahogarse** (vr) [ao'garse]

redden (ww) **salvar** (vt) [salʲ'βar]
reddingsvest (de) **chaleco** (m) **salvavidas** [ʧa'leko salʲβa'βiðas]
waarnemen (ww) **observar** (vt) [oβser'βar]
redder (de) **socorrista** (m) [soko'rista]

TECHNISCHE APPARATUUR. VERVOER

Technische apparatuur

165. Computer

computer (de)	**ordenador** (m)	[orðena'ðor]
laptop (de)	**ordenador** (m) **portátil**	[orðena'ðor por'tatilʲ]
aanzetten (ww)	**encender** (vt)	[enθen'der]
uitzetten (ww)	**apagar** (vt)	[apa'gar]
toetsenbord (het)	**teclado** (m)	[te'klʲaðo]
toets (enter~)	**tecla** (f)	['teklʲa]
muis (de)	**ratón** (m)	[ra'ton]
muismat (de)	**alfombrilla** (f) **para ratón**	[alʲfom'brija 'para ra'ton]
knopje (het)	**botón** (m)	[bo'ton]
cursor (de)	**cursor** (m)	[kur'sor]
monitor (de)	**monitor** (m)	[moni'tor]
scherm (het)	**pantalla** (f)	[pan'taja]
harde schijf (de)	**disco** (m) **duro**	['disko 'duro]
volume (het) van de harde schijf	**volumen** (m) **de disco duro**	[bo'lʲumen de 'disko 'duro]
geheugen (het)	**memoria** (f)	[me'moria]
RAM-geheugen (het)	**memoria** (f) **operativa**	[me'morja opera'tiβa]
bestand (het)	**archivo, fichero** (m)	[ar'ʧiβo], [fi'ʧero]
folder (de)	**carpeta** (f)	[kar'peta]
openen (ww)	**abrir** (vt)	[a'βrir]
sluiten (ww)	**cerrar** (vt)	[θe'rar]
opslaan (ww)	**guardar** (vt)	[guar'ðar]
verwijderen (wissen)	**borrar** (vt)	[bo'rar]
kopiëren (ww)	**copiar** (vt)	[ko'pjar]
sorteren (ww)	**ordenar** (vt)	[orðe'nar]
overplaatsen (ww)	**transferir** (vt)	[transfe'rir]
programma (het)	**programa** (m)	[pro'ɣrama]
software (de)	**software** (m)	['sofwer]
programmeur (de)	**programador** (m)	[proɣrama'ðor]
programmeren (ww)	**programar** (vt)	[proɣra'mar]
hacker (computerkraker)	**hacker** (m)	['aker]
wachtwoord (het)	**contraseña** (f)	[kontra'senja]
virus (het)	**virus** (m)	['birus]
ontdekken (virus ~)	**detectar** (vt)	[detek'tar]

byte (de)	**octeto, byte** (m)	[ok'teto], ['βajt]
megabyte (de)	**megabyte** (m)	[mega'βajt]
data (de)	**datos** (m pl)	['datos]
databank (de)	**base** (f) **de datos**	['base de 'datos]
kabel (USB-~, enz.)	**cable** (m)	['kaβle]
afsluiten (ww)	**desconectar** (vt)	[deskonek'tar]
aansluiten op (ww)	**conectar** (vt)	[konek'tar]

166. Internet. E-mail

internet (het)	**internet** (m), **red** (f)	[inter'net], [reð]
browser (de)	**navegador** (m)	[naβega'ðor]
zoekmachine (de)	**buscador** (m)	[buska'ðor]
internetprovider (de)	**proveedor** (m)	[proβee'ðor]
webmaster (de)	**webmaster** (m)	[weβ'master]
website (de)	**sitio** (m) **web**	['sitio weβ]
webpagina (de)	**página** (f) **web**	['paχina weβ]
adres (het)	**dirección** (f)	[direk'θjon]
adresboek (het)	**libro** (m) **de direcciones**	['liβro de direk'θjones]
postvak (het)	**buzón** (m)	[bu'θon]
post (de)	**correo** (m)	[ko'reo]
vol (~ postvak)	**lleno** (adj)	['jeno]
bericht (het)	**mensaje** (m)	[men'saχe]
binnenkomende berichten (mv.)	**correo** (m) **entrante**	[ko'reo en'trante]
uitgaande berichten (mv.)	**correo** (m) **saliente**	[ko'reo sa'ljente]
verzender (de)	**expedidor** (m)	[ekspeði'ðor]
verzenden (ww)	**enviar** (vt)	[em'bjar]
verzending (de)	**envío** (m)	[em'bio]
ontvanger (de)	**destinatario** (m)	[destina'tario]
ontvangen (ww)	**recibir** (vt)	[reθi'βir]
correspondentie (de)	**correspondencia** (f)	[korespon'denθia]
corresponderen (met ...)	**escribirse con ...**	[eskri'βirse kon]
bestand (het)	**archivo, fichero** (m)	[ar'ʧiβo], [fi'ʧero]
downloaden (ww)	**descargar** (vt)	[deskar'gar]
creëren (ww)	**crear** (vt)	[kre'ar]
verwijderen (een bestand ~)	**borrar** (vt)	[bo'rar]
verwijderd (bn)	**borrado** (adj)	[bo'raðo]
verbinding (de)	**conexión** (f)	[konek'θjon]
snelheid (de)	**velocidad** (f)	[beloθi'ðað]
modem (de)	**módem** (m)	['moðem]
toegang (de)	**acceso** (m)	[ak'θeso]
poort (de)	**puerto** (m)	[pu'erto]

aansluiting (de)	**conexión** (f)	[konek'θjon]
zich aansluiten (ww)	**conectarse a ...**	[konek'tarse a]
selecteren (ww)	**seleccionar** (vt)	[selekθjo'nar]
zoeken (ww)	**buscar** (vt)	[bus'kar]

167. Elektriciteit

elektriciteit (de)	**electricidad** (f)	[elektriθi'ðað]
elektrisch (bn)	**eléctrico** (adj)	[e'lektriko]
elektriciteitscentrale (de)	**central** (f) **eléctrica**	[θen'tralʲ e'lektrika]
energie (de)	**energía** (f)	[ener'χia]
elektrisch vermogen (het)	**energía** (f) **eléctrica**	[ener'χia e'lektrika]
lamp (de)	**bombilla** (f)	[bom'bija]
zaklamp (de)	**linterna** (f)	[lin'terna]
straatlantaarn (de)	**farola** (f)	[fa'rolʲa]
licht (elektriciteit)	**luz** (f)	[lʲuθ]
aandoen (ww)	**encender** (vt)	[enθen'der]
uitdoen (ww)	**apagar** (vt)	[apa'gar]
het licht uitdoen	**apagar la luz**	[apa'gar lʲa lʲuθ]
doorbranden (gloeilamp)	**quemarse** (vr)	[ke'marse]
kortsluiting (de)	**circuito** (m) **corto**	[θir'kuito 'korto]
onderbreking (de)	**ruptura** (f)	[rup'tura]
contact (het)	**contacto** (m)	[kon'takto]
schakelaar (de)	**interruptor** (m)	[interup'tor]
stopcontact (het)	**enchufe** (m)	[en'ʧufe]
stekker (de)	**clavija** (f)	[klʲa'βiχa]
verlengsnoer (de)	**alargador** (m)	[alʲarga'ðor]
zekering (de)	**fusible** (m)	[fu'siβle]
kabel (de)	**cable, hilo** (m)	['kaβle], ['ilʲo]
bedrading (de)	**instalación** (f) **eléctrica**	[instalʲa'θjon e'lektrika]
ampère (de)	**amperio** (m)	[am'perio]
stroomsterkte (de)	**amperaje** (m)	[ampe'raχe]
volt (de)	**voltio** (m)	['bolʲtio]
spanning (de)	**voltaje** (m)	[bolʲ'taχe]
elektrisch toestel (het)	**aparato** (m) **eléctrico**	[apa'rato e'lektriko]
indicator (de)	**indicador** (m)	[indika'ðor]
elektricien (de)	**electricista** (m)	[elektri'θista]
solderen (ww)	**soldar** (vt)	[solʲ'ðar]
soldeerbout (de)	**soldador** (m)	[solʲda'ðor]
stroom (de)	**corriente** (f)	[ko'rjente]

168. Gereedschappen

werktuig (stuk gereedschap)	**instrumento** (m)	[instru'mento]
gereedschap (het)	**instrumentos** (m pl), **herramientas** (f pl)	[instru'mentos], [era'mjentas]

uitrusting (de) **maquinaria** (f) [maki'naria]
hamer (de) **martillo** (m) [mar'tijo]
schroevendraaier (de) **destornillador** (m) [destornija'ðor]
bijl (de) **hacha** (f) ['atʃa]

zaag (de) **sierra** (f) ['sjera]
zagen (ww) **serrar** (vt) [se'rar]
schaaf (de) **cepillo** (m) [θe'pijo]
schaven (ww) **cepillar** (vt) [θepi'jar]
soldeerbout (de) **soldador** (m) [solʲda'ðor]
solderen (ww) **soldar** (vt) [solʲ'ðar]

vijl (de) **lima** (f) ['lima]
nijptang (de) **tenazas** (f pl) [te'naθas]
combinatietang (de) **alicates** (m pl) [ali'kates]
beitel (de) **escoplo** (m) [es'koplʲo]

boorkop (de) **broca** (f) ['broka]
boormachine (de) **taladro** (m) [ta'lʲaðro]
boren (ww) **taladrar** (vi, vt) [talʲa'ðrar]

mes (het) **cuchillo** (m) [ku'tʃijo]
zakmes (het) **navaja** (f) [na'βaχa
lemmet (het) **filo** (m) ['filʲo]

scherp (bijv. ~ mes) **agudo** (adj) [a'guðo]
bot (bn) **embotado** (adj) [embo'taðo]
bot raken (ww) **embotarse** (vr) [embo'tarse]
slijpen (een mes ~) **afilar** (vt) [afi'lʲar]

bout (de) **perno** (m) ['perno]
moer (de) **tuerca** (f) [tu'erka]
schroefdraad (de) **filete** (m) [fi'lete]
houtschroef (de) **tornillo** (m) [tor'nijo]

spijker (de) **clavo** (m) ['klʲaβo]
kop (de) **cabeza** (f) **del clavo** [ka'βeθa delʲ 'klʲaβo]

liniaal (de/het) **regla** (f) ['reɣlʲa]
rolmeter (de) **cinta** (f) **métrica** ['θinta 'metrika]
waterpas (de/het) **nivel** (m) **de burbuja** [ni'βelʲ de bur'βuχa]
loep (de) **lupa** (f) ['lʲupa]

meetinstrument (het) **aparato** (m) **de medida** [apa'rato de me'ðiða]
opmeten (ww) **medir** (vt) [me'ðir]
schaal (meetschaal) **escala** (f) [es'kalʲa]
gegevens (mv.) **lectura** (f) [lek'tura]

compressor (de) **compresor** (m) [kompre'sor]
microscoop (de) **microscopio** (m) [mikros'kopio]

pomp (de) **bomba** (f) ['bomba]
robot (de) **robot** (m) [ro'βot]
laser (de) **láser** (m) ['lʲaser]
moersleutel (de) **llave** (f) **de tuerca** ['jaβe de tu'erka]
plakband (de) **cinta** (f) **adhesiva** ['θinta aðe'siβa]

lijm (de)	**cola** (f), **pegamento** (m)	['kolʲa], [pega'mento]
schuurpapier (het)	**papel** (m) **de lija**	[pa'pelʲ de 'liχa]
veer (de)	**resorte** (m)	[re'sorte]
magneet (de)	**imán** (m)	[i'man]
handschoenen (mv.)	**guantes** (m pl)	[gu'antes]
touw (bijv. henneptouw)	**cuerda** (f)	[ku'erða]
snoer (het)	**cordón** (m)	[kor'ðon]
draad (de)	**hilo** (m)	['ilʲo]
kabel (de)	**cable** (m)	['kaβle]
moker (de)	**almádana** (f)	[alʲ'maðana]
breekijzer (het)	**barra** (f)	['bara]
ladder (de)	**escalera** (f) **portátil**	[eska'lera por'tatilʲ]
trapje (inklapbaar ~)	**escalera** (f) **de tijera**	[eska'lera de ti'χera]
aanschroeven (ww)	**atornillar** (vt)	[atorni'jar]
losschroeven (ww)	**destornillar** (vt)	[destorni'jar]
dichtpersen (ww)	**apretar** (vt)	[apre'tar]
vastlijmen (ww)	**pegar** (vt)	[pe'gar]
snijden (ww)	**cortar** (vt)	[kor'tar]
defect (het)	**fallo** (m)	['fajo]
reparatie (de)	**reparación** (f)	[repara'θjon]
repareren (ww)	**reparar** (vt)	[repa'rar]
regelen (een machine ~)	**regular, ajustar** (vt)	[regu'lʲar], [aχus'tar]
checken (ww)	**verificar** (vt)	[berifi'kar]
controle (de)	**control** (m)	[kon'trolʲ]
gegevens (mv.)	**lectura** (f)	[lek'tura]
degelijk (bijv. ~ machine)	**fiable** (adj)	['fjaβle]
ingewikkeld (bn)	**complicado** (adj)	[kompli'kaðo]
roesten (ww)	**oxidarse** (vr)	[oksi'ðarse]
roestig (bn)	**oxidado** (adj)	[oksi'ðaðo]
roest (de/het)	**óxido** (m)	['oksiðo]

Vervoer

169. Vliegtuig

vliegtuig (het)	**avión** (m)	[a'βjon]
vliegticket (het)	**billete** (m) **de avión**	[bi'jete de a'βjon]
luchtvaartmaatschappij (de)	**compañía** (f) **aérea**	[kompa'njia a'erea]
luchthaven (de)	**aeropuerto** (m)	[aeropu'erto]
supersonisch (bn)	**supersónico** (adj)	[super'soniko]
gezagvoerder (de)	**comandante** (m)	[koman'dante]
bemanning (de)	**tripulación** (f)	[tripulʲa'θjon]
piloot (de)	**piloto** (m)	[pi'lʲoto]
stewardess (de)	**azafata** (f)	[aθa'fata]
stuurman (de)	**navegador** (m)	[naβega'ðor]
vleugels (mv.)	**alas** (f pl)	['alʲas]
staart (de)	**cola** (f)	['kolʲa]
cabine (de)	**cabina** (f)	[ka'βina]
motor (de)	**motor** (m)	[mo'tor]
landingsgestel (het)	**tren** (m) **de aterrizaje**	['tren de ateri'θaχe]
turbine (de)	**turbina** (f)	[tur'βina]
propeller (de)	**hélice** (f)	['eliθe]
zwarte doos (de)	**caja** (f) **negra**	['kaχa 'neɣra]
stuur (het)	**timón** (m)	[ti'mon]
brandstof (de)	**combustible** (m)	[kombus'tiβle]
veiligheidskaart (de)	**instructivo** (m) **de seguridad**	[instruk'tiβo de seguri'ðað]
zuurstofmasker (het)	**respirador** (m) **de oxígeno**	[respira'ðor de o'ksiχeno]
uniform (het)	**uniforme** (m)	[uni'forme]
reddingsvest (de)	**chaleco** (m) **salvavidas**	[ʧa'leko salʲβa'βiðas]
parachute (de)	**paracaídas** (m)	[paraka'iðas]
opstijgen (het)	**despegue** (m)	[des'pege]
opstijgen (ww)	**despegar** (vi)	[despe'gar]
startbaan (de)	**pista** (f) **de despegue**	['pista de des'pege]
zicht (het)	**visibilidad** (f)	[bisiβili'ðað]
vlucht (de)	**vuelo** (m)	[bu'elʲo]
hoogte (de)	**altura** (f)	[alʲ'tura]
luchtzak (de)	**pozo** (m) **de aire**	['poθo de 'aire]
plaats (de)	**asiento** (m)	[a'sjento]
koptelefoon (de)	**auriculares** (m pl)	[auriku'lʲares]
tafeltje (het)	**mesita** (f) **plegable**	[me'sita ple'gaβle]
venster (het)	**ventana** (f)	[ben'tana]
gangpad (het)	**pasillo** (m)	[pa'sijo]

170. Trein

trein (de)	**tren** (m)	['tren]
elektrische trein (de)	**tren** (m) **de cercanías**	['tren de θerka'nias]
sneltrein (de)	**tren** (m) **rápido**	['tren 'rapiðo]
diesellocomotief (de)	**locomotora** (f) **diésel**	[lʲokomo'tora 'djeselʲ]
stoomlocomotief (de)	**tren** (m) **de vapor**	['tren de ba'por]
rijtuig (het)	**coche** (m)	['kotʃe]
restauratierijtuig (het)	**coche restaurante** (m)	['kotʃe restau'rante]
rails (mv.)	**rieles** (m pl)	['rjeles]
spoorweg (de)	**ferrocarril** (m)	[feroka'rilʲ]
dwarsligger (de)	**traviesa** (f)	[tra'βjesa]
perron (het)	**plataforma** (f)	[plʲata'forma]
spoor (het)	**vía** (f)	['bia]
semafoor (de)	**semáforo** (m)	[se'maforo]
halte (bijv. kleine treinhalte)	**estación** (f)	[esta'θjon]
machinist (de)	**maquinista** (m)	[maki'nista]
kruier (de)	**maletero** (m)	[male'tero]
conducteur (de)	**mozo** (m) **del vagón**	['moθo delʲ ba'ɣon]
passagier (de)	**pasajero** (m)	[pasa'χero]
controleur (de)	**revisor** (m)	[reβi'sor]
gang (in een trein)	**corredor** (m)	[kore'ðor]
noodrem (de)	**freno** (m) **de urgencia**	['freno de ur'χenθia]
coupé (de)	**compartimiento** (m)	[komparti'mjento]
bed (slaapplaats)	**litera** (f)	[li'tera]
bovenste bed (het)	**litera** (f) **de arriba**	[li'tera de a'riβa]
onderste bed (het)	**litera** (f) **de abajo**	[li'tera de a'βaχo]
beddengoed (het)	**ropa** (f) **de cama**	['ropa de 'kama]
kaartje (het)	**billete** (m)	[bi'jete]
dienstregeling (de)	**horario** (m)	[o'rario]
informatiebord (het)	**pantalla** (f) **de información**	[pan'taja de iɱforma'θjon]
vertrekken (De trein vertrekt ...)	**partir** (vi)	[par'tir]
vertrek (ov. een trein)	**partida** (f)	[par'tiða]
aankomen (ov. de treinen)	**llegar** (vi)	[je'gar]
aankomst (de)	**llegada** (f)	[je'gaða]
aankomen per trein	**llegar en tren**	[je'gar en 'tren]
in de trein stappen	**tomar el tren**	[to'mar elʲ 'tren]
uit de trein stappen	**bajar del tren**	[ba'χar delʲ 'tren]
treinwrak (het)	**descarrilamiento** (m)	[deskarilʲa'mjento]
ontspoord zijn	**descarrilarse** (vr)	[deskari'lʲarse]
stoomlocomotief (de)	**tren** (m) **de vapor**	['tren de ba'por]
stoker (de)	**fogonero** (m)	[fogo'nero]
stookplaats (de)	**hogar** (m)	[o'gar]
steenkool (de)	**carbón** (m)	[kar'βon]

171. Schip

schip (het)	**barco, buque** (m)	['barko], ['buke]
vaartuig (het)	**navío** (m)	[na'βio]
stoomboot (de)	**buque** (m) **de vapor**	['buke de ba'por]
motorschip (het)	**motonave** (f)	[moto'naβe]
lijnschip (het)	**trasatlántico** (m)	[trasat'lʲantiko]
kruiser (de)	**crucero** (m)	[kru'θero]
jacht (het)	**yate** (m)	['jate]
sleepboot (de)	**remolcador** (m)	[remolʲka'ðor]
duwbak (de)	**barcaza** (f)	[bar'kaθa]
ferryboot (de)	**ferry** (m)	['feri]
zeilboot (de)	**velero** (m)	[be'lero]
brigantijn (de)	**bergantín** (m)	[bergan'tin]
ijsbreker (de)	**rompehielos** (m)	[rompe·'jelʲos]
duikboot (de)	**submarino** (m)	[suβma'rino]
boot (de)	**bote** (m)	['bote]
sloep (de)	**bote** (m)	['bote]
reddingssloep (de)	**bote** (m) **salvavidas**	['bote salʲβa'βiðas]
motorboot (de)	**lancha** (f) **motora**	['lʲanʧa mo'tora]
kapitein (de)	**capitán** (m)	[kapi'tan]
zeeman (de)	**marinero** (m)	[mari'nero]
matroos (de)	**marino** (m)	[ma'rino]
bemanning (de)	**tripulación** (f)	[tripulʲa'θjon]
bootsman (de)	**contramaestre** (m)	[kontrama'estre]
scheepsjongen (de)	**grumete** (m)	[gru'mete]
kok (de)	**cocinero** (m) **de abordo**	[koθi'nero de a'βorðo]
scheepsarts (de)	**médico** (m) **del buque**	['meðiko delʲ 'buke]
dek (het)	**cubierta** (f)	[ku'βjerta]
mast (de)	**mástil** (m)	['mastilʲ]
zeil (het)	**vela** (f)	['belʲa]
ruim (het)	**bodega** (f)	[bo'ðega]
voorsteven (de)	**proa** (f)	['proa]
achtersteven (de)	**popa** (f)	['popa]
roeispaan (de)	**remo** (m)	['remo]
schroef (de)	**hélice** (f)	['eliθe]
kajuit (de)	**camarote** (m)	[kama'rote]
officierskamer (de)	**sala** (f) **de oficiales**	['salʲa de ofi'θjales]
machinekamer (de)	**sala** (f) **de máquinas**	['salʲa de 'makinas]
brug (de)	**puente** (m) **de mando**	[pu'ente de 'mando]
radiokamer (de)	**sala** (f) **de radio**	['salʲa de 'raðio]
radiogolf (de)	**onda** (f)	['onda]
logboek (het)	**cuaderno** (m) **de bitácora**	[kua'ðerno de bi'takora]
verrekijker (de)	**anteojo** (m)	[ante'oχo]
klok (de)	**campana** (f)	[kam'pana]

vlag (de)	**bandera** (f)	[ban'dera]
kabel (de)	**cabo** (m)	['kaβo]
knoop (de)	**nudo** (m)	['nuðo]
leuning (de)	**pasamano** (m)	[pasa'mano]
trap (de)	**pasarela** (f)	[pasa'relʲa]
anker (het)	**ancla** (f)	['aŋklʲa]
het anker lichten	**levar ancla**	[le'βar 'aŋklʲa]
het anker neerlaten	**echar ancla**	[e'ʧar 'aŋklʲa]
ankerketting (de)	**cadena** (f) **del ancla**	[ka'ðena delʲ 'aŋklʲa]
haven (bijv. containerhaven)	**puerto** (m)	[pu'erto]
kaai (de)	**embarcadero** (m)	[embarka'ðero]
aanleggen (ww)	**amarrar** (vt)	[ama'rar]
wegvaren (ww)	**desamarrar** (vt)	[desama'rar]
reis (de)	**viaje** (m)	['bjaχe]
cruise (de)	**crucero** (m)	[kru'θero]
koers (de)	**derrota** (f)	[de'rota]
route (de)	**itinerario** (m)	[itine'rario]
vaarwater (het)	**canal** (m) **navegable**	[ka'nalʲ naβe'gaβle]
zandbank (de)	**bajío** (m)	[ba'χio]
stranden (ww)	**encallar** (vi)	[eŋka'jar]
storm (de)	**tempestad** (f)	[tempes'tað]
signaal (het)	**señal** (f)	[se'njalʲ]
zinken (ov. een boot)	**hundirse** (vr)	[un'dirse]
Man overboord!	**¡Hombre al agua!**	['ombre alʲ 'agua]
SOS (noodsignaal)	**SOS**	['ese o 'ese]
reddingsboei (de)	**aro** (m) **salvavidas**	['aro salʲβa'βiðas]

172. Vliegveld

luchthaven (de)	**aeropuerto** (m)	[aeropu'erto]
vliegtuig (het)	**avión** (m)	[a'βjon]
luchtvaartmaatschappij (de)	**compañía** (f) **aérea**	[kompa'njia a'erea]
luchtverkeersleider (de)	**controlador** (m) **aéreo**	[kontrolʲa'ðor a'ereo]
vertrek (het)	**despegue** (m)	[des'pege]
aankomst (de)	**llegada** (f)	[ɟe'gaða]
aankomen (per vliegtuig)	**llegar** (vi)	[ɟe'gar]
vertrektijd (de)	**hora** (f) **de salida**	['ora de sa'liða]
aankomstuur (het)	**hora** (f) **de llegada**	['ora de je'gaða]
vertraagd zijn (ww)	**retrasarse** (vr)	[retra'sarse]
vluchtvertraging (de)	**retraso** (m) **de vuelo**	[re'traso de bu'elʲo]
informatiebord (het)	**pantalla** (f) **de información**	[pan'taja de iɱforma'θjon]
informatie (de)	**información** (f)	[iɱforma'θjon]
aankondigen (ww)	**anunciar** (vt)	[anun'θjar]
vlucht (bijv. KLM ~)	**vuelo** (m)	[bu'elʲo]

douane (de) — **aduana** (f) — [aðu'ana]
douanier (de) — **aduanero** (m) — [aðua'nero]

douaneaangifte (de) — **declaración** (f) **de aduana** — [deklʲara'θjon de aðu'ana]
een douaneaangifte invullen — **rellenar la declaración** — [reje'nar lʲa deklʲara'θjon]
paspoortcontrole (de) — **control** (m) **de pasaportes** — [kon'trolʲ de pasa'portes]

bagage (de) — **equipaje** (m) — [eki'paχe]
handbagage (de) — **equipaje** (m) **de mano** — [eki'paχe de 'mano]
bagagekarretje (het) — **carrito** (m) **de equipaje** — [ka'rito de eki'paχe]

landing (de) — **aterrizaje** (m) — [ateri'θaχe]
landingsbaan (de) — **pista** (f) **de aterrizaje** — ['pista de ateri'θaχe]
landen (ww) — **aterrizar** (vi) — [ateri'θar]
vliegtuigtrap (de) — **escaleras** (f pl) — [eska'leras]

inchecken (het) — **facturación** (f), **check-in** (m) — [faktura'θjon], [ʧek·'in]
incheckbalie (de) — **mostrador** (m) **de facturación** — [mostra'ðor de faktura'θjon]

inchecken (ww) — **hacer el check-in** — [a'θer elʲ ʧek·'in]
instapkaart (de) — **tarjeta** (f) **de embarque** — [tar'χeta de em'barke]
gate (de) — **puerta** (f) **de embarque** — [pu'erta de em'barke]

transit (de) — **tránsito** (m) — ['transito]
wachten (ww) — **esperar** (vt) — [espe'rar]
wachtzaal (de) — **zona** (f) **de preembarque** — ['θona de preem'barke]
begeleiden (uitwuiven) — **despedir** (vt) — [despe'ðir]
afscheid nemen (ww) — **despedirse** (vr) — [despe'ðirse]

173. Fiets. Motorfiets

fiets (de) — **bicicleta** (f) — [biθik'leta]
bromfiets (de) — **scooter** (m) — ['skuter]
motorfiets (de) — **motocicleta** (f) — [motoθi'kleta]

met de fiets rijden — **ir en bicicleta** — [ir en biθi'kleta]
stuur (het) — **manillar** (m) — [mani'jar]
pedaal (de/het) — **pedal** (m) — [pe'ðalʲ]
remmen (mv.) — **frenos** (m pl) — ['frenos]
fietszadel (de/het) — **sillín** (m) — [si'jin]

pomp (de) — **bomba** (f) — ['bomba]
bagagedrager (de) — **portaequipajes** (m) — [porta·eki'paχes]
fietslicht (het) — **faro** (m) — ['faro]
helm (de) — **casco** (m) — ['kasko]

wiel (het) — **rueda** (f) — [ru'eða]
spatbord (het) — **guardabarros** (m) — [guarða·'baros]
velg (de) — **llanta** (f) — ['janta]
spaak (de) — **rayo** (m) — ['rajo]

Auto's

174. Soorten auto's

auto (de)	**coche** (m)	['kotʃe]
sportauto (de)	**coche** (m) **deportivo**	['kotʃe depor'tiβo]
limousine (de)	**limusina** (f)	[limu'sina]
terreinwagen (de)	**todoterreno** (m)	['toðo·te'reno]
cabriolet (de)	**cabriolé** (m)	[kaβrio'le]
minibus (de)	**microbús** (m)	[mikro'βus]
ambulance (de)	**ambulancia** (f)	[ambu'lʲanθia]
sneeuwruimer (de)	**quitanieves** (m)	[kita'njeβes]
vrachtwagen (de)	**camión** (m)	[ka'mjon]
tankwagen (de)	**camión** (m) **cisterna**	[ka'mjon θis'terna]
bestelwagen (de)	**camioneta** (f)	[kamjo'neta]
trekker (de)	**cabeza** (f) **tractora**	[ka'βeθa trak'tora]
aanhangwagen (de)	**remolque** (m)	[re'molʲke]
comfortabel (bn)	**confortable** (adj)	[koɱfor'taβle]
tweedehands (bn)	**de ocasión** (adj)	[de oka'θjon]

175. Auto's. Carrosserie

motorkap (de)	**capó** (m)	[ka'po]
spatbord (het)	**guardabarros** (m)	[guarða·'baros]
dak (het)	**techo** (m)	['tetʃo]
voorruit (de)	**parabrisas** (m)	[para'βrisas]
achterruit (de)	**espejo** (m) **retrovisor**	[es'peχo retroβi'sor]
ruitensproeier (de)	**limpiador** (m)	[limpja'ðor]
wisserbladen (mv.)	**limpiaparabrisas** (m)	[limpja·para'βrisas]
zijruit (de)	**ventana** (f) **lateral**	[ben'tana lʲate'ralʲ]
raamlift (de)	**elevalunas** (m)	[eleβa·'lʲunas]
antenne (de)	**antena** (f)	[an'tena]
zonnedak (het)	**techo** (m) **solar**	['tetʃo so'lʲar]
bumper (de)	**parachoques** (m)	[para'tʃokes]
koffer (de)	**maletero** (m)	[male'tero]
imperiaal (de/het)	**baca** (f)	['baka]
portier (het)	**puerta** (f)	[pu'erta]
handvat (het)	**tirador** (m) **de puerta**	[tira'ðor de pu'erta]
slot (het)	**cerradura** (f)	[θera'ðura]
nummerplaat (de)	**matrícula** (f)	[ma'trikulʲa]
knalpot (de)	**silenciador** (m)	[silenθja'ðor]

benzinetank (de)	**tanque** (m) **de gasolina**	['taŋke de gaso'lina]
uitlaatpijp (de)	**tubo** (m) **de escape**	['tuβo de es'kape]
gas (het)	**acelerador** (m)	[aθelera'ðor]
pedaal (de/het)	**pedal** (m)	[pe'ðalʲ]
gaspedaal (de/het)	**pedal** (m) **de acelerador**	[pe'ðalʲ de aθelera'ðor]
rem (de)	**freno** (m)	['freno]
rempedaal (de/het)	**pedal** (m) **de freno**	[pe'ðalʲ de 'freno]
remmen (ww)	**frenar** (vi)	[fre'nar]
handrem (de)	**freno** (m) **de mano**	['freno de 'mano]
koppeling (de)	**embrague** (m)	[em'brage]
koppelingspedaal (de/het)	**pedal** (m) **de embrague**	[pe'ðalʲ de em'brage]
koppelingsschijf (de)	**disco** (m) **de embrague**	['disko de em'brage]
schokdemper (de)	**amortiguador** (m)	[amortigua'ðor]
wiel (het)	**rueda** (f)	[ru'eða]
reservewiel (het)	**rueda** (f) **de repuesto**	[ru'eða de repu'esto]
band (de)	**neumático** (m)	[neu'matiko]
wieldop (de)	**tapacubo** (m)	[tapa'kuβo]
aandrijfwielen (mv.)	**ruedas** (f pl) **motrices**	[ru'eðas mo'triθes]
met voorwielaandrijving	**de tracción delantera**	[de trak'θjon delʲan'tera]
met achterwielaandrijving	**de tracción trasera**	[de trak'θjon tra'sera]
met vierwielaandrijving	**de tracción integral**	[de trak'θjon inte'ɣralʲ]
versnellingsbak (de)	**caja** (f) **de cambios**	['kaχa de 'kambjos]
automatisch (bn)	**automático** (adj)	[auto'matiko]
mechanisch (bn)	**mecánico** (adj)	[me'kaniko]
versnellingspook (de)	**palanca** (f) **de cambios**	[pa'lʲaŋka de 'kambjos]
voorlicht (het)	**faro** (m)	['faro]
voorlichten (mv.)	**faros** (m pl)	['faros]
dimlicht (het)	**luz** (f) **de cruce**	[lʲuθ de 'kruθe]
grootlicht (het)	**luz** (f) **de carretera**	[lʲuθ de kare'tera]
stoplicht (het)	**luz** (f) **de freno**	[lʲuθ de 'freno]
standlichten (mv.)	**luz** (f) **de posición**	[lʲuθ de posi'θjon]
noodverlichting (de)	**luces** (f pl) **de emergencia**	['lʲuθes de emer'χenθia]
mistlichten (mv.)	**luces** (f pl) **antiniebla**	['lʲuθes anti'njeβlʲa]
pinker (de)	**intermitente** (m)	[intermi'nente]
achteruitrijdlicht (het)	**luz** (f) **de marcha atrás**	[lʲuθ de 'martʃa a'tras]

176. Auto's. Passagiersruimte

interieur (het)	**habitáculo** (m)	[aβi'takulʲo]
leren (van leer gemaak)	**de cuero** (adj)	[de ku'ero]
fluwelen (abn)	**de felpa** (adj)	[de 'felʲpa]
bekleding (de)	**tapizado** (m)	[tapi'θaðo]
toestel (het)	**instrumento** (m)	[instru'mento]
instrumentenbord (het)	**salpicadero** (m)	[salʲpika'ðero]

snelheidsmeter (de) **velocímetro** (m) [belʲo'θimetro]
pijltje (het) **aguja** (f) [a'guχa]

kilometerteller (de) **cuentakilómetros** (m) [ku'enta·ki'lʲometros]
sensor (de) **indicador** (m) [indika'ðor]
niveau (het) **nivel** (m) [ni'βelʲ]
controlelampje (het) **testigo** (m) [tes'tigo]

stuur (het) **volante** (m) [bo'lʲante]
toeter (de) **bocina** (f) [bo'θina]
knopje (het) **botón** (m) [bo'ton]
schakelaar (de) **interruptor** (m) [interup'tor]

stoel (bestuurders~) **asiento** (m) [a'sjento]
rugleuning (de) **respaldo** (m) [res'palʲdo]
hoofdsteun (de) **reposacabezas** (m) [reposa·ka'βeθas]
veiligheidsgordel (de) **cinturón** (m) **de seguridad** [θintu'ron de seguri'ðað]
de gordel aandoen **abrocharse el cinturón** [aβro'ʧarse elʲ θintu'ron]
regeling (de) **reglaje** (m) [re'ɣlʲaχe]

airbag (de) **bolsa** (f) **de aire** ['bolʲsa de 'aire]
airconditioner (de) **climatizador** (m) [klimatiθa'ðor]

radio (de) **radio** (m) ['raðio]
CD-speler (de) **reproductor** (m) **de CD** [reproðuk'tor de θe'de]
aanzetten (bijv. radio ~) **encender** (vt) [enθen'der]
antenne (de) **antena** (f) [an'tena]
handschoenenkastje (het) **guantera** (f) [guan'tera]
asbak (de) **cenicero** (m) [θeni'θero]

177. Auto's. Motor

motor (de) **motor** (m) [mo'tor]
diesel- (abn) **diésel** (adj) [dje'selʲ]
benzine- (~motor) **a gasolina** (adj) [a gaso'lina]

motorinhoud (de) **volumen** (m) **del motor** [bo'lʲumen delʲ mo'tor]
vermogen (het) **potencia** (f) [po'tensia]
paardenkracht (de) **caballo** (m) **de fuerza** [ka'βajo de fu'erθa]
zuiger (de) **pistón** (m) [pis'ton]
cilinder (de) **cilindro** (m) [θi'lindro]
klep (de) **válvula** (f) ['balʲβulʲa]

injectie (de) **inyector** (m) [injek'tor]
generator (de) **generador** (m) [χenera'ðor]
carburator (de) **carburador** (m) [karβura'ðor]
motorolie (de) **aceite** (m) **de motor** [a'θejte de mo'tor]

radiator (de) **radiador** (m) [raðja'ðor]
koelvloeistof (de) **liquido** (m) **refrigerante** [li'kiðo refriχe'rante]
ventilator (de) **ventilador** (m) [bentilʲa'ðor]

starter (de) **estárter** (m) [es'tarter]
contact (ontsteking) **encendido** (m) [enθen'diðo]

bougie (de)	**bujía** (f)	[bu'χia]
zekering (de)	**fusible** (m)	[fu'siβle]
accu (de)	**batería** (f)	[bate'ria]
pool (de)	**terminal** (m)	[termi'nalʲ]
positieve pool (de)	**terminal** (m) **positivo**	[termi'nalʲ posi'tiβa]
negatieve pool (de)	**terminal** (m) **negativo**	[termi'nalʲ nega'tiβa]
luchtfilter (de)	**filtro** (m) **de aire**	['filʲtro de 'aire]
oliefilter (de)	**filtro** (m) **de aceite**	['filʲtro de a'θejte]
benzinefilter (de)	**filtro** (m) **de combustible**	['filʲtro de kombus'tiβle]

178. Auto's. Botsing. Reparatie

auto-ongeval (het)	**accidente** (m)	[akθi'ðente]
verkeersongeluk (het)	**accidente** (m) **de tráfico**	[akθi'ðente de 'trafiko]
aanrijden (tegen een boom, enz.)	**chocar contra ...**	[ʧo'kar 'kontra]
verongelukken (ww)	**tener un accidente**	[te'ner un akθi'ðente]
beschadiging (de)	**daño** (m)	['danjo]
heelhuids (bn)	**intacto** (adj)	[in'takto]
pech (de)	**pana** (f)	['pana]
kapot gaan (zijn gebroken)	**averiarse** (vr)	[aβe'rjarse]
sleeptouw (het)	**remolque** (m)	[re'molʲke]
lek (het)	**pinchazo** (m)	[pin'ʧaθo]
lekke krijgen (band)	**desinflarse** (vr)	[desiŋ'flʲarse]
oppompen (ww)	**inflar** (vt)	[iŋ'flʲar]
druk (de)	**presión** (f)	[pre'sjon]
checken (ww)	**verificar** (vt)	[berifi'kar]
reparatie (de)	**reparación** (f)	[repara'θjon]
garage (de)	**taller** (m)	[ta'jer]
wisselstuk (het)	**parte** (f) **de repuesto**	['parte de repu'esto]
onderdeel (het)	**parte** (f)	['parte]
bout (de)	**perno** (m)	['perno]
schroef (de)	**tornillo** (m)	[tor'nijo]
moer (de)	**tuerca** (f)	[tu'erka]
sluitring (de)	**arandela** (f)	[aran'delʲa]
kogellager (de/het)	**rodamiento** (m)	[roða'mjento]
pijp (de)	**tubo** (m)	['tuβo]
pakking (de)	**junta** (f)	['χunta]
kabel (de)	**cable, hilo** (m)	['kaβle], ['ilʲo]
dommekracht (de)	**gato** (m)	['gato]
moersleutel (de)	**llave** (f) **de tuerca**	['jaβe de tu'erka]
hamer (de)	**martillo** (m)	[mar'tijo]
pomp (de)	**bomba** (f)	['bomba]
schroevendraaier (de)	**destornillador** (m)	[destornija'ðor]
brandblusser (de)	**extintor** (m)	[ekstin'tor]
gevarendriehoek (de)	**triángulo** (m) **de avería**	[tri'angulʲo de aβe'ria]

afslaan (ophouden te werken)	**pararse, calarse** (vr)	[pa'rarse], [ka'lʲarse]
uitvallen (het)	**parada** (f)	[pa'raða]
zijn gebroken	**estar averiado**	[es'tar aβe'rjaðo]
oververhitten (ww)	**recalentarse** (vr)	[rekalen'tarse]
verstopt raken (ww)	**estar atascado**	[es'tar atas'kaðo]
bevriezen (autodeur, enz.)	**congelarse** (vr)	[konχe'lʲarse]
barsten (leidingen, enz.)	**reventar** (vi)	[reβen'tar]
druk (de)	**presión** (f)	[pre'sjon]
niveau (bijv. olieniveau)	**nivel** (m)	[ni'βelʲ]
slap (de drijfriem is ~)	**flojo** (adj)	['flʲoχo]
deuk (de)	**abolladura** (f)	[aβoja'ðura]
geklop (vreemde geluiden)	**ruido** (m)	[ru'iðo]
barst (de)	**grieta** (f)	[gri'eta]
kras (de)	**rozadura** (f)	[roθa'ðura]

179. Auto's. Weg

weg (de)	**camino** (m)	[ka'mino]
snelweg (de)	**autovía** (f)	[auto'βia]
autoweg (de)	**carretera** (f)	[kare'tera]
richting (de)	**dirección** (f)	[direk'θjon]
afstand (de)	**distancia** (f)	[dis'tanθia]
brug (de)	**puente** (m)	[pu'ente]
parking (de)	**aparcamiento** (m)	[aparka'mjento]
plein (het)	**plaza** (f)	['plʲaθa]
verkeersknooppunt (het)	**intercambiador** (m)	[interkambja'ðor]
tunnel (de)	**túnel** (m)	['tunelʲ]
benzinestation (het)	**gasolinera** (f)	[gasoli'nera]
parking (de)	**aparcamiento** (m)	[aparka'mjento]
benzinepomp (de)	**surtidor** (m)	[surti'ðor]
garage (de)	**taller** (m)	[ta'jer]
tanken (ww)	**cargar gasolina**	[kar'gar gaso'lina]
brandstof (de)	**combustible** (m)	[kombus'tiβle]
jerrycan (de)	**bidón** (m) **de gasolina**	[bi'ðon de gaso'lina]
asfalt (het)	**asfalto** (m)	[as'falʲto]
markering (de)	**señalización** (f) **vial**	[senjaliθa'θjon bi'jalʲ]
trottoirband (de)	**bordillo** (m)	[bor'ðijo]
geleiderail (de)	**barrera** (f) **de seguridad**	[ba'rera de seguri'ðað]
greppel (de)	**cuneta** (f)	[ku'neta]
vluchtstrook (de)	**borde** (m) **de la carretera**	['borðe de lʲa kare'tera]
lichtmast (de)	**farola** (f)	[fa'rolʲa]
besturen (een auto ~)	**conducir** (vi, vt)	[kondu'θir]
afslaan (naar rechts ~)	**girar** (vi)	[χi'rar]
U-bocht maken (ww)	**girar en U**	[χi'rar en 'u]
achteruit (de)	**marcha** (f) **atrás**	['martʃa a'tras]
toeteren (ww)	**tocar la bocina**	[to'kar lʲa bo'θina]

toeter (de)	**bocinazo** (m)	[boθi'naθo]
vastzitten (in modder)	**atascarse** (vr)	[atas'karse]
spinnen (wielen gaan ~)	**patinar** (vi)	[pati'nar]
uitzetten (ww)	**parar** (vt)	[pa'rar]
snelheid (de)	**velocidad** (f)	[belʲoθi'ðað]
een snelheidsovertreding maken	**exceder la velocidad**	[ekθe'ðer lʲa belʲoθi'ðað]
bekeuren (ww)	**multar** (vt)	[mulʲ'tar]
verkeerslicht (het)	**semáforo** (m)	[se'maforo]
rijbewijs (het)	**permiso** (m) **de conducir**	[per'miso de kondu'θir]
overgang (de)	**paso** (m) **a nivel**	['paso a ni'βelʲ]
kruispunt (het)	**cruce** (m)	['kruθe]
zebrapad (oversteekplaats)	**paso** (m) **de peatones**	['paso de pea'tones]
voetgangerszone (de)	**zona** (f) **de peatones**	['θona de pea'tones]

180. Verkeersborden

verkeersregels (mv.)	**reglas** (f pl) **de tránsito**	['reɣlʲas de 'transito]
verkeersbord (het)	**señal** (m) **de tráfico**	[se'njalʲ de 'trafiko]
inhalen (het)	**adelantamiento** (m)	[aðelʲanta'mjento]
bocht (de)	**curva** (f)	['kurβa]
U-bocht, kering (de)	**vuelta** (f) **en U**	[bu'elʲta en 'u]
Rotonde (de)	**rotonda** (f)	[ro'tonda]
Verboden richting	**Prohibido el paso**	[proi'βiðo elʲ 'paso]
Verboden toegang	**Circulación prohibida**	[θirkulʲa'θjon proi'βiða]
Inhalen verboden	**Prohibido adelantar**	[proi'βiðo aðelʲan'tar]
Parkeerverbod	**Prohibido aparcar**	[proi'βiðo apar'kar]
Verbod stil te staan	**Prohibido parar**	[proi'βiðo pa'rar]
Gevaarlijke bocht	**curva** (f) **peligrosa**	['kurβa peli'ɣrosa]
Gevaarlijke daling	**bajada con fuerte pendiente**	[ba'χaða kon fu'erte pen'djente]
Eenrichtingsweg	**sentido** (m) **único**	[sen'tiðo 'uniko]
Voetgangers	**paso** (m) **de peatones**	['paso de pea'tones]
Slipgevaar	**pavimento** (m) **deslizante**	[paβi'mento desli'θante]
Voorrang verlenen	**ceda el paso**	['θeða elʲ 'paso]

MENSEN. GEBEURTENISSEN IN HET LEVEN

181. Vakanties. Evenement

feest (het)	**fiesta** (f)	['fjesta]
nationale feestdag (de)	**fiesta** (f) **nacional**	['fjesta naθjo'nalʲ]
feestdag (de)	**día** (m) **de fiesta**	['dia de 'fjesta]
herdenken (ww)	**celebrar** (vt)	[θele'βrar]
gebeurtenis (de)	**evento** (m)	[e'βento]
evenement (het)	**medida** (f)	[me'ðiða]
banket (het)	**banquete** (m)	[baŋ'kete]
receptie (de)	**recepción** (f)	[resep'θjon]
feestmaal (het)	**festín** (m)	[fes'tin]
verjaardag (de)	**aniversario** (m)	[aniβer'sario]
jubileum (het)	**jubileo** (m)	[χuβi'leo]
Nieuwjaar (het)	**Año** (m) **Nuevo**	['anjo nu'eβo]
Gelukkig Nieuwjaar!	**¡Feliz Año Nuevo!**	[fe'liθ 'anjo nu'eβo]
Sinterklaas (de)	**Papá Noel** (m)	[pa'pa no'elʲ]
Kerstfeest (het)	**Navidad** (f)	[naβi'ðað]
Vrolijk kerstfeest!	**¡Feliz Navidad!**	[fe'liθ naβi'ðað]
kerstboom (de)	**árbol** (m) **de Navidad**	['arβolʲ de naβi'ðað]
vuurwerk (het)	**fuegos** (m pl) **artificiales**	[fu'egos artifi'θjales]
bruiloft (de)	**boda** (f)	['boða]
bruidegom (de)	**novio** (m)	['noβio]
bruid (de)	**novia** (f)	['noβia]
uitnodigen (ww)	**invitar** (vt)	[imbi'tar]
uitnodigingskaart (de)	**tarjeta** (f) **de invitación**	[tar'χeta de imbita'θjon]
gast (de)	**invitado** (m)	[imbi'taðo]
op bezoek gaan	**visitar** (vt)	[bisi'tar]
gasten verwelkomen	**recibir a los invitados**	[reθi'βir a los imbi'taðos]
geschenk, cadeau (het)	**regalo** (m)	[re'galʲo]
geven (iets cadeau ~)	**regalar** (vt)	[rega'lʲar]
geschenken ontvangen	**recibir regalos**	[reθi'βir re'galʲos]
boeket (het)	**ramo** (m) **de flores**	['ramo de 'flʲores]
felicitaties (mv.)	**felicitación** (f)	[feliθita'θjon]
feliciteren (ww)	**felicitar** (vt)	[feliθi'tar]
wenskaart (de)	**tarjeta** (f) **de felicitación**	[tar'χeta de feliθita'θjon]
een kaartje versturen	**enviar una tarjeta**	[em'bjar 'una tar'χeta]
een kaartje ontvangen	**recibir una tarjeta**	[reθi'βir 'una tar'χeta]
toast (de)	**brindis** (m)	['brindis]

aanbieden (een drankje ~)	**ofrecer** (vt)	[ofre'θer]
champagne (de)	**champaña** (f)	[ʧam'panja]
plezier hebben (ww)	**divertirse** (vr)	[diβer'tirse]
plezier (het)	**diversión** (f)	[diβer'sjon]
vreugde (de)	**alegría** (f)	[ale'ɣria]
dans (de)	**baile** (m)	['bajle]
dansen (ww)	**bailar** (vi, vt)	[baj'lʲar]
wals (de)	**vals** (m)	[balʲs]
tango (de)	**tango** (m)	['tango]

182. Begrafenissen. Begrafenis

kerkhof (het)	**cementerio** (m)	[θemen'terio]
graf (het)	**tumba** (f)	['tumba]
kruis (het)	**cruz** (f)	[kruθ]
grafsteen (de)	**lápida** (f)	['lʲapiða]
omheining (de)	**verja** (f)	['berχa]
kapel (de)	**capilla** (f)	[ka'pija]
dood (de)	**muerte** (f)	[mu'erte]
sterven (ww)	**morir** (vi)	[mo'rir]
overledene (de)	**difunto** (m)	[di'funto]
rouw (de)	**luto** (m)	['lʲuto]
begraven (ww)	**enterrar** (vt)	[ente'rar]
begrafenisonderneming (de)	**funeraria** (f)	[fune'raria]
begrafenis (de)	**entierro** (m)	[en'tjero]
krans (de)	**corona** (f) **funeraria**	[ko'rona fune'raria]
doodskist (de)	**ataúd** (m)	[ata'uð]
lijkwagen (de)	**coche** (m) **fúnebre**	['koʧe 'funeβre]
lijkkleed (de)	**mortaja** (f)	[mor'taχa]
begrafenisstoet (de)	**cortejo** (m) **fúnebre**	[kor'teχo 'funeβre]
urn (de)	**urna** (f) **funeraria**	['urna fune'raria]
crematorium (het)	**crematorio** (m)	[krema'torio]
overlijdensbericht (het)	**necrología** (f)	[nekrolʲo'χia]
huilen (wenen)	**llorar** (vi)	[jo'rar]
snikken (huilen)	**sollozar** (vi)	[sojo'θar]

183. Oorlog. Soldaten

peloton (het)	**sección** (f)	[sek'θjon]
compagnie (de)	**compañía** (f)	[kompa'njia]
regiment (het)	**regimiento** (m)	[reχi'mjento]
leger (armee)	**ejército** (m)	[e'χerθito]
divisie (de)	**división** (f)	[diβi'θjon]
sectie (de)	**destacamento** (m)	[destaka'mento]

troep (de) **hueste** (f) [u'este]
soldaat (militair) **soldado** (m) [solʲ'ðaðo]
officier (de) **oficial** (m) [ofi'θjalʲ]

soldaat (rang) **soldado** (m) **raso** [solʲ'ðaðo 'raso]
sergeant (de) **sargento** (m) [sar'χento]
luitenant (de) **teniente** (m) [te'njente]
kapitein (de) **capitán** (m) [kapi'tan]
majoor (de) **mayor** (m) [ma'jor]
kolonel (de) **coronel** (m) [koro'nelʲ]
generaal (de) **general** (m) [χene'ralʲ]

matroos (de) **marino** (m) [ma'rino]
kapitein (de) **capitán** (m) [kapi'tan]
bootsman (de) **contramaestre** (m) [kontrama'estre]

artillerist (de) **artillero** (m) [arti'jero]
valschermjager (de) **paracaidista** (m) [parakai'ðista]
piloot (de) **piloto** (m) [pi'lʲoto]
stuurman (de) **navegador** (m) [naβega'ðor]
mecanicien (de) **mecánico** (m) [me'kaniko]

sappeur (de) **zapador** (m) [θapa'ðor]
parachutist (de) **paracaidista** (m) [parakai'ðista]
verkenner (de) **explorador** (m) [ekspʲora'ðor]
scherpschutter (de) **francotirador** (m) ['fraŋko·tira'ðor]

patrouille (de) **patrulla** (f) [pa'truja]
patrouilleren (ww) **patrullar** (vi, vt) [patru'jar]
wacht (de) **centinela** (m) [θenti'nelʲa]

krijger (de) **guerrero** (m) [ge'rero]
patriot (de) **patriota** (m) [pa'trjota]
held (de) **héroe** (m) ['eroe]
heldin (de) **heroína** (f) [ero'ina]

verrader (de) **traidor** (m) [trai'ðor]
verraden (ww) **traicionar** (vt) [traiθjo'nar]

deserteur (de) **desertor** (m) [deser'tor]
deserteren (ww) **desertar** (vi) [deser'tar]

huurling (de) **mercenario** (m) [merθe'nario]
rekruut (de) **recluta** (m) [re'klʲuta]
vrijwilliger (de) **voluntario** (m) [bolʲun'tario]

gedode (de) **muerto** (m) [mu'erto]
gewonde (de) **herido** (m) [e'riðo]
krijgsgevangene (de) **prisionero** (m) [prisjo'nero]

184. Oorlog. Militaire acties. Deel 1

oorlog (de) **guerra** (f) ['gera]
oorlog voeren (ww) **estar en guerra** [es'tar en 'gera]

burgeroorlog (de)	**guerra** (f) **civil**	['gera θi'βilʲ]
achterbaks (bw)	**pérfidamente** (adv)	['perfiða'mente]
oorlogsverklaring (de)	**declaración** (f) **de guerra**	[deklʲara'θjon de 'gera]
verklaren (de oorlog ~)	**declarar** (vt)	[deklʲa'rar]
agressie (de)	**agresión** (f)	[aɣre'sjon]
aanvallen (binnenvallen)	**atacar** (vt)	[ata'kar]
binnenvallen (ww)	**invadir** (vt)	[imba'ðir]
invaller (de)	**invasor** (m)	[imba'sor]
veroveraar (de)	**conquistador** (m)	[koŋkista'ðor]
verdediging (de)	**defensa** (f)	[de'fensa]
verdedigen (je land ~)	**defender** (vt)	[defen'der]
zich verdedigen (ww)	**defenderse** (vr)	[defen'derse]
vijand (de)	**enemigo** (m)	[ene'migo]
tegenstander (de)	**adversario** (m)	[aðβer'sario]
vijandelijk (bn)	**enemigo** (adj)	[ene'migo]
strategie (de)	**estrategia** (f)	[estra'teχia]
tactiek (de)	**táctica** (f)	['taktika]
order (de)	**orden** (f)	['orðen]
bevel (het)	**comando** (m)	[ko'mando]
bevelen (ww)	**ordenar** (vt)	[orðe'nar]
opdracht (de)	**misión** (f)	[mi'sjon]
geheim (bn)	**secreto** (adj)	[se'kreto]
veldslag (de)	**batalla** (f)	[ba'taja]
strijd (de)	**combate** (m)	[kom'bate]
aanval (de)	**ataque** (m)	[a'take]
bestorming (de)	**asalto** (m)	[a'salʲto]
bestormen (ww)	**tomar por asalto**	[to'mar por a'salʲto]
bezetting (de)	**asedio** (m), **sitio** (m)	[a'seðio], ['sitio]
aanval (de)	**ofensiva** (f)	[ofen'siβa]
in het offensief te gaan	**tomar la ofensiva**	[to'mar lʲa ofen'siβa]
terugtrekking (de)	**retirada** (f)	[reti'raða]
zich terugtrekken (ww)	**retirarse** (vr)	[reti'rarse]
omsingeling (de)	**envolvimiento** (m)	[embolʲβi'mjento]
omsingelen (ww)	**cercar** (vt)	[θer'kar]
bombardement (het)	**bombardeo** (m)	[bombar'ðeo]
een bom gooien	**lanzar una bomba**	[lʲan'θar 'una 'bomba]
bombarderen (ww)	**bombear** (vt)	[bombe'ar]
ontploffing (de)	**explosión** (f)	[ekspl ʲo'sjon]
schot (het)	**tiro** (m), **disparo** (m)	['tiro], [dis'paro]
een schot lossen	**disparar** (vi)	[dispa'rar]
schieten (het)	**tiro** (m)	['tiro]
mikken op (ww)	**apuntar a ...**	[apun'tar a]
aanleggen (een wapen ~)	**encarar** (vt)	[eŋka'rar]

treffen (doelwit ~)	**alcanzar** (vt)	[alʲkan'θar]
zinken (tot zinken brengen)	**hundir** (vt)	[un'dir]
kogelgat (het)	**brecha** (f)	['breʧa]
zinken (gezonken zijn)	**hundirse** (vr)	[un'dirse]
front (het)	**frente** (m)	['frente]
evacuatie (de)	**evacuación** (f)	[eβakua'θjon]
evacueren (ww)	**evacuar** (vt)	[eβaku'ar]
loopgraaf (de)	**trinchera** (f)	[trin'ʧera]
prikkeldraad (de)	**alambre** (m) **de púas**	[a'lʲambre de 'puas]
verdedigingsobstakel (het)	**barrera** (f)	[ba'rera]
wachttoren (de)	**torre** (f) **de vigilancia**	['tore de biχi'lʲanθia]
hospitaal (het)	**hospital** (m)	[ospi'talʲ]
verwonden (ww)	**herir** (vi, vt)	[e'rir]
wond (de)	**herida** (f)	[e'riða]
gewonde (de)	**herido** (m)	[e'riðo]
gewond raken (ww)	**recibir una herida**	[reθi'βir 'una e'riða]
ernstig (~e wond)	**grave** (adj)	['graβe]

185. Oorlog. Militaire acties. Deel 2

krijgsgevangenschap (de)	**cautiverio** (m)	[kauti'βerio]
krijgsgevangen nemen	**capturar** (vt)	[kaptu'rar]
krijgsgevangene zijn	**estar en cautiverio**	[es'tar en kauti'βerio]
krijgsgevangen genomen worden	**caer prisionero**	[ka'er prisjo'nero]
concentratiekamp (het)	**campo** (m) **de concentración**	['kampo de konθentra'θjon]
krijgsgevangene (de)	**prisionero** (m)	[prisjo'nero]
vluchten (ww)	**escapar** (vi)	[eska'par]
verraden (ww)	**traicionar** (vt)	[traiθjo'nar]
verrader (de)	**traidor** (m)	[trai'ðor]
verraad (het)	**traición** (f)	[trai'θjon]
fusilleren (executeren)	**fusilar** (vt)	[fusi'lʲar]
executie (de)	**fusilamiento** (m)	[fusilʲa'mjento]
uitrusting (de)	**equipo** (m)	[e'kipo]
schouderstuk (het)	**hombrera** (f)	[om'brera]
gasmasker (het)	**máscara** (f) **antigás**	['maskara anti'ɣas]
portofoon (de)	**radio transmisor** (m)	['raðjo transmi'sor]
geheime code (de)	**cifra** (f)	['θifra]
samenzwering (de)	**conspiración** (f)	[konspira'θjon]
wachtwoord (het)	**contraseña** (f)	[kontra'senja]
mijn (landmijn)	**mina** (f) **terrestre**	['mina te'restre]
ondermijnen (legden mijnen)	**minar** (vt)	[mi'nar]
mijnenveld (het)	**campo** (m) **minado**	['kampo mi'naðo]
luchtalarm (het)	**alarma** (f) **aérea**	[a'lʲarma a'erea]
alarm (het)	**alarma** (f)	[a'lʲarma]

signaal (het) **señal** (f) [se'njalʲ]
vuurpijl (de) **cohete** (m) **de señales** [ko'ete de se'njales]

staf (generale ~) **estado** (m) **mayor** [es'taðo ma'jor]
verkenning (de) **reconocimiento** (m) [rekonoθi'mjento]
toestand (de) **situación** (f) [situa'θjon]
rapport (het) **informe** (m) [iŋ'forme]
hinderlaag (de) **emboscada** (f) [embos'kaða]
versterking (de) **refuerzo** (m) [refu'erθo]

doel (bewegend ~) **blanco** (m) ['blʲaŋko]
proefterrein (het) **terreno** (m) **de prueba** [te'reno de pru'eβa]
manoeuvres (mv.) **maniobras** (f pl) [ma'njoβras]

paniek (de) **pánico** (m) ['paniko]
verwoesting (de) **devastación** (f) [deβasta'θjon]
verwoestingen (mv.) **destrucciones** (f pl) [destruk'θjones]
verwoesten (ww) **destruir** (vt) [destru'ir]

overleven (ww) **sobrevivir** (vi, vt) ['soβreβi'βir]
ontwapenen (ww) **desarmar** (vt) [desar'mar]
behandelen (een pistool ~) **manejar** (vt) [mane'χar]

Geeft acht! **¡Firmes!** ['firmes]
Op de plaats rust! **¡Descanso!** [des'kanso]

heldendaad (de) **hazaña** (f) [a'θanja]
eed (de) **juramento** (m) [χura'mento]
zweren (een eed doen) **jurar** (vt) [χu'rar]

decoratie (de) **condecoración** (f) [kondekora'θjon]
onderscheiden (een ereteken geven) **condecorar** (vt) [kondeko'rar]
medaille (de) **medalla** (f) [me'ðaja]
orde (de) **orden** (m) ['orðen]

overwinning (de) **victoria** (f) [bik'toria]
verlies (het) **derrota** (f) [de'rota]
wapenstilstand (de) **armisticio** (m) [armis'tiθio]

wimpel (vaandel) **bandera** (f) [ban'dera]
roem (de) **gloria** (f) ['glʲoria]
parade (de) **desfile** (m) **militar** [desfi'le mili'tar]
marcheren (ww) **marchar** (vi) [mar'ʧar]

186. Wapens

wapens (mv.) **arma** (f) ['arma]
vuurwapens (mv.) **arma** (f) **de fuego** ['arma de fu'ego]
koude wapens (mv.) **arma** (f) **blanca** ['arma 'blʲaŋka]

chemische wapens (mv.) **arma** (f) **química** ['arma 'kimika]
kern-, nucleair (bn) **nuclear** (adj) [nukle'ar]
kernwapens (mv.) **arma** (f) **nuclear** ['arma nukle'ar]

bom (de)	**bomba** (f)	['bomba]
atoombom (de)	**bomba** (f) **atómica**	['bomba a'tomika]
pistool (het)	**pistola** (f)	[pis'tolʲa]
geweer (het)	**fusil** (m)	[fu'silʲ]
machinepistool (het)	**metralleta** (f)	[metra'jeta]
machinegeweer (het)	**ametralladora** (f)	[ametraja'ðora]
loop (schietbuis)	**boca** (f)	['boka]
loop (bijv. geweer met kortere ~)	**cañón** (m)	[ka'njon]
kaliber (het)	**calibre** (m)	[ka'liβre]
trekker (de)	**gatillo** (m)	[ga'tijo]
korrel (de)	**alza** (f)	['alʲθa]
magazijn (het)	**cargador** (m)	[karga'ðor]
geweerkolf (de)	**culata** (f)	[ku'lʲata]
granaat (handgranaat)	**granada** (f)	[gra'naða]
explosieven (mv.)	**explosivo** (m)	[eksplʲo'siβo]
kogel (de)	**bala** (f)	['balʲa]
patroon (de)	**cartucho** (m)	[kar'tuʧo]
lading (de)	**carga** (f)	['karga]
ammunitie (de)	**pertrechos** (m pl)	[per'treʧos]
bommenwerper (de)	**bombardero** (m)	[bombar'ðero]
straaljager (de)	**avión** (m) **de caza**	[a'βjon de 'kaθa]
helikopter (de)	**helicóptero** (m)	[eli'koptero]
afweergeschut (het)	**antiaéreo** (m)	[anti·a'ereo]
tank (de)	**tanque** (m)	['taŋke]
kanon (tank met een ~ van 76 mm)	**cañón** (m)	[ka'njon]
artillerie (de)	**artillería** (f)	[artije'ria]
kanon (het)	**cañón** (m)	[ka'njon]
aanleggen (een wapen ~)	**dirigir** (vt)	[diri'χir]
mortier (de)	**mortero** (m)	[mor'tero]
mortiergranaat (de)	**bomba** (f) **de mortero**	['bomba de mar'tero]
projectiel (het)	**obús** (m)	[o'βus]
granaatscherf (de)	**trozo** (m) **de obús**	['troθo de o'βus]
duikboot (de)	**submarino** (m)	[suβma'rino]
torpedo (de)	**torpedo** (m)	[tor'peðo]
raket (de)	**misil** (m)	[mi'silʲ]
laden (geweer, kanon)	**cargar** (vt)	[kar'gar]
schieten (ww)	**tirar** (vi)	[ti'rar]
richten op (mikken)	**apuntar a ...**	[apun'tar a]
bajonet (de)	**bayoneta** (f)	[bajo'neta]
degen (de)	**espada** (f)	[es'paða]
sabel (de)	**sable** (m)	['saβle]
speer (de)	**lanza** (f)	['lʲanθa]

boog (de)	**arco** (m)	['arko]
pijl (de)	**flecha** (f)	['fletʃa]
musket (de)	**mosquete** (m)	[mos'kete]
kruisboog (de)	**ballesta** (f)	[ba'jesta]

187. Oude mensen

primitief (bn)	**primitivo** (adj)	[primi'tiβo]
voorhistorisch (bn)	**prehistórico** (adj)	[preis'toriko]
eeuwenoude (~ beschaving)	**antiguo** (adj)	[an'tiguo]
Steentijd (de)	**Edad** (f) **de Piedra**	[e'ðað de 'pjeðra]
Bronstijd (de)	**Edad** (f) **de Bronce**	[e'ðað de 'bronθe]
IJstijd (de)	**Edad** (f) **de Hielo**	[e'ðað de 'jel'o]
stam (de)	**tribu** (f)	['triβu]
menseneter (de)	**caníbal** (m)	[ka'niβal']
jager (de)	**cazador** (m)	[kaθa'ðor]
jagen (ww)	**cazar** (vi, vt)	[ka'θar]
mammoet (de)	**mamut** (m)	[ma'mut]
grot (de)	**caverna** (f)	[ka'βerna]
vuur (het)	**fuego** (m)	[fu'ego]
kampvuur (het)	**hoguera** (f)	[o'gera]
rotstekening (de)	**pintura** (f) **rupestre**	[pin'tura ru'pestre]
werkinstrument (het)	**herramienta** (f), **útil** (m)	[era'mjenta], ['util']
speer (de)	**lanza** (f)	['l'anθa]
stenen bijl (de)	**hacha** (f) **de piedra**	['atʃa de 'pjeðra]
oorlog voeren (ww)	**estar en guerra**	[es'tar en 'gera]
temmen (bijv. wolf ~)	**domesticar** (vt)	[domesti'kar]
idool (het)	**ídolo** (m)	['iðol'o]
aanbidden (ww)	**adorar** (vt)	[aðo'rar]
bijgeloof (het)	**superstición** (f)	[supersti'θjon]
ritueel (het)	**rito** (m)	['rito]
evolutie (de)	**evolución** (f)	[eβol'u'θjon]
ontwikkeling (de)	**desarrollo** (m)	[desa'rojo]
verdwijning (de)	**desaparición** (f)	[desapari'θjon]
zich aanpassen (ww)	**adaptarse** (vr)	[aðap'tarse]
archeologie (de)	**arqueología** (f)	[arkeol'o'χia]
archeoloog (de)	**arqueólogo** (m)	[arke'ol'ogo]
archeologisch (bn)	**arqueológico** (adj)	[arkeo'l'oχiko]
opgravingsplaats (de)	**sitio** (m) **de excavación**	['sitio de ekskaβa'θjon]
opgravingen (mv.)	**excavaciones** (f pl)	[ekskaβa'θjones]
vondst (de)	**hallazgo** (m)	[a'jaθgo]
fragment (het)	**fragmento** (m)	[fraɣ'mento]

188. Middeleeuwen

volk (het)	**pueblo** (m)	[pu'eβlʲo]
volkeren (mv.)	**pueblos** (m pl)	[pu'eβlʲos]
stam (de)	**tribu** (f)	['triβu]
stammen (mv.)	**tribus** (f pl)	['triβus]
barbaren (mv.)	**bárbaros** (m pl)	['barβaros]
Galliërs (mv.)	**galos** (m pl)	['galʲos]
Goten (mv.)	**godos** (m pl)	['goðos]
Slaven (mv.)	**eslavos** (m pl)	[es'lʲaβos]
Vikings (mv.)	**vikingos** (m pl)	[bi'kingos]
Romeinen (mv.)	**romanos** (m pl)	[ro'manos]
Romeins (bn)	**romano** (adj)	[ro'mano]
Byzantijnen (mv.)	**bizantinos** (m pl)	[biθan'tinos]
Byzantium (het)	**Bizancio** (m)	[bi'θanθio]
Byzantijns (bn)	**bizantino** (adj)	[biθan'tino]
keizer (bijv. Romeinse ~)	**emperador** (m)	[empera'ðor]
opperhoofd (het)	**jefe** (m)	['χefe]
machtig (bn)	**poderoso** (adj)	[poðe'roso]
koning (de)	**rey** (m)	[rej]
heerser (de)	**gobernador** (m)	[goβerna'ðor]
ridder (de)	**caballero** (m)	[kaβa'jero]
feodaal (de)	**señor** (m) **feudal**	[se'njor feu'ðalʲ]
feodaal (bn)	**feudal** (adj)	[feu'ðalʲ]
vazal (de)	**vasallo** (m)	[ba'sajo]
hertog (de)	**duque** (m)	['duke]
graaf (de)	**conde** (m)	['konde]
baron (de)	**barón** (m)	[ba'ron]
bisschop (de)	**obispo** (m)	[o'βispo]
harnas (het)	**armadura** (f)	[arma'ðura]
schild (het)	**escudo** (m)	[es'kuðo]
zwaard (het)	**espada** (f)	[es'paða]
vizier (het)	**visera** (f)	[bi'sera]
maliënkolder (de)	**cota** (f) **de malla**	['kota de 'maja]
kruistocht (de)	**cruzada** (f)	[kru'θaða]
kruisvaarder (de)	**cruzado** (m)	[kru'θaðo]
gebied (bijv. bezette ~en)	**territorio** (m)	[teri'torio]
aanvallen (binnenvallen)	**atacar** (vt)	[ata'kar]
veroveren (ww)	**conquistar** (vt)	[koŋkis'tar]
innemen (binnenvallen)	**ocupar** (vt)	[oku'par]
bezetting (de)	**asedio** (m), **sitio** (m)	[a'seðio], ['sitio]
belegerd (bn)	**sitiado** (adj)	[si'tjaðo]
belegeren (ww)	**asediar, sitiar**	[ase'ðjar], [si'tjar]
inquisitie (de)	**inquisición** (f)	[iŋkisi'θjon]
inquisiteur (de)	**inquisidor** (m)	[iŋkisi'ðor]

foltering (de) **tortura** (f) [tor'tura]
wreed (bn) **cruel** (adj) [kru'elʲ]
ketter (de) **hereje** (m) [e'reχe]
ketterij (de) **herejía** (f) [ere'χia]

zeevaart (de) **navegación** (f) **marítima** [naβega'θjon ma'ritima]
piraat (de) **pirata** (m) [pi'rata]
piraterij (de) **piratería** (f) [pirate'ria]
enteren (het) **abordaje** (m) [aβor'ðaχe]
buit (de) **botín** (m) [bo'tin]
schatten (mv.) **tesoros** (m pl) [te'soros]

ontdekking (de) **descubrimiento** (m) [deskuβri'mjento]
ontdekken (bijv. nieuw land) **descubrir** (vt) [desku'βrir]
expeditie (de) **expedición** (f) [ekspeði'θjon]

musketier (de) **mosquetero** (m) [moske'tero]
kardinaal (de) **cardenal** (m) [karðe'nalʲ]
heraldiek (de) **heráldica** (f) [e'ralʲdika]
heraldisch (bn) **heráldico** (adj) [e'ralʲdiko]

189. Leider. Baas. Autoriteiten

koning (de) **rey** (m) [rej]
koningin (de) **reina** (f) ['rejna]
koninklijk (bn) **real** (adj) [re'alʲ]
koninkrijk (het) **reino** (m) ['rejno]

prins (de) **príncipe** (m) ['prinθipe]
prinses (de) **princesa** (f) [prin'θesa]

president (de) **presidente** (m) [presi'ðente]
vicepresident (de) **vicepresidente** (m) ['biθe·presi'ðente]
senator (de) **senador** (m) [sena'ðor]

monarch (de) **monarca** (m) [mo'narka]
heerser (de) **gobernador** (m) [goβerna'ðor]
dictator (de) **dictador** (m) [dikta'ðor]
tiran (de) **tirano** (m) [ti'rano]
magnaat (de) **magnate** (m) [maɣ'nate]

directeur (de) **director** (m) [direk'tor]
chef (de) **jefe** (m) ['χefe]
beheerder (de) **gerente** (m) [χe'rente]
baas (de) **amo** (m) ['amo]
eigenaar (de) **dueño** (m) [du'enjo]

leider (de) **jefe** (m), **líder** (m) ['χefe], ['liðer]
hoofd (bijv. ~ van de delegatie) **jefe** (m) ['χefe]
autoriteiten (mv.) **autoridades** (f pl) [autori'ðaðes]
superieuren (mv.) **superiores** (m pl) [supe'rjores]
gouverneur (de) **gobernador** (m) [goβerna'ðor]
consul (de) **cónsul** (m) ['konsulʲ]

diplomaat (de)	**diplomático** (m)	[diplʲo'matiko]
burgemeester (de)	**alcalde** (m)	[alʲ'kalʲde]
sheriff (de)	**sheriff** (m)	[ʃe'rif]
keizer (bijv. Romeinse ~)	**emperador** (m)	[empera'ðor]
tsaar (de)	**zar** (m)	[θar]
farao (de)	**faraón** (m)	[fara'on]
kan (de)	**jan** (m), **kan** (m)	[χan]

190. Weg. Weg. Routebeschrijving

weg (de)	**camino** (m)	[ka'mino]
route (de kortste ~)	**vía** (f)	['bia]
autoweg (de)	**carretera** (f)	[kare'tera]
snelweg (de)	**autovía** (f)	[auto'βia]
rijksweg (de)	**camino** (m) **nacional**	[ka'mino naθjo'nalʲ]
hoofdweg (de)	**camino** (m) **principal**	[ka'mino prinθi'palʲ]
landweg (de)	**camino** (m) **de tierra**	[ka'mino de 'tjera]
pad (het)	**sendero** (m)	[sen'dero]
paadje (het)	**senda** (f)	['senda]
Waar?	**¿Dónde?**	['donde]
Waarheen?	**¿Adónde?**	[a'ðonde]
Waarvandaan?	**¿De dónde?**	[de 'donde]
richting (de)	**dirección** (f)	[direk'θjon]
aanwijzen (de weg ~)	**mostrar** (vt)	[mos'trar]
naar links (bw)	**a la izquierda**	[a lʲa iθ'kjerða]
naar rechts (bw)	**a la derecha**	[a lʲa de'retʃa]
rechtdoor (bw)	**todo recto** (adv)	['toðo 'rekto]
terug (bijv. ~ keren)	**atrás** (adv)	[a'tras]
bocht (de)	**curva** (f)	['kurβa]
afslaan (naar rechts ~)	**girar** (vi)	[χi'rar]
U-bocht maken (ww)	**girar en U**	[χi'rar en 'u]
zichtbaar worden (ww)	**divisarse** (vr)	[diβi'sarse]
verschijnen (in zicht komen)	**aparecer** (vi)	[apare'θer]
stop (korte onderbreking)	**alto** (m)	['alʲto]
zich verpozen (uitrusten)	**descansar** (vi)	[deskan'sar]
rust (de)	**reposo** (m)	[re'poso]
verdwalen (de weg kwijt zijn)	**perderse** (vr)	[per'ðerse]
leiden naar ... (de weg)	**llevar a ...**	[je'βar a]
bereiken (ergens aankomen)	**llegar a ...**	[je'gar a]
deel (~ van de weg)	**tramo** (m)	['tramo]
asfalt (het)	**asfalto** (m)	[as'falʲto]
trottoirband (de)	**bordillo** (m)	[bor'ðijo]

greppel (de) **cuneta** (f) [ku'neta]
putdeksel (het) **pozo** (m) **de alcantarillado** ['poθo de alkantari'jaðo]
vluchtstrook (de) **arcén** (m) [ar'θen]
kuil (de) **bache** (m) ['batʃe]

gaan (te voet) **ir** (vi) [ir]
inhalen (voorbijgaan) **adelantar** (vt) [aðelʲan'tar]

stap (de) **paso** (m) ['paso]
te voet (bw) **a pie** [a 'pje]

blokkeren (de weg ~) **bloquear** (vt) [blʲoke'ar]
slagboom (de) **barrera** (f) [ba'rera]
doodlopende straat (de) **callejón** (m) **sin salida** [kaje'χon sin sa'liða]

191. De wet overtreden. Criminelen. Deel 1

bandiet (de) **bandido** (m) [ban'diðo]
misdaad (de) **crimen** (m) ['krimen]
misdadiger (de) **criminal** (m) [krimi'nalʲ]

dief (de) **ladrón** (m) [lʲa'ðron]
stelen (ww) **robar** (vt) [ro'βar]
stelen, diefstal (de) **robo** (m) ['roβo]

kidnappen (ww) **secuestrar** (vt) [sekues'trar]
kidnapping (de) **secuestro** (m) [seku'estro]
kidnapper (de) **secuestrador** (m) [sekuestra'ðor]

losgeld (het) **rescate** (m) [res'kate]
eisen losgeld (ww) **exigir un rescate** [eksi'χir un res'kate]

overvallen (ww) **robar** (vt) [ro'βar]
overval (de) **robo** (m) ['roβo]
overvaller (de) **atracador** (m) [atraka'ðor]

afpersen (ww) **extorsionar** (vt) [ekstorsjo'nar]
afperser (de) **extorsionista** (m) [ekstorsjo'nista]
afpersing (de) **extorsión** (f) [ekstor'sjon]

vermoorden (ww) **matar, asesinar** (vt) [ma'tar], [asesi'nar]
moord (de) **asesinato** (m) [asesi'nato]
moordenaar (de) **asesino** (m) [ase'sino]

schot (het) **tiro** (m), **disparo** (m) ['tiro], [dis'paro]
een schot lossen **disparar** (vi) [dispa'rar]
neerschieten (ww) **matar** (vt) [ma'tar]
schieten (ww) **tirar** (vi) [ti'rar]
schieten (het) **tiroteo** (m) [tiro'teo]

ongeluk (gevecht, enz.) **incidente** (m) [inθi'ðente]
gevecht (het) **pelea** (f) [pe'lea]
Help! **¡Socorro!** [so'koro]
slachtoffer (het) **víctima** (f) ['biktima]

beschadigen (ww)	**perjudicar** (vt)	[perχuði'kar]
schade (de)	**daño** (m)	['danjo]
lijk (het)	**cadáver** (m)	[ka'ðaβer]
zwaar (~ misdrijf)	**grave** (adj)	['graβe]
aanvallen (ww)	**atacar** (vt)	[ata'kar]
slaan (iemand ~)	**pegar** (vt)	[pe'gar]
in elkaar slaan (toetakelen)	**apporear** (vt)	[appore'ar]
ontnemen (beroven)	**quitar** (vt)	[ki'tar]
steken (met een mes)	**acuchillar** (vt)	[akuʧi'jar]
verminken (ww)	**mutilar** (vt)	[muti'lʲar]
verwonden (ww)	**herir** (vt)	[e'rir]
chantage (de)	**chantaje** (m)	[ʧan'taχe]
chanteren (ww)	**hacer chantaje**	[a'θer ʧan'taχe]
chanteur (de)	**chantajista** (m)	[ʧanta'χista]
afpersing (de)	**extorsión** (f)	[ekstor'sjon]
afperser (de)	**extorsionador** (m)	[ekstorsjona'ðor]
gangster (de)	**gángster** (m)	['ganster]
maffia (de)	**mafia** (f)	['mafia]
kruimeldief (de)	**carterista** (m)	[karte'rista]
inbreker (de)	**ladrón** (m) **de viviendas**	[lʲa'ðron de bi'βjendas]
smokkelen (het)	**contrabandismo** (m)	[kontraβan'dismo]
smokkelaar (de)	**contrabandista** (m)	[kontraβan'dista]
namaak (de)	**falsificación** (f)	[falʲsifika'θjon]
namaken (ww)	**falsificar** (vt)	[falʲsifi'kar]
namaak-, vals (bn)	**falso, falsificado**	['falʲso], [falʲsifi'kaðo]

192. De wet overtreden. Criminelen. Deel 2

verkrachting (de)	**violación** (f)	[biolʲa'θjon]
verkrachten (ww)	**violar** (vt)	[bio'lʲar]
verkrachter (de)	**violador** (m)	[biolʲa'ðor]
maniak (de)	**maniaco** (m)	[mani'ako]
prostituee (de)	**prostituta** (f)	[prosti'tuta]
prostitutie (de)	**prostitución** (f)	[prostitu'θjon]
pooier (de)	**chulo** (m), **proxeneta** (m)	['ʧulʲo], [prokse'neta]
drugsverslaafde (de)	**drogadicto** (m)	[droɣ·a'ðikto]
drugshandelaar (de)	**narcotraficante** (m)	[narko·trafi'kante]
opblazen (ww)	**hacer explotar**	[a'θer ekspl'o'tar]
explosie (de)	**explosión** (f)	[ekspl'o'sjon]
in brand steken (ww)	**incendiar** (vt)	[inθen'djar]
brandstichter (de)	**incendiario** (m)	[inθen'djario]
terrorisme (het)	**terrorismo** (m)	[tero'rismo]
terrorist (de)	**terrorista** (m)	[tero'rista]
gijzelaar (de)	**rehén** (m)	[re'en]
bedriegen (ww)	**estafar** (vt)	[esta'far]

bedrog (het)	**estafa** (f)	[es'tafa]
oplichter (de)	**estafador** (m)	[estafa'ðor]
omkopen (ww)	**sobornar** (vt)	[soβor'nar]
omkoperij (de)	**soborno** (m)	[so'βorno]
smeergeld (het)	**soborno** (m)	[so'βorno]
vergif (het)	**veneno** (m)	[be'neno]
vergiftigen (ww)	**envenenar** (vt)	[embene'nar]
vergif innemen (ww)	**envenenarse** (vr)	[embene'narse]
zelfmoord (de)	**suicidio** (m)	[sui'θiðio]
zelfmoordenaar (de)	**suicida** (m, f)	[sui'θiða]
bedreigen (bijv. met een pistool)	**amenazar** (vt)	[amena'θar]
bedreiging (de)	**amenaza** (f)	[ame'nasa]
een aanslag plegen	**atentar** (vi)	[aten'tar]
aanslag (de)	**atentado** (m)	[aten'taðo]
stelen (een auto)	**robar** (vt)	[ro'βar]
kapen (een vliegtuig)	**secuestrar** (vt)	[sekues'trar]
wraak (de)	**venganza** (f)	[ben'ganθa]
wreken (ww)	**vengar** (vt)	[ben'gar]
martelen (gevangenen)	**torturar** (vt)	[tortu'rar]
foltering (de)	**tortura** (f)	[tor'tura]
folteren (ww)	**atormentar** (vt)	[atormen'tar]
piraat (de)	**pirata** (m)	[pi'rata]
straatschender (de)	**gamberro** (m)	[gam'bero]
gewapend (bn)	**armado** (adj)	[ar'maðo]
geweld (het)	**violencia** (f)	[bio'lenθia]
onwettig (strafbaar)	**ilegal** (adj)	[ile'galʲ]
spionage (de)	**espionaje** (m)	[espjo'naχe]
spioneren (ww)	**espiar** (vi, vt)	[espi'jar]

193. Politie. Wet. Deel 1

justitie (de)	**justicia** (f)	[χus'tiθia]
gerechtshof (het)	**tribunal** (m)	[triβu'nalʲ]
rechter (de)	**juez** (m)	[χu'eθ]
jury (de)	**jurados** (m pl)	[χu'raðos]
juryrechtspraak (de)	**tribunal** (m) **de jurados**	[triβu'nalʲ de χu'raðos]
berechten (ww)	**juzgar** (vt)	[χuθ'gar]
advocaat (de)	**abogado** (m)	[aβo'gaðo]
beklaagde (de)	**acusado** (m)	[aku'saðo]
beklaagdenbank (de)	**banquillo** (m) **de los acusados**	[baŋ'kijo de los aku'saðos]
beschuldiging (de)	**inculpación** (f)	[iŋkulʲpa'θjon]

beschuldigde (de) — **inculpado** (m) — [iŋkulʲ'paðo]
vonnis (het) — **sentencia** (f) — [sen'tenθia]
veroordelen (in een rechtszaak) — **sentenciar** (vt) — [senten'θjar]

schuldige (de) — **culpable** (m) — [kulʲ'paβle]
straffen (ww) — **castigar** (vt) — [kasti'gar]
bestraffing (de) — **castigo** (m) — [kas'tigo]

boete (de) — **multa** (f) — ['mulʲta]
levenslange opsluiting (de) — **cadena** (f) **perpetua** — [ka'ðena per'petua]
doodstraf (de) — **pena** (f) **de muerte** — ['pena de mu'erte]
elektrische stoel (de) — **silla** (f) **eléctrica** — ['sija e'lektrika]
schavot (het) — **horca** (f) — ['orka]
executeren (ww) — **ejecutar** (vt) — [eχeku'tar]
executie (de) — **ejecución** (f) — [eχeku'θjon]

gevangenis (de) — **prisión** (f) — [pri'sjon]
cel (de) — **celda** (f) — ['θelʲda]

konvooi (het) — **escolta** (f) — [es'kolʲta]
gevangenisbewaker (de) — **guardia** (m) **de prisiones** — [gu'arðja de pri'sjones]
gedetineerde (de) — **prisionero** (m) — [prisjo'nero]

handboeien (mv.) — **esposas** (f pl) — [es'posas]
handboeien omdoen — **esposar** (vt) — [espo'sar]
ontsnapping (de) — **escape** (m) — [es'kape]
ontsnappen (ww) — **escaparse** (vr) — [eska'parse]
verdwijnen (ww) — **desaparecer** (vi) — [desapare'θer]
vrijlaten (uit de gevangenis) — **liberar** (vt) — [liβe'rar]
amnestie (de) — **amnistía** (f) — [amnis'tia]

politie (de) — **policía** (f) — [poli'θia]
politieagent (de) — **policía** (m) — [poli'θia]
politiebureau (het) — **comisaría** (f) **de policía** — [komisa'ria de poli'θia]
knuppel (de) — **porra** (f) — ['pora]
megafoon (de) — **megáfono** (m) — [me'ɣafono]

patrouilleerwagen (de) — **coche** (m) **patrulla** — ['koʧe pa'truja]
sirene (de) — **sirena** (f) — [si'rena]
de sirene aansteken — **poner la sirena** — [po'ner lʲa si'rena]
geloei (het) van de sirene — **sonido** (m) **de sirena** — [so'niðo de si'rena]

plaats delict (de) — **escena** (f) **del delito** — [e'θeno delʲ de'lito]
getuige (de) — **testigo** (m) — [tes'tigo]
vrijheid (de) — **libertad** (f) — [liβer'tað]
handlanger (de) — **cómplice** (m) — ['kompliθe]
ontvluchten (ww) — **escapar de ...** — [eska'par de]
spoor (het) — **rastro** (m) — ['rastro]

194. Politie. Wet. Deel 2

opsporing (de) — **búsqueda** (f) — ['buskeða]
opsporen (ww) — **buscar** (vt) — [bus'kar]

verdenking (de)	**sospecha** (f)	[sos'peʧa]
verdacht (bn)	**sospechoso** (adj)	[sospe'ʧoso]
aanhouden (stoppen)	**parar** (vt)	[pa'rar]
tegenhouden (ww)	**retener** (vt)	[rete'ner]
strafzaak (de)	**causa** (f)	['kausa]
onderzoek (het)	**investigación** (f)	[imbestiga'θjon]
detective (de)	**detective** (m)	[detek'tiβe]
onderzoeksrechter (de)	**investigador** (m)	[imbestiga'ðor]
versie (de)	**versión** (f)	[ber'sjon]
motief (het)	**motivo** (m)	[mo'tiβo]
verhoor (het)	**interrogatorio** (m)	[interoga'torio]
ondervragen (door de politie)	**interrogar** (vt)	[intero'gar]
ondervragen (omstanders ~)	**interrogar** (vt)	[intero'gar]
controle (de)	**control** (m)	[kon'trolʲ]
razzia (de)	**redada** (f)	[re'ðaða]
huiszoeking (de)	**registro** (m)	[re'χistro]
achtervolging (de)	**persecución** (f)	[perseku'θjon]
achtervolgen (ww)	**perseguir** (vt)	[perse'gir]
opsporen (ww)	**rastrear** (vt)	[rastre'ar]
arrest (het)	**arresto** (m)	[a'resto]
arresteren (ww)	**arrestar** (vt)	[ares'tar]
vangen, aanhouden (een dief, enz.)	**capturar** (vt)	[kaptu'rar]
aanhouding (de)	**captura** (f)	[kap'tura]
document (het)	**documento** (m)	[doku'mento]
bewijs (het)	**prueba** (f)	[pru'eβa]
bewijzen (ww)	**probar** (vt)	[pro'βar]
voetspoor (het)	**huella** (f)	[u'eja]
vingerafdrukken (mv.)	**huellas** (f pl) **digitales**	[u'ejas diχi'tales]
bewijs (het)	**elemento** (m) **de prueba**	[ele'mento de pru'eβa]
alibi (het)	**coartada** (f)	[koar'taða]
onschuldig (bn)	**inocente** (adj)	[ino'θente]
onrecht (het)	**injusticia** (f)	[inχus'tiθia]
onrechtvaardig (bn)	**injusto** (adj)	[in'χusto]
crimineel (bn)	**criminal** (adj)	[krimi'nalʲ]
confisqueren (in beslag nemen)	**confiscar** (vt)	[koɱfis'kar]
drug (de)	**narcótico** (m)	[nar'kotiko]
wapen (het)	**arma** (f)	['arma]
ontwapenen (ww)	**desarmar** (vt)	[desar'mar]
bevelen (ww)	**ordenar** (vt)	[orðe'nar]
verdwijnen (ww)	**desaparecer** (vi)	[desapare'θer]
wet (de)	**ley** (f)	[lej]
wettelijk (bn)	**legal** (adj)	[le'galʲ]
onwettelijk (bn)	**ilegal** (adj)	[ile'galʲ]
verantwoordelijkheid (de)	**responsabilidad** (f)	[responsaβili'ðað]
verantwoordelijk (bn)	**responsable** (adj)	[respon'saβle]

NATUUR

De Aarde. Deel 1

195. De kosmische ruimte

kosmos (de)	**cosmos** (m)	['kosmos]
kosmisch (bn)	**espacial, cósmico** (adj)	[espa'θjalʲ], ['kosmiko]
kosmische ruimte (de)	**espacio** (m) **cósmico**	[es'paθjo 'kosmiko]
heelal (het)	**universo** (m)	[uni'βerso]
sterrenstelsel (het)	**galaxia** (f)	[ga'lʲaksia]
ster (de)	**estrella** (f)	[es'treja]
sterrenbeeld (het)	**constelación** (f)	[konstelʲa'θjon]
planeet (de)	**planeta** (m)	[plʲa'neta]
satelliet (de)	**satélite** (m)	[sa'telite]
meteoriet (de)	**meteorito** (m)	[meteo'rito]
komeet (de)	**cometa** (m)	[ko'meta]
asteroïde (de)	**asteroide** (m)	[aste'roiðe]
baan (de)	**órbita** (f)	['orβita]
draaien (om de zon, enz.)	**girar** (vi)	[χi'rar]
atmosfeer (de)	**atmósfera** (f)	[að'mosfera]
Zon (de)	**Sol** (m)	[solʲ]
zonnestelsel (het)	**sistema** (m) **solar**	[sis'tema so'lʲar]
zonsverduistering (de)	**eclipse** (m) **de Sol**	[e'klipse de solʲ]
Aarde (de)	**Tierra** (f)	['tjera]
Maan (de)	**Luna** (f)	['lʲuna]
Mars (de)	**Marte** (m)	['marte]
Venus (de)	**Venus** (f)	['benus]
Jupiter (de)	**Júpiter** (m)	['χupiter]
Saturnus (de)	**Saturno** (m)	[sa'turno]
Mercurius (de)	**Mercurio** (m)	[mer'kurio]
Uranus (de)	**Urano** (m)	[u'rano]
Neptunus (de)	**Neptuno** (m)	[nep'tuno]
Pluto (de)	**Plutón** (m)	[plʲu'ton]
Melkweg (de)	**la Vía Láctea**	[lʲa 'bia 'lʲaktea]
Grote Beer (de)	**la Osa Mayor**	[lʲa 'osa ma'jor]
Poolster (de)	**la Estrella Polar**	[lʲa es'treja po'lʲar]
marsmannetje (het)	**marciano** (m)	[mar'θjano]
buitenaards wezen (het)	**extraterrestre** (m)	[ekstrate'restre]

bovenaards (het)	**planetícola** (m)	[plʲane'tikolʲa]
vliegende schotel (de)	**platillo** (m) **volante**	[plʲa'tijo bo'lʲante]
ruimtevaartuig (het)	**nave** (f) **espacial**	['naβe espa'θjalʲ]
ruimtestation (het)	**estación** (f) **orbital**	[esta'θjon orβi'talʲ]
start (de)	**despegue** (m)	[des'pege]
motor (de)	**motor** (m)	[mo'tor]
straalpijp (de)	**tobera** (f)	[to'βera]
brandstof (de)	**combustible** (m)	[kombus'tiβle]
cabine (de)	**carlinga** (f)	[kar'linga]
antenne (de)	**antena** (f)	[an'tena]
patrijspoort (de)	**ventana** (f)	[ben'tana]
zonnebatterij (de)	**batería** (f) **solar**	[bate'ria so'lʲar]
ruimtepak (het)	**escafandra** (f)	[eska'fandra]
gewichtloosheid (de)	**ingravidez** (f)	[ingraβi'ðeθ]
zuurstof (de)	**oxígeno** (m)	[o'ksiχeno]
koppeling (de)	**atraque** (m)	[a'trake]
koppeling maken	**realizar el atraque**	[reali'θar elʲ a'trake]
observatorium (het)	**observatorio** (m)	[oβserβa'torio]
telescoop (de)	**telescopio** (m)	[teles'kopio]
waarnemen (ww)	**observar** (vt)	[oβser'βar]
exploreren (ww)	**explorar** (vt)	[eksplʲo'rar]

196. De Aarde

Aarde (de)	**Tierra** (f)	['tjera]
aardbol (de)	**globo** (m) **terrestre**	['glʲoβo te'restre]
planeet (de)	**planeta** (m)	[plʲa'neta]
atmosfeer (de)	**atmósfera** (f)	[að'mosfera]
aardrijkskunde (de)	**geografía** (f)	[χeoɣra'fia]
natuur (de)	**naturaleza** (f)	[natura'leθa]
wereldbol (de)	**globo** (m) **terráqueo**	['glʲoβo te'rakeo]
kaart (de)	**mapa** (m)	['mapa]
atlas (de)	**atlas** (m)	['atlʲas]
Europa (het)	**Europa** (f)	[eu'ropa]
Azië (het)	**Asia** (f)	['asia]
Afrika (het)	**África** (f)	['afrika]
Australië (het)	**Australia** (f)	[aus'tralia]
Amerika (het)	**América** (f)	[a'merika]
Noord-Amerika (het)	**América** (f) **del Norte**	[a'merika delʲ 'norte]
Zuid-Amerika (het)	**América** (f) **del Sur**	[a'merika delʲ 'sur]
Antarctica (het)	**Antártida** (f)	[an'tartiða]
Arctis (de)	**Ártico** (m)	['artiko]

197. Windrichtingen

noorden (het)	**norte** (m)	['norte]
naar het noorden	**al norte**	[alʲ 'norte]
in het noorden	**en el norte**	[en elʲ 'norte]
noordelijk (bn)	**del norte** (adj)	[delʲ 'norte]
zuiden (het)	**sur** (m)	[sur]
naar het zuiden	**al sur**	[alʲ sur]
in het zuiden	**en el sur**	[en elʲ sur]
zuidelijk (bn)	**del sur** (adj)	[delʲ sur]
westen (het)	**oeste** (m)	[o'este]
naar het westen	**al oeste**	[alʲ o'este]
in het westen	**en el oeste**	[en elʲ o'este]
westelijk (bn)	**del oeste** (adj)	[delʲ o'este]
oosten (het)	**este** (m)	['este]
naar het oosten	**al este**	[alʲ 'este]
in het oosten	**en el este**	[en elʲ 'este]
oostelijk (bn)	**del este** (adj)	[delʲ 'este]

198. Zee. Oceaan

zee (de)	**mar** (m)	[mar]
oceaan (de)	**océano** (m)	[o'θeano]
golf (baai)	**golfo** (m)	['golʲfo]
straat (de)	**estrecho** (m)	[es'tretʃo]
grond (vaste grond)	**tierra** (f) **firme**	['tjera 'firme]
continent (het)	**continente** (m)	[konti'nente]
eiland (het)	**isla** (f)	['islʲa]
schiereiland (het)	**península** (f)	[pe'ninsulʲa]
archipel (de)	**archipiélago** (m)	[artʃipi'elʲago]
baai, bocht (de)	**bahía** (f)	[ba'ia]
haven (de)	**ensenada, bahía** (f)	[ba'ia]
lagune (de)	**laguna** (f)	[lʲa'guna]
kaap (de)	**cabo** (m)	['kaβo]
atol (de)	**atolón** (m)	[ato'lʲon]
rif (het)	**arrecife** (m)	[are'θife]
koraal (het)	**coral** (m)	[ko'ralʲ]
koraalrif (het)	**arrecife** (m) **de coral**	[are'θife de ko'ralʲ]
diep (bn)	**profundo** (adj)	[pro'fundo]
diepte (de)	**profundidad** (f)	[profundi'ðað]
diepzee (de)	**abismo** (m)	[a'βismo]
trog (bijv. Marianentrog)	**fosa** (f) **oceánica**	['fosa oθe'anika]
stroming (de)	**corriente** (f)	[ko'rjente]
omspoelen (ww)	**bañar** (vt)	[ba'njar]
oever (de)	**orilla** (f)	[o'rija]

kust (de)	**costa** (f)	['kosta]
vloed (de)	**flujo** (m)	['flʲuχo]
eb (de)	**reflujo** (m)	[re'flʲuχo]
ondiepte (ondiep water)	**banco** (m) **de arena**	['baŋko de a'rena]
bodem (de)	**fondo** (m)	['fondo]
golf (hoge ~)	**ola** (f)	['olʲa]
golfkam (de)	**cresta** (f) **de la ola**	['kresta de lʲa 'olʲa]
schuim (het)	**espuma** (f)	[es'puma]
storm (de)	**tempestad** (f)	[tempes'tað]
orkaan (de)	**huracán** (m)	[ura'kan]
tsunami (de)	**tsunami** (m)	[tsu'nami]
windstilte (de)	**bonanza** (f)	[bo'nanθa]
kalm (bijv. ~e zee)	**calmo, tranquilo** (adj)	['kalʲmo], [traŋ'kilʲo]
pool (de)	**polo** (m)	['polʲo]
polair (bn)	**polar** (adj)	[po'lʲar]
breedtegraad (de)	**latitud** (f)	[lʲati'tuð]
lengtegraad (de)	**longitud** (f)	[lʲonχi'tuð]
parallel (de)	**paralelo** (m)	[para'lelʲo]
evenaar (de)	**ecuador** (m)	[ekua'ðor]
hemel (de)	**cielo** (m)	['θjelʲo]
horizon (de)	**horizonte** (m)	[ori'θonte]
lucht (de)	**aire** (m)	['aire]
vuurtoren (de)	**faro** (m)	['faro]
duiken (ww)	**bucear** (vi)	[buθe'ar]
zinken (ov. een boot)	**hundirse** (vr)	[un'dirse]
schatten (mv.)	**tesoros** (m pl)	[te'soros]

199. Namen van zeeën en oceanen

Atlantische Oceaan (de)	**océano** (m) **Atlántico**	[o'θeano at'lʲantiko]
Indische Oceaan (de)	**océano** (m) **Índico**	[o'θeano 'indiko]
Stille Oceaan (de)	**océano** (m) **Pacífico**	[o'θeano pa'sifiko]
Noordelijke IJszee (de)	**océano** (m) **Glacial Ártico**	[o'θeano glʲa'θjalʲ 'artiko]
Zwarte Zee (de)	**mar** (m) **Negro**	[mar 'neɣro]
Rode Zee (de)	**mar** (m) **Rojo**	[mar 'roχo]
Gele Zee (de)	**mar** (m) **Amarillo**	[mar ama'rijo]
Witte Zee (de)	**mar** (m) **Blanco**	[mar 'blʲaŋko]
Kaspische Zee (de)	**mar** (m) **Caspio**	[mar 'kaspio]
Dode Zee (de)	**mar** (m) **Muerto**	[mar mu'erto]
Middellandse Zee (de)	**mar** (m) **Mediterráneo**	[mar meðite'raneo]
Egeïsche Zee (de)	**mar** (m) **Egeo**	[mar e'χeo]
Adriatische Zee (de)	**mar** (m) **Adriático**	[mar aðri'atiko]
Arabische Zee (de)	**mar** (m) **Arábigo**	[mar a'raβigo]
Japanse Zee (de)	**mar** (m) **del Japón**	[mar delʲ χa'pon]

Beringzee (de)	**mar** (m) **de Bering**	[mar de 'beriŋ]
Zuid-Chinese Zee (de)	**mar** (m) **de la China Meridional**	[mar de lʲa 'ʃina meriðjo'nalʲ]
Koraalzee (de)	**mar** (m) **del Coral**	[mar delʲ ko'ralʲ]
Tasmanzee (de)	**mar** (m) **de Tasmania**	[mar de tas'mania]
Caribische Zee (de)	**mar** (m) **Caribe**	[mar kari'βe]
Barentszzee (de)	**mar** (m) **de Barents**	[mar de ba'rents]
Karische Zee (de)	**mar** (m) **de Kara**	[mar de 'kara]
Noordzee (de)	**mar** (m) **del Norte**	['mar delʲ 'norte]
Baltische Zee (de)	**mar** (m) **Báltico**	[mar 'baltiko]
Noorse Zee (de)	**mar** (m) **de Noruega**	[mar de noru'ega]

200. Bergen

berg (de)	**montaña** (f)	[mon'tanja]
bergketen (de)	**cadena** (f) **de montañas**	[ka'ðena de mon'tanjas]
gebergte (het)	**cresta** (f) **de montañas**	['kresta de mon'tanjas]
bergtop (de)	**cima** (f)	['θima]
bergpiek (de)	**pico** (m)	['piko]
voet (ov. de berg)	**pie** (m)	[pje]
helling (de)	**cuesta** (f)	[ku'esta]
vulkaan (de)	**volcán** (m)	[bolʲ'kan]
actieve vulkaan (de)	**volcán** (m) **activo**	[bolʲ'kan ak'tiβo]
uitgedoofde vulkaan (de)	**volcán** (m) **apagado**	[bolʲ'kan apa'gaðo]
uitbarsting (de)	**erupción** (f)	[erup'θjon]
krater (de)	**cráter** (m)	['krater]
magma (het)	**magma** (m)	['maɣma]
lava (de)	**lava** (f)	['lʲaβa]
gloeiend (~e lava)	**fundido** (adj)	[fun'diðo]
kloof (canyon)	**cañón** (m)	[ka'njon]
bergkloof (de)	**desfiladero** (m)	[desfilʲa'ðero]
spleet (de)	**grieta** (f)	[gri'eta]
afgrond (de)	**precipicio** (m)	[preθi'piθio]
bergpas (de)	**puerto** (m)	[pu'erto]
plateau (het)	**meseta** (f)	[me'seta]
klip (de)	**roca** (f)	['roka]
heuvel (de)	**colina** (f)	[ko'lina]
gletsjer (de)	**glaciar** (m)	[glʲa'θjar]
waterval (de)	**cascada** (f)	[kas'kaða]
geiser (de)	**geiser** (m)	['χejser]
meer (het)	**lago** (m)	['lʲago]
vlakte (de)	**llanura** (f)	[ja'nura]
landschap (het)	**paisaje** (m)	[paj'saχe]
echo (de)	**eco** (m)	['eko]

alpinist (de) **alpinista** (m) [alʲpi'nista]
bergbeklimmer (de) **escalador** (m) [eskalʲa'ðor]
trotseren (berg ~) **conquistar** (vt) [koŋkis'tar]
beklimming (de) **ascensión** (f) [aθen'sjon]

201. Bergen namen

Alpen (de) **Alpes** (m pl) ['alʲpes]
Mont Blanc (de) **Montblanc** (m) [mon'blʲank]
Pyreneeën (de) **Pirineos** (m pl) [piri'neos]

Karpaten (de) **Cárpatos** (m pl) ['karpatos]
Oeralgebergte (het) **Urales** (m pl) [u'rales]
Kaukasus (de) **Cáucaso** (m) ['kaukaso]
Elbroes (de) **Elbrus** (m) ['elʲβrus]

Altaj (de) **Altai** (m) [alʲ'taj]
Tiensjan (de) **Tian-Shan** (m) ['tjan 'ʃan]
Pamir (de) **Pamir** (m) [pa'mir]
Himalaya (de) **Himalayos** (m pl) [ima'lʲajos]
Everest (de) **Everest** (m) [eβe'rest]

Andes (de) **Andes** (m pl) ['andes]
Kilimanjaro (de) **Kilimanjaro** (m) [kiliman'χaro]

202. Rivieren

rivier (de) **río** (m) ['rio]
bron (~ van een rivier) **manantial** (m) [manan'tjalʲ]
rivierbedding (de) **lecho** (m) ['leʧo]
rivierbekken (het) **cuenca** (f) **fluvial** [ku'eŋka flʲu'βjalʲ]
uitmonden in ... **desembocar en ...** [desembo'kar en]

zijrivier (de) **afluente** (m) [aflʲu'ente]
oever (de) **orilla** (f), **ribera** (f) [o'rija], [ri'βera]

stroming (de) **corriente** (f) [ko'rjente]
stroomafwaarts (bw) **río abajo** (adv) ['rio a'βaχo]
stroomopwaarts (bw) **río arriba** (adv) ['rio a'riβa]

overstroming (de) **inundación** (f) [inunda'θjon]
overstroming (de) **riada** (f) ['rjaða]
buiten zijn oevers treden **desbordarse** (vr) [desβor'ðarse]
overstromen (ww) **inundar** (vt) [inun'dar]

zandbank (de) **bajo** (m) **arenoso** ['baχo are'noso]
stroomversnelling (de) **rápido** (m) ['rapiðo]

dam (de) **presa** (f) ['presa]
kanaal (het) **canal** (m) [ka'nalʲ]
spaarbekken (het) **lago** (m) **artificiale** ['lʲago artifi'θjale]
sluis (de) **esclusa** (f) [es'klʲusa]

waterlichaam (het)	**cuerpo** (m) **de agua**	[ku'erpo de 'agua]
moeras (het)	**pantano** (m)	[pan'tano]
broek (het)	**ciénaga** (f)	['θjenaga]
draaikolk (de)	**remolino** (m)	[remo'lino]
stroom (de)	**arroyo** (m)	[a'rojo]
drink- (abn)	**potable** (adj)	[po'taβle]
zoet (~ water)	**dulce** (adj)	['dulʲθe]
ijs (het)	**hielo** (m)	['jelʲo]
bevriezen (rivier, enz.)	**helarse** (vr)	[e'lʲarse]

203. Namen van rivieren

Seine (de)	**Sena** (m)	['sena]
Loire (de)	**Loira** (m)	['lʲojra]
Theems (de)	**Támesis** (m)	['tamesis]
Rijn (de)	**Rin** (m)	[rin]
Donau (de)	**Danubio** (m)	[da'nuβio]
Wolga (de)	**Volga** (m)	['bolʲga]
Don (de)	**Don** (m)	[don]
Lena (de)	**Lena** (m)	['lena]
Gele Rivier (de)	**Río** (m) **Amarillo**	['rio ama'rijo]
Blauwe Rivier (de)	**Río** (m) **Azul**	['rio a'θulʲ]
Mekong (de)	**Mekong** (m)	[me'kong]
Ganges (de)	**Ganges** (m)	['ganges]
Nijl (de)	**Nilo** (m)	['nilʲo]
Kongo (de)	**Congo** (m)	['kongo]
Okavango (de)	**Okavango** (m)	[oka'βango]
Zambezi (de)	**Zambeze** (m)	[sam'beθe]
Limpopo (de)	**Limpopo** (m)	[limpo'po]
Mississippi (de)	**Misisipi** (m)	[misi'sipi]

204. Bos

bos (het)	**bosque** (m)	['boske]
bos- (abn)	**de bosque** (adj)	[de 'boske]
oerwoud (dicht bos)	**espesura** (f)	[espe'sura]
bosje (klein bos)	**bosquecillo** (m)	[bokse'θijo]
open plek (de)	**claro** (m)	['klʲaro]
struikgewas (het)	**maleza** (f)	[ma'leθa]
struiken (mv.)	**matorral** (m)	[mato'ralʲ]
paadje (het)	**senda** (f)	['senda]
ravijn (het)	**barranco** (m)	[ba'raŋko]
boom (de)	**árbol** (m)	['arβolʲ]

blad (het)	**hoja** (f)	['oχa]
gebladerte (het)	**follaje** (m)	[fo'jaχe]
vallende bladeren (mv.)	**caída** (f) **de hojas**	[ka'iða de 'oχas]
vallen (ov. de bladeren)	**caer** (vi)	[ka'er]
boomtop (de)	**cima** (f)	['θima]
tak (de)	**rama** (f)	['rama]
ent (de)	**rama** (f)	['rama]
knop (de)	**brote** (m)	['brote]
naald (de)	**aguja** (f)	[a'guχa]
dennenappel (de)	**piña** (f)	['pinja]
boom holte (de)	**agujero** (m)	[agu'χero]
nest (het)	**nido** (m)	['niðo]
stam (de)	**tronco** (m)	['troŋko]
wortel (bijv. boom~s)	**raíz** (f)	[ra'iθ]
schors (de)	**corteza** (f)	[kor'teθa]
mos (het)	**musgo** (m)	['musgo]
ontwortelen (een boom)	**extirpar** (vt)	[estir'par]
kappen (een boom ~)	**talar** (vt)	[ta'lʲar]
ontbossen (ww)	**deforestar** (vt)	[defores'tar]
stronk (de)	**tocón** (m)	[to'kon]
kampvuur (het)	**hoguera** (f)	[o'gera]
bosbrand (de)	**incendio** (m) **forestal**	[in'θendjo fores'talʲ]
blussen (ww)	**apagar** (vt)	[apa'gar]
boswachter (de)	**guarda** (m) **forestal**	[gu'arða fores'talʲ]
bescherming (de)	**protección** (f)	[protek'θjon]
beschermen (bijv. de natuur ~)	**proteger** (vt)	[prote'χer]
stroper (de)	**cazador** (m) **furtivo**	[kaθa'ðor fur'tiβo]
val (de)	**cepo** (m)	['θepo]
plukken (vruchten, enz.)	**recoger** (vt)	[reko'χer]
verdwalen (de weg kwijt zijn)	**perderse** (vr)	[per'ðerse]

205. Natuurlijke hulpbronnen

natuurlijke rijkdommen (mv.)	**recursos** (m pl) **naturales**	[re'kursos natu'rales]
delfstoffen (mv.)	**recursos** (m pl) **subterráneos**	[re'kursos suβte'raneos]
lagen (mv.)	**depósitos** (m pl)	[de'positos]
veld (bijv. olie~)	**yacimiento** (m)	[jaθi'mjento]
winnen (uit erts ~)	**extraer** (vt)	[ekstra'er]
winning (de)	**extracción** (f)	[ekstrak'θjon]
erts (het)	**mena** (f)	['mena]
mijn (bijv. kolenmijn)	**mina** (f)	['mina]
mijnschacht (de)	**pozo** (m) **de mina**	['poθo de 'mina]
mijnwerker (de)	**minero** (m)	[mi'nero]
gas (het)	**gas** (m)	[gas]

gasleiding (de)	**gasoducto** (m)	[gaso'ðukto]
olie (aardolie)	**petróleo** (m)	[pe'troleo]
olieleiding (de)	**oleoducto** (m)	[oleo'ðukto]
oliebron (de)	**pozo** (m) **de petróleo**	['poθo de pe'troleo]
boortoren (de)	**torre** (f) **de sondeo**	['tore de son'deo]
tanker (de)	**petrolero** (m)	[petro'lero]
zand (het)	**arena** (f)	[a'rena]
kalksteen (de)	**caliza** (f)	[ka'liθa]
grind (het)	**grava** (f)	['graβa]
veen (het)	**turba** (f)	['turβa]
klei (de)	**arcilla** (f)	[ar'θija]
steenkool (de)	**carbón** (m)	[kar'βon]
ijzer (het)	**hierro** (m)	['jero]
goud (het)	**oro** (m)	['oro]
zilver (het)	**plata** (f)	['plʲata]
nikkel (het)	**níquel** (m)	['nikelʲ]
koper (het)	**cobre** (m)	['koβre]
zink (het)	**zinc** (m)	[θiŋk]
mangaan (het)	**manganeso** (m)	[manga'neso]
kwik (het)	**mercurio** (m)	[mer'kurio]
lood (het)	**plomo** (m)	['plʲomo]
mineraal (het)	**mineral** (m)	[mine'ralʲ]
kristal (het)	**cristal** (m)	[kris'talʲ]
marmer (het)	**mármol** (m)	['marmolʲ]
uraan (het)	**uranio** (m)	[u'ranio]

De Aarde. Deel 2

206. Weer

weer (het)	**tiempo** (m)	['tjempo]
weersvoorspelling (de)	**previsión** (f) **del tiempo**	[preβi'sjon delʲ 'tjempo]
temperatuur (de)	**temperatura** (f)	[tempera'tura]
thermometer (de)	**termómetro** (m)	[ter'mometro]
barometer (de)	**barómetro** (m)	[ba'rometro]
vochtig (bn)	**húmedo** (adj)	['umeðo]
vochtigheid (de)	**humedad** (f)	[ume'ðað]
hitte (de)	**bochorno** (m)	[bo'ʧorno]
heet (bn)	**tórrido** (adj)	['toriðo]
het is heet	**hace mucho calor**	['aθe 'muʧo ka'lʲor]
het is warm	**hace calor**	['aθe ka'lʲor]
warm (bn)	**templado** (adj)	[tem'plʲaðo]
het is koud	**hace frío**	['aθe 'frio]
koud (bn)	**frío** (adj)	['frio]
zon (de)	**sol** (m)	[solʲ]
schijnen (de zon)	**brillar** (vi)	[bri'jar]
zonnig (~e dag)	**soleado** (adj)	[sole'aðo]
opgaan (ov. de zon)	**elevarse** (vr)	[ele'βarse]
ondergaan (ww)	**ponerse** (vr)	[po'nerse]
wolk (de)	**nube** (f)	['nuβe]
bewolkt (bn)	**nuboso** (adj)	[nu'βoso]
regenwolk (de)	**nubarrón** (m)	[nuβa'ron]
somber (bn)	**nublado** (adj)	[nu'βlʲaðo]
regen (de)	**lluvia** (f)	['juβia]
het regent	**está lloviendo**	[es'ta jo'βjendo]
regenachtig (bn)	**lluvioso** (adj)	[juβi'oso]
motregenen (ww)	**lloviznar** (vi)	[joβiθ'nar]
plensbui (de)	**aguacero** (m)	[agua'θero]
stortbui (de)	**chaparrón** (m)	[ʧapa'ron]
hard (bn)	**fuerte** (adj)	[fu'erte]
plas (de)	**charco** (m)	['ʧarko]
nat worden (ww)	**mojarse** (vr)	[mo'χarse]
mist (de)	**niebla** (f)	['njeβlʲa]
mistig (bn)	**nebuloso** (adj)	[neβu'lʲoso]
sneeuw (de)	**nieve** (f)	['njeβe]
het sneeuwt	**está nevando**	[es'ta ne'βando]

207. Zwaar weer. Natuurrampen

noodweer (storm)	**tormenta** (f)	[tor'menta]
bliksem (de)	**relámpago** (m)	[re'lʲampago]
flitsen (ww)	**relampaguear** (vi)	[relʲampage'ar]
donder (de)	**trueno** (m)	[tru'eno]
donderen (ww)	**tronar** (vi)	[tro'nar]
het dondert	**está tronando**	[es'ta tro'nando]
hagel (de)	**granizo** (m)	[gra'niθo]
het hagelt	**está granizando**	[es'ta grani'θando]
overstromen (ww)	**inundar** (vt)	[inun'dar]
overstroming (de)	**inundación** (f)	[inunda'θjon]
aardbeving (de)	**terremoto** (m)	[tere'moto]
aardschok (de)	**sacudida** (f)	[saku'ðiða]
epicentrum (het)	**epicentro** (m)	[epi'θentro]
uitbarsting (de)	**erupción** (f)	[erup'θjon]
lava (de)	**lava** (f)	['lʲaβa]
wervelwind (de)	**torbellino** (m)	[torβe'jino]
windhoos (de)	**tornado** (m)	[tor'naðo]
tyfoon (de)	**tifón** (m)	[ti'fon]
orkaan (de)	**huracán** (m)	[ura'kan]
storm (de)	**tempestad** (f)	[tempes'tað]
tsunami (de)	**tsunami** (m)	[tsu'nami]
cycloon (de)	**ciclón** (m)	[θik'lʲon]
onweer (het)	**mal tiempo** (m)	[malʲ 'tjempo]
brand (de)	**incendio** (m)	[in'θendio]
ramp (de)	**catástrofe** (f)	[ka'tastrofe]
meteoriet (de)	**meteorito** (m)	[meteo'rito]
lawine (de)	**avalancha** (f)	[aβa'lʲantʃa]
sneeuwverschuiving (de)	**alud** (m) **de nieve**	[alʲuð de 'njeβe]
sneeuwjacht (de)	**ventisca** (f)	[ben'tiska]
sneeuwstorm (de)	**nevasca** (f)	[ne'βaska]

208. Geluiden. Geluiden

stilte (de)	**silencio** (m)	[si'lenθio]
geluid (het)	**sonido** (m)	[so'niðo]
lawaai (het)	**ruido** (m)	[ru'iðo]
lawaai maken (ww)	**hacer ruido**	[a'θer ru'iðo]
lawaaierig (bn)	**ruidoso** (adj)	[rui'ðoso]
luid (~ spreken)	**alto** (adv)	['alʲto]
luid (bijv. ~e stem)	**fuerte** (adj)	[fu'erte]
aanhoudend (voortdurend)	**constante** (adj)	[kons'tante]

schreeuw (de)	**grito** (m)	['grito]
schreeuwen (ww)	**gritar** (vi)	[gri'tar]
gefluister (het)	**susurro** (m)	[su'suro]
fluisteren (ww)	**susurrar** (vi, vt)	[susu'rar]
geblaf (het)	**ladrido** (m)	[lʲa'ðriðo]
blaffen (ww)	**ladrar** (vi)	[lʲa'ðrar]
gekreun (het)	**gemido** (m)	[χe'miðo]
kreunen (ww)	**gemir** (vi)	[χe'mir]
hoest (de)	**tos** (f)	[tos]
hoesten (ww)	**toser** (vi)	[to'ser]
gefluit (het)	**silbido** (m)	[silʲ'βiðo]
fluiten (op het fluitje blazen)	**silbar** (vi)	[silʲ'βar]
geklop (het)	**toque** (m) **en la puerta**	['toke en lʲa pu'erta]
kloppen (aan een deur)	**golpear** (vt)	[golʲpe'ar]
kraken (hout, ijs)	**crepitar** (vi)	[krepi'tar]
gekraak (het)	**crepitación** (f)	[krepita'θjon]
sirene (de)	**sirena** (f)	[si'rena]
fluit (stoom ~)	**pito** (m)	['pito]
fluiten (schip, trein)	**pitar** (vi)	[pi'tar]
toeter (de)	**bocinazo** (m)	[boθi'naθo]
toeteren (ww)	**tocar la bocina**	[to'kar lʲa bo'θina]

209. Winter

winter (de)	**invierno** (m)	[im'bjerno]
winter- (abn)	**de invierno** (adj)	[de im'bjerno]
in de winter (bw)	**en invierno**	[en im'bjerno]
sneeuw (de)	**nieve** (f)	['njeβe]
het sneeuwt	**está nevando**	[es'ta ne'βando]
sneeuwval (de)	**nevada** (f)	[ne'βaða]
sneeuwhoop (de)	**montón** (m) **de nieve**	[mon'ton de 'njeβe]
sneeuwvlok (de)	**copo** (m) **de nieve**	['kopo de 'njeβe]
sneeuwbal (de)	**bola** (f) **de nieve**	['bolʲa de 'njeβe]
sneeuwman (de)	**monigote** (m) **de nieve**	[moni'gote de 'njeβe]
ijspegel (de)	**carámbano** (m)	[ka'rambano]
december (de)	**diciembre** (m)	[di'θjembre]
januari (de)	**enero** (m)	[e'nero]
februari (de)	**febrero** (m)	[fe'βrero]
vorst (de)	**helada** (f)	[e'lʲaða]
vries- (abn)	**helado** (adj)	[e'lʲaðo]
onder nul (bw)	**bajo cero** (adv)	['baχo 'θero]
eerste vorst (de)	**primeras heladas** (f pl)	[pri'meras e'lʲaðas]
rijp (de)	**escarcha** (f)	[es'kartʃa]
koude (de)	**frío** (m)	['frio]

het is koud	**hace frío**	['aθe 'frio]
bontjas (de)	**abrigo** (m) **de piel**	[a'βrigo de pjelʲ]
wanten (mv.)	**manoplas** (f pl)	[ma'noplʲas]
ziek worden (ww)	**enfermarse** (vr)	[eɱfer'marse]
verkoudheid (de)	**resfriado** (m)	[resfri'aðo]
verkouden raken (ww)	**resfriarse** (vr)	[resfri'arse]
ijs (het)	**hielo** (m)	['jelʲo]
ijzel (de)	**hielo** (m) **negro**	['jelʲo 'neɣro]
bevriezen (rivier, enz.)	**helarse** (vr)	[e'lʲarse]
ijsschol (de)	**bloque** (m) **de hielo**	['blʲoke de 'jelʲo]
ski's (mv.)	**esquís** (m pl)	[es'kis]
skiër (de)	**esquiador** (m)	[eskja'ðor]
skiën (ww)	**esquiar** (vi)	[es'kjar]
schaatsen (ww)	**patinar** (vi)	[pati'nar]

Fauna

210. Zoogdieren. Roofdieren

roofdier (het)	**carnívoro** (m)	[kar'niβoro]
tijger (de)	**tigre** (m)	['tiɣre]
leeuw (de)	**león** (m)	[le'on]
wolf (de)	**lobo** (m)	['lʲoβo]
vos (de)	**zorro** (m)	['θoro]
jaguar (de)	**jaguar** (m)	[χagu'ar]
luipaard (de)	**leopardo** (m)	[leo'parðo]
jachtluipaard (de)	**guepardo** (m)	[ge'parðo]
panter (de)	**pantera** (f)	[pan'tera]
poema (de)	**puma** (f)	['puma]
sneeuwluipaard (de)	**leopardo** (m) **de las nieves**	[leo'parðo de lʲas 'njeβes]
lynx (de)	**lince** (m)	['linθe]
coyote (de)	**coyote** (m)	[ko'jote]
jakhals (de)	**chacal** (m)	[ʧa'kalʲ]
hyena (de)	**hiena** (f)	['jena]

211. Wilde dieren

dier (het)	**animal** (m)	[ani'malʲ]
beest (het)	**bestia** (f)	['bestia]
eekhoorn (de)	**ardilla** (f)	[ar'ðija]
egel (de)	**erizo** (m)	[e'riθo]
haas (de)	**liebre** (f)	['ljeβre]
konijn (het)	**conejo** (m)	[ko'neχo]
das (de)	**tejón** (m)	[te'χon]
wasbeer (de)	**mapache** (m)	[ma'paʧe]
hamster (de)	**hámster** (m)	['χamster]
marmot (de)	**marmota** (f)	[mar'mota]
mol (de)	**topo** (m)	['topo]
muis (de)	**ratón** (m)	[ra'ton]
rat (de)	**rata** (f)	['rata]
vleermuis (de)	**murciélago** (m)	[mur'θjelʲago]
hermelijn (de)	**armiño** (m)	[ar'minjo]
sabeldier (het)	**cebellina** (f)	[θeβe'jina]
marter (de)	**marta** (f)	['marta]
wezel (de)	**comadreja** (f)	[koma'ðreχa]
nerts (de)	**visón** (m)	[bi'son]

bever (de) **castor** (m) [kas'tor]
otter (de) **nutria** (f) ['nutria]

paard (het) **caballo** (m) [ka'βajo]
eland (de) **alce** (m) ['alʲθe]
hert (het) **ciervo** (m) ['θjerβo]
kameel (de) **camello** (m) [ka'mejo]

bizon (de) **bisonte** (m) [bi'sonte]
wisent (de) **uro** (m) ['uro]
buffel (de) **búfalo** (m) ['bufalʲo]

zebra (de) **cebra** (f) ['θeβra]
antilope (de) **antílope** (m) [an'tilʲope]
ree (de) **corzo** (m) ['korθo]
damhert (het) **gamo** (m) ['gamo]
gems (de) **gamuza** (f) [ga'muθa]
everzwijn (het) **jabalí** (m) [χaβa'li]

walvis (de) **ballena** (f) [ba'jena]
rob (de) **foca** (f) ['foka]
walrus (de) **morsa** (f) ['morsa]
zeebeer (de) **oso** (m) **marino** ['oso ma'rino]
dolfijn (de) **delfín** (m) [delʲ'fin]

beer (de) **oso** (m) ['oso]
ijsbeer (de) **oso** (m) **blanco** ['oso 'blʲaŋko]
panda (de) **panda** (f) ['panda]

aap (de) **mono** (m) ['mono]
chimpansee (de) **chimpancé** (m) [ʧimpan'se]
orang-oetan (de) **orangután** (m) [orangu'tan]
gorilla (de) **gorila** (m) [go'rilja]
makaak (de) **macaco** (m) [ma'kako]
gibbon (de) **gibón** (m) [χi'βon]

olifant (de) **elefante** (m) [ele'fante]
neushoorn (de) **rinoceronte** (m) [rinoθe'ronte]
giraffe (de) **jirafa** (f) [χi'rafa]
nijlpaard (het) **hipopótamo** (m) [ipo'potamo]

kangoeroe (de) **canguro** (m) [kan'guro]
koala (de) **koala** (f) [ko'alʲa]

mangoest (de) **mangosta** (f) [man'gosta]
chinchilla (de) **chinchilla** (f) [ʧin'ʧija]
stinkdier (het) **mofeta** (f) [mo'feta]
stekelvarken (het) **espín** (m) [es'pin]

212. Huisdieren

poes (de) **gata** (f) ['gata]
kater (de) **gato** (m) ['gato]
hond (de) **perro** (m) ['pero]

paard (het)	**caballo** (m)	[ka'βajo]
hengst (de)	**garañón** (m)	[gara'njon]
merrie (de)	**yegua** (f)	['jegua]
koe (de)	**vaca** (f)	['baka]
bul, stier (de)	**toro** (m)	['toro]
os (de)	**buey** (m)	[bu'ej]
schaap (het)	**oveja** (f)	[o'βeχa]
ram (de)	**carnero** (m)	[kar'nero]
geit (de)	**cabra** (f)	['kaβra]
bok (de)	**cabrón** (m)	[ka'βron]
ezel (de)	**asno** (m)	['asno]
muilezel (de)	**mulo** (m)	['mulʲo]
varken (het)	**cerdo** (m)	['θerðo]
biggetje (het)	**cerdito** (m)	[θer'ðito]
konijn (het)	**conejo** (m)	[ko'neχo]
kip (de)	**gallina** (f)	[ga'jina]
haan (de)	**gallo** (m)	['gajo]
eend (de)	**pato** (m)	['pato]
woerd (de)	**ánade** (m)	['anaðe]
gans (de)	**ganso** (m)	['ganso]
kalkoen haan (de)	**pavo** (m)	['paβo]
kalkoen (de)	**pava** (f)	['paβa]
huisdieren (mv.)	**animales** (m pl) **domésticos**	[ani'males do'mestikos]
tam (bijv. hamster)	**domesticado** (adj)	[domesti'kaðo]
temmen (tam maken)	**domesticar** (vt)	[domesti'kar]
fokken (bijv. paarden ~)	**criar** (vt)	[kri'ar]
boerderij (de)	**granja** (f)	['granχa]
gevogelte (het)	**aves** (f pl) **de corral**	['aβes de ko'ralʲ]
rundvee (het)	**ganado** (m)	[ga'njaðo]
kudde (de)	**rebaño** (m)	[re'βanjo]
paardenstal (de)	**caballeriza** (f)	[kaβaje'riθa]
zwijnenstal (de)	**porqueriza** (f)	[porko'riθa]
koeienstal (de)	**vaquería** (f)	[bake'ria]
konijnenhok (het)	**conejal** (m)	[kone'χalʲ]
kippenhok (het)	**gallinero** (m)	[gaji'nero]

213. Honden. Hondenrassen

hond (de)	**perro** (m)	['pero]
herdershond (de)	**perro** (m) **pastor**	['pero pas'tor]
Duitse herdershond (de)	**pastor** (m) **alemán**	[pas'tor ale'man]
poedel (de)	**caniche** (m)	[ka'nitʃe]
teckel (de)	**teckel** (m)	['tekelʲ]
buldog (de)	**bulldog** (m)	[bulʲ'ðog]

boxer (de)	**bóxer** (m)	['bokser]
mastiff (de)	**mastín** (m) **inglés**	[mas'tin in'gles]
rottweiler (de)	**rottweiler** (m)	[rot'bajler]
doberman (de)	**doberman** (m)	['doβerman]
basset (de)	**basset hound** (m)	['baset 'χaund]
bobtail (de)	**bobtail** (m)	[boβ'tajʲ]
dalmatiër (de)	**dálmata** (m)	['dalʲmata]
cockerspaniël (de)	**cocker spaniel** (m)	['koker spa'njelʲ]
Newfoundlander (de)	**terranova** (m)	[tera'noβa]
sint-bernard (de)	**san bernardo** (m)	[san ber'narðo]
husky (de)	**husky** (m)	['χaski]
chowchow (de)	**chow chow** (m)	['ʧow 'ʧow]
spits (de)	**pomerania** (m)	[pome'rania]
mopshond (de)	**pug** (m), **carlino** (m)	[pug], [kar'lino]

214. Dierengeluiden

geblaf (het)	**ladrido** (m)	[lʲa'ðriðo]
blaffen (ww)	**ladrar** (vi)	[lʲa'ðrar]
miauwen (ww)	**maullar** (vi)	[mau'jar]
spinnen (katten)	**ronronear** (vi)	[ronrone'ar]
loeien (ov. een koe)	**mugir** (vi)	[mu'χir]
brullen (stier)	**bramar** (vi)	[bra'mar]
grommen (ov. de honden)	**rugir** (vi)	[ru'χir]
gehuil (het)	**aullido** (m)	[au'jiðo]
huilen (wolf, enz.)	**aullar** (vi)	[au'jar]
janken (ov. een hond)	**gañir** (vi)	[ga'njir]
mekkeren (schapen)	**balar** (vi)	[ba'lʲar]
knorren (varkens)	**gruñir** (vi)	[gru'njir]
gillen (bijv. varken)	**chillar** (vi)	[ʧi'jar]
kwaken (kikvorsen)	**croar** (vi)	[kro'ar]
zoemen (hommel, enz.)	**zumbar** (vi)	[θum'bar]
tjirpen (sprinkhanen)	**chirriar** (vi)	[ʧi'rjar]

215. Jonge dieren

jong (het)	**cría** (f)	['kria]
poesje (het)	**gatito** (m)	[ga'tito]
muisje (het)	**ratoncillo** (m)	[raton'θijo]
puppy (de)	**cachorro** (m)	[ka'ʧoro]
jonge haas (de)	**lebrato** (m)	[le'βrato]
konijntje (het)	**gazapo** (m)	[ga'θapo]
wolfje (het)	**lobato** (m)	[lʲo'βato]
vosje (het)	**cachorro** (m) **de zorro**	[ka'ʧoro de 'θoro]

beertje (het)	**osito** (m)	[o'sito]
leeuwenjong (het)	**cachorro** (m) **de león**	[ka'ʧoro de le'on]
tijgertje (het)	**cachorro** (m) **de tigre**	[ka'ʧoro de 'tiɣre]
olifantenjong (het)	**elefante bebé** (m)	[ele'fante be'βe]
biggetje (het)	**cerdito** (m)	[θer'ðito]
kalf (het)	**ternero** (m)	[ter'nero]
geitje (het)	**cabrito** (m)	[ka'βrito]
lam (het)	**cordero** (m)	[kor'ðero]
reekalf (het)	**cervato** (m)	[θer'βato]
jonge kameel (de)	**cría** (f) **de camello**	['kria de ka'mejo]
slangenjong (het)	**serpiente** (f) **joven**	[ser'pjente 'χoβen]
kikkertje (het)	**rana** (f) **juvenil**	['rana χuβe'nilʲ]
vogeltje (het)	**polluelo** (m)	[polju'elʲo]
kuiken (het)	**pollito** (m)	[po'jito]
eendje (het)	**patito** (m)	[pa'tito]

216. Vogels

vogel (de)	**pájaro** (m)	['paχaro]
duif (de)	**paloma** (f)	[pa'lʲoma]
mus (de)	**gorrión** (m)	[gori'jon]
koolmees (de)	**carbonero** (m)	[karβo'nero]
ekster (de)	**urraca** (f)	[u'raka]
raaf (de)	**cuervo** (m)	[ku'erβo]
kraai (de)	**corneja** (f)	[kor'neχa]
kauw (de)	**chova** (f)	['ʧoβa]
roek (de)	**grajo** (m)	['graχo]
eend (de)	**pato** (m)	['pato]
gans (de)	**ganso** (m)	['ganso]
fazant (de)	**faisán** (m)	[faj'san]
arend (de)	**águila** (f)	['agilʲa]
havik (de)	**azor** (m)	[a'θor]
valk (de)	**halcón** (m)	[alʲ'kon]
gier (de)	**buitre** (m)	[bu'itre]
condor (de)	**cóndor** (m)	['kondor]
zwaan (de)	**cisne** (m)	['θisne]
kraanvogel (de)	**grulla** (f)	['gruja]
ooievaar (de)	**cigüeña** (f)	[θiɣu'enja]
papegaai (de)	**loro** (m), **papagayo** (m)	['lʲoro], [papa'gajo]
kolibrie (de)	**colibrí** (m)	[koli'βri]
pauw (de)	**pavo** (m) **real**	['paβo re'alʲ]
struisvogel (de)	**avestruz** (m)	[aβes'truθ]
reiger (de)	**garza** (f)	['garθa]
flamingo (de)	**flamenco** (m)	[flʲa'meŋko]
pelikaan (de)	**pelícano** (m)	[pe'likano]

nachtegaal (de)	**ruiseñor** (m)	[ruise'njor]
zwaluw (de)	**golondrina** (f)	[golʲon'drina]
lijster (de)	**tordo** (m)	['torðo]
zanglijster (de)	**zorzal** (m)	[θor'θalʲ]
merel (de)	**mirlo** (m)	['mirlʲo]
gierzwaluw (de)	**vencejo** (m)	[ben'θeχo]
leeuwerik (de)	**alondra** (f)	[a'lʲondra]
kwartel (de)	**codorniz** (f)	[koðor'niθ]
specht (de)	**pájaro carpintero** (m)	['paχaro karpin'tero]
koekoek (de)	**cuco** (m)	['kuko]
uil (de)	**lechuza** (f)	[le'ʧuθa]
oehoe (de)	**búho** (m)	['buo]
auerhoen (het)	**urogallo** (m)	[uro'gajo]
korhoen (het)	**gallo lira** (m)	['gajo 'lira]
patrijs (de)	**perdiz** (f)	[per'ðiθ]
spreeuw (de)	**estornino** (m)	[estor'nino]
kanarie (de)	**canario** (m)	[ka'nario]
hazelhoen (het)	**ortega** (f)	[or'tega]
vink (de)	**pinzón** (m)	[pin'θon]
goudvink (de)	**camachuelo** (m)	[kamaʧu'elʲo]
meeuw (de)	**gaviota** (f)	[ga'βjota]
albatros (de)	**albatros** (m)	[alʲ'βatros]
pinguïn (de)	**pingüino** (m)	[pingu'ino]

217. Vogels. Zingen en geluiden

fluiten, zingen (ww)	**cantar** (vi)	[kan'tar]
schreeuwen (dieren, vogels)	**gritar, llamar** (vi)	[gri'tar], [ja'mar]
kraaien (ov. een haan)	**cantar** (vi)	[kan'tar]
kukeleku	**quiquiriquí** (m)	[kikiri'ki]
klokken (hen)	**cloquear** (vi)	[klʲoke'ar]
krassen (kraai)	**graznar** (vi)	[graθ'nar]
kwaken (eend)	**graznar, parpar** (vi)	[graθ'nar], [par'par]
piepen (kuiken)	**piar** (vi)	[pjar]
tjilpen (bijv. een mus)	**gorjear** (vi)	[gorχe'ar]

218. Vis. Zeedieren

brasem (de)	**brema** (f)	['brema]
karper (de)	**carpa** (f)	['karpa]
baars (de)	**perca** (f)	['perka]
meerval (de)	**siluro** (m)	[si'lʲuro]
snoek (de)	**lucio** (m)	['lʲuθio]
zalm (de)	**salmón** (m)	[salʲ'mon]
steur (de)	**esturión** (m)	[estu'rjon]

haring (de)	**arenque** (m)	[a'reŋke]
atlantische zalm (de)	**salmón** (m) **del Atlántico**	[salʲ'mon delʲ at'lʲantiko]
makreel (de)	**caballa** (f)	[ka'βaja]
platvis (de)	**lenguado** (m)	[lengu'aðo]
snoekbaars (de)	**lucioperca** (f)	[lʲuθjo'perka]
kabeljauw (de)	**bacalao** (m)	[baka'lʲao]
tonijn (de)	**atún** (m)	[a'tun]
forel (de)	**trucha** (f)	['trutʃa]
paling (de)	**anguila** (f)	[an'gilʲa]
sidderrog (de)	**raya** (f) **eléctrica**	['raja e'lektrika]
murene (de)	**morena** (f)	[mo'rena]
piranha (de)	**piraña** (f)	[pi'ranja]
haai (de)	**tiburón** (m)	[tiβu'ron]
dolfijn (de)	**delfín** (m)	[delʲ'fin]
walvis (de)	**ballena** (f)	[ba'jena]
krab (de)	**centolla** (f)	[θen'toja]
kwal (de)	**medusa** (f)	[me'ðusa]
octopus (de)	**pulpo** (m)	['pulʲpo]
zeester (de)	**estrella** (f) **de mar**	[es'treja de mar]
zee-egel (de)	**erizo** (m) **de mar**	[e'riθo de mar]
zeepaardje (het)	**caballito** (m) **de mar**	[kaβa'jito de mar]
oester (de)	**ostra** (f)	['ostra]
garnaal (de)	**camarón** (m)	[kama'ron]
kreeft (de)	**bogavante** (m)	[boga'βante]
langoest (de)	**langosta** (f)	[lʲan'gosta]

219. Amfibieën. Reptielen

slang (de)	**serpiente** (f)	[ser'pjente]
giftig (slang)	**venenoso** (adj)	[bene'noso]
adder (de)	**víbora** (f)	['biβora]
cobra (de)	**cobra** (f)	['koβra]
python (de)	**pitón** (m)	[pi'ton]
boa (de)	**boa** (f)	['boa]
ringslang (de)	**culebra** (f)	[ku'leβra]
ratelslang (de)	**serpiente** (m) **de cascabel**	[ser'pjente de kaska'βelʲ]
anaconda (de)	**anaconda** (f)	[ana'konda]
hagedis (de)	**lagarto** (m)	[lʲa'garto]
leguaan (de)	**iguana** (f)	[igu'ana]
varaan (de)	**varano** (m)	[ba'rano]
salamander (de)	**salamandra** (f)	[salʲa'mandra]
kameleon (de)	**camaleón** (m)	[kamale'on]
schorpioen (de)	**escorpión** (m)	[eskorpi'on]
schildpad (de)	**tortuga** (f)	[tor'tuga]
kikker (de)	**rana** (f)	['rana]

pad (de)	**sapo** (m)	['sapo]
krokodil (de)	**cocodrilo** (m)	[koko'ðriʎo]

220. Insecten

insect (het)	**insecto** (m)	[in'sekto]
vlinder (de)	**mariposa** (f)	[mari'posa]
mier (de)	**hormiga** (f)	[or'miga]
vlieg (de)	**mosca** (f)	['moska]
mug (de)	**mosquito** (m)	[mos'kito]
kever (de)	**escarabajo** (m)	[eskara'βaχo]
wesp (de)	**avispa** (f)	[a'βispa]
bij (de)	**abeja** (f)	[a'βeχa]
hommel (de)	**abejorro** (m)	[aβe'χoro]
horzel (de)	**moscardón** (m)	[moskar'ðon]
spin (de)	**araña** (f)	[a'ranja]
spinnenweb (het)	**telaraña** (f)	[teʎa'ranja]
libel (de)	**libélula** (f)	[li'βeʎuʎa]
sprinkhaan (de)	**saltamontes** (m)	[saʎta'montes]
nachtvlinder (de)	**mariposa** (f) **nocturna**	[mari'posa nok'turna]
kakkerlak (de)	**cucaracha** (f)	[kuka'ratʃa]
teek (de)	**garrapata** (f)	[gara'pata]
vlo (de)	**pulga** (f)	['puʎga]
kriebelmug (de)	**mosca** (f) **negra**	['moska 'neɣra]
treksprinkhaan (de)	**langosta** (f)	[ʎan'gosta]
slak (de)	**caracol** (m)	[kara'koʎ]
krekel (de)	**grillo** (m)	['grijo]
glimworm (de)	**luciérnaga** (f)	[ʎu'θjernaga]
lieveheersbeestje (het)	**mariquita** (f)	[mari'kita]
meikever (de)	**sanjuanero** (m)	[sanχwa'nero]
bloedzuiger (de)	**sanguijuela** (f)	[sangiχu'eʎa]
rups (de)	**oruga** (f)	[o'ruga]
aardworm (de)	**lombriz** (m) **de tierra**	[lom'briθ de 'tjera]
larve (de)	**larva** (f)	['ʎarβa]

221. Dieren. Lichaamsdelen

snavel (de)	**pico** (m)	['piko]
vleugels (mv.)	**alas** (f pl)	['aʎas]
poot (ov. een vogel)	**pata** (f)	['pata]
verenkleed (het)	**plumaje** (m)	[pʎu'maχe]
veer (de)	**pluma** (f)	['pʎuma]
kuifje (het)	**penacho** (m)	[pe'natʃo]
kieuwen (mv.)	**branquias** (f pl)	['braŋkjas]
kuit, dril (de)	**huevas** (f pl)	[u'eβas]

larve (de)	**larva** (f)	['lʲarβa]
vin (de)	**aleta** (f)	[a'leta]
schubben (mv.)	**escamas** (f pl)	[es'kamas]
slagtand (de)	**colmillo** (m)	[kolʲ'mijo]
poot (bijv. ~ van een kat)	**garra** (f), **pata** (f)	['gara], ['pata]
muil (de)	**hocico** (m)	[o'θiko]
bek (mond van dieren)	**boca** (f)	['boka]
staart (de)	**cola** (f)	['kolʲa]
snorharen (mv.)	**bigotes** (m pl)	[bi'gotes]
hoef (de)	**casco** (m)	['kasko]
hoorn (de)	**cuerno** (m)	[ku'erno]
schild (schildpad, enz.)	**caparazón** (m)	[kapara'θon]
schelp (de)	**concha** (f)	['konʧa]
eierschaal (de)	**cáscara** (f)	['kaskara]
vacht (de)	**pelo** (m)	['pelʲo]
huid (de)	**piel** (f)	[pjelʲ]

222. Acties van de dieren

vliegen (ww)	**volar** (vi)	[bo'lʲar]
cirkelen (vogel)	**dar vueltas**	[dar bu'elʲtas]
wegvliegen (ww)	**echar a volar**	[e'ʧar a bo'lʲar]
klapwieken (ww)	**batir las alas**	[ba'tir lʲas 'alʲas]
pikken (vogels)	**picotear** (vt)	[pikote'ar]
broeden (de eend zit te ~)	**empollar** (vt)	[empo'jar]
uitbroeden (ww)	**salir del cascarón**	[sa'lir delʲ kaska'ron]
een nest bouwen	**hacer el nido**	[a'θer elʲ 'niðo]
kruipen (ww)	**reptar** (vi)	[rep'tar]
steken (bij)	**picar** (vt)	[pi'kar]
bijten (de hond, enz.)	**morder** (vt)	[mor'ðer]
snuffelen (ov. de dieren)	**olfatear** (vt)	[oflʲate'ar]
blaffen (ww)	**ladrar** (vi)	[lʲa'ðrar]
sissen (slang)	**sisear** (vi)	[sise'ar]
doen schrikken (ww)	**asustar** (vt)	[asus'tar]
aanvallen (ww)	**atacar** (vt)	[ata'kar]
knagen (ww)	**roer** (vt)	[ro'er]
schrammen (ww)	**arañar** (vt)	[ara'njar]
zich verbergen (ww)	**esconderse** (vr)	[eskon'derse]
spelen (ww)	**jugar** (vi)	[χu'gar]
jagen (ww)	**cazar** (vi, vt)	[ka'θar]
winterslapen	**hibernar** (vi)	[iβer'nar]
uitsterven (dinosauriërs, enz.)	**extinguirse** (vr)	[ekstin'girse]

223. Dieren. Leefomgevingen

leefgebied (het)	**hábitat** (m)	['aβitat]
migratie (de)	**migración** (f)	[miɣra'θjon]
berg (de)	**montaña** (f)	[mon'tanja]
rif (het)	**arrecife** (m)	[are'θife]
klip (de)	**roca** (f)	['roka]
bos (het)	**bosque** (m)	['boske]
jungle (de)	**jungla** (f)	['χungl'a]
savanne (de)	**sabana** (f)	[sa'βana]
toendra (de)	**tundra** (f)	['tundra]
steppe (de)	**estepa** (f)	[es'tepa]
woestijn (de)	**desierto** (m)	[de'sjerto]
oase (de)	**oasis** (m)	[o'asis]
zee (de)	**mar** (m)	[mar]
meer (het)	**lago** (m)	['l'ago]
oceaan (de)	**océano** (m)	[o'θeano]
moeras (het)	**pantano** (m)	[pan'tano]
zoetwater- (abn)	**de agua dulce** (adj)	[de 'agua 'dul'θe]
vijver (de)	**estanque** (m)	[es'taŋke]
rivier (de)	**río** (m)	['rio]
berenhol (het)	**cubil** (m)	[ku'βil']
nest (het)	**nido** (m)	['niðo]
boom holte (de)	**agujero** (m)	[agu'χero]
hol (het)	**madriguera** (f)	[maðri'gera]
mierenhoop (de)	**hormiguero** (m)	[ormi'gero]

224. Dierverzorging

dierentuin (de)	**zoológico** (m)	[θoo'l'oχiko]
natuurreservaat (het)	**reserva** (f) **natural**	[re'serβa natu'ral']
fokkerij (de)	**criadero** (m)	[kria'ðero]
openluchtkooi (de)	**jaula** (f) **al aire libre**	['χaul'a al' 'aire 'liβre]
kooi (de)	**jaula** (f)	['χaul'a]
hondenhok (het)	**perrera** (f)	[pe'rera]
duiventil (de)	**palomar** (m)	[pal'o'mar]
aquarium (het)	**acuario** (m)	[aku'ario]
dolfinarium (het)	**delfinario** (m)	[del'fi'nario]
fokken (bijv. honden ~)	**criar** (vt)	[kri'ar]
nakomelingen (mv.)	**crías** (f pl)	['krias]
temmen (tam maken)	**domesticar** (vt)	[domesti'kar]
dresseren (ww)	**adiestrar** (vt)	[aðjes'trar]
voeding (de)	**pienso** (m), **comida** (f)	['pjenso], [ko'miða]
voederen (ww)	**dar de comer**	[dar de ko'mer]

dierenwinkel (de)	**tienda** (f) **de animales**	['tjenda de ani'males]
muilkorf (de)	**bozal** (m) **de perro**	[bo'θal de 'pero]
halsband (de)	**collar** (m)	[ko'jar]
naam (ov. een dier)	**nombre** (m)	['nombre]
stamboom (honden met ~)	**pedigrí** (m)	[peði'ɣri]

225. Dieren. Diversen

meute (wolven)	**manada** (f)	[ma'naða]
zwerm (vogels)	**bandada** (f)	[ban'daða]
school (vissen)	**banco** (m) **de peces**	['baŋko de 'peθes]
kudde (wilde paarden)	**caballada** (f)	[kaβa'jaða]
mannetje (het)	**macho** (m)	['maʧo]
vrouwtje (het)	**hembra** (f)	['embra]
hongerig (bn)	**hambriento** (adj)	[am'brjento]
wild (bn)	**salvaje** (adj)	[salʲ'βaχe]
gevaarlijk (bn)	**peligroso** (adj)	[peli'ɣroso]

226. Paarden

paard (het)	**caballo** (m)	[ka'βajo]
ras (het)	**raza** (f)	['raθa]
veulen (het)	**potro** (m)	['potro]
merrie (de)	**yegua** (f)	['jegua]
mustang (de)	**mustang** (m)	[mus'taŋ]
pony (de)	**poni** (m)	['poni]
koudbloed (de)	**caballo** (m) **de tiro**	[ka'βajo de 'tiro]
manen (mv.)	**crin** (f)	[krin]
staart (de)	**cola** (f)	['kolʲa]
hoef (de)	**casco** (m)	['kasko]
hoefijzer (het)	**herradura** (f)	[era'ðura]
beslaan (ww)	**herrar** (vt)	[e'rar]
paardensmid (de)	**herrero** (m)	[e'rero]
zadel (het)	**silla** (f)	['sija]
stijgbeugel (de)	**estribo** (m)	[es'triβo]
breidel (de)	**bridón** (m)	[bri'ðon]
leidsels (mv.)	**riendas** (f pl)	['rjendas]
zweep (de)	**fusta** (f)	['fusta]
ruiter (de)	**jinete** (m)	[χi'nete]
zadelen (ww)	**ensillar** (vt)	[ensi'jar]
een paard bestijgen	**montar al caballo**	[mon'tar alʲ ka'βajo]
galop (de)	**galope** (m)	[ga'lʲope]
galopperen (ww)	**ir al galope**	[ir alʲ ga'lʲope]

draf (de) **trote** (m) ['trote]
in draf (bw) **al trote** (adv) [al^{j} 'trote]
draven (ww) **ir al trote, trotar** (vi) [ir al^{j} 'trote], [tro'tar]

renpaard (het) **caballo** (m) **de carreras** [ka'βajo de ka'reras]
paardenrace (de) **carreras** (f pl) [ka'reras]

paardenstal (de) **caballeriza** (f) [kaβaje'riθa]
voederen (ww) **dar de comer** [dar de ko'mer]
hooi (het) **heno** (m) ['eno]
water geven (ww) **dar de beber** [dar de be'βer]
wassen (paard ~) **limpiar** (vt) [lim'pjar]

paardenkar (de) **carro** (m) ['karo]
grazen (gras eten) **pastar** (vi) [pas'tar]
hinniken (ww) **relinchar** (vi) [relin'ʧar]
een trap geven **cocear** (vi) [koθe'ar]

Flora

227. Bomen

boom (de) **árbol** (m) ['arβolʲ]
loof- (abn) **foliáceo** (adj) [foli'aθeo]
dennen- (abn) **conífero** (adj) [ko'nifero]
groenblijvend (bn) **de hoja perenne** [de 'oχa pe'renne]

appelboom (de) **manzano** (m) [man'θano]
perenboom (de) **peral** (m) [pe'ralʲ]
zoete kers (de) **cerezo** (m) [θe'reθo]
zure kers (de) **guindo** (m) ['gindo]
pruimelaar (de) **ciruelo** (m) [θiru'elʲo]

berk (de) **abedul** (m) [aβe'ðulʲ]
eik (de) **roble** (m) ['roβle]
linde (de) **tilo** (m) ['tilʲo]
esp (de) **pobo** (m) ['poβo]
esdoorn (de) **arce** (m) ['arθe]
spar (de) **pícea** (f) ['piθea]
den (de) **pino** (m) ['pino]
lariks (de) **alerce** (m) [a'lerθe]
zilverspar (de) **abeto** (m) [a'βeto]
ceder (de) **cedro** (m) ['θeðro]

populier (de) **álamo** (m) ['alʲamo]
lijsterbes (de) **serbal** (m) [ser'βalʲ]
wilg (de) **sauce** (m) ['sauθe]
els (de) **aliso** (m) [a'liso]
beuk (de) **haya** (f) ['aja]
iep (de) **olmo** (m) ['olʲmo]
es (de) **fresno** (m) ['fresno]
kastanje (de) **castaño** (m) [kas'tanjo]

magnolia (de) **magnolia** (f) [maɣ'nolia]
palm (de) **palmera** (f) [palʲ'mera]
cipres (de) **ciprés** (m) [θi'pres]

mangrove (de) **mangle** (m) ['manɡl]
baobab (apenbroodboom) **baobab** (m) [bao'βaβ]
eucalyptus (de) **eucalipto** (m) [euka'lipto]
mammoetboom (de) **secoya** (f) [se'koja]

228. Heesters

struik (de) **mata** (f) ['mata]
heester (de) **arbusto** (m) [ar'βusto]

wijnstok (de) | **vid** (f) | [bið]
wijngaard (de) | **viñedo** (m) | [bi'njeðo]

frambozenstruik (de) | **frambueso** (m) | [frambu'eso]
zwarte bes (de) | **grosellero** (m) **negro** | [grose'jero 'neɣro]
rode bessenstruik (de) | **grosellero** (m) **rojo** | [grose'jero 'roχo]
kruisbessenstruik (de) | **grosellero** (m) **espinoso** | [grose'jero espi'noso]

acacia (de) | **acacia** (f) | [a'kaθia]
zuurbes (de) | **berberís** (m) | [berβe'ris]
jasmijn (de) | **jazmín** (m) | [χaθ'min]

jeneverbes (de) | **enebro** (m) | [e'neβro]
rozenstruik (de) | **rosal** (m) | [ro'salʲ]
hondsroos (de) | **escaramujo** (m) | [eskara'muχo]

229. Champignons

paddenstoel (de) | **seta** (f) | ['seta]
eetbare paddenstoel (de) | **seta** (f) **comestible** | ['seta komes'tiβle]
giftige paddenstoel (de) | **seta** (f) **venenosa** | ['seta bene'nosa]
hoed (de) | **sombrerete** (m) | [sombre'rete]
steel (de) | **estipe** (m) | [es'tipe]

eekhoorntjesbrood (het) | **seta calabaza** (f) | ['seta kalʲa'βaθa]
rosse populierboleet (de) | **boleto** (m) **castaño** | [bo'leto kas'tanjo]
berkenboleet (de) | **boleto** (m) **áspero** | [bo'leto 'aspero]
cantharel (de) | **rebozuelo** (m) | [reβoθu'elʲo]
russula (de) | **rúsula** (f) | ['rusulʲa]

morielje (de) | **colmenilla** (f) | [kolʲme'nija]
vliegenzwam (de) | **matamoscas** (m) | [mata'moskas]
groene knolamaniet (de) | **oronja** (f) **verde** | [o'ronχa 'berðe]

230. Vruchten. Bessen

vrucht (de) | **fruto** (m) | ['fruto]
vruchten (mv.) | **frutos** (m pl) | ['frutos]
appel (de) | **manzana** (f) | [man'θana]
peer (de) | **pera** (f) | ['pera]
pruim (de) | **ciruela** (f) | [θiru'elʲa]

aardbei (de) | **fresa** (f) | ['fresa]
zure kers (de) | **guinda** (f) | ['ginda]
zoete kers (de) | **cereza** (f) | [θe'reθa]
druif (de) | **uva** (f) | ['uβa]

framboos (de) | **frambuesa** (f) | [frambu'esa]
zwarte bes (de) | **grosella** (f) **negra** | [gro'seja 'neɣra]
rode bes (de) | **grosella** (f) **roja** | [gro'seja 'roχa]
kruisbes (de) | **grosella** (f) **espinosa** | [gro'seja espi'nosa]
veenbes (de) | **arándano** (m) **agrio** | [a'randano 'aɣrio]

sinaasappel (de)	**naranja** (f)	[na'ranχa]
mandarijn (de)	**mandarina** (f)	[manda'rina]
ananas (de)	**piña** (f)	['pinja]
banaan (de)	**banana** (f)	[ba'nana]
dadel (de)	**dátil** (m)	['datilʲ]
citroen (de)	**limón** (m)	[li'mon]
abrikoos (de)	**albaricoque** (m)	[alʲβari'koke]
perzik (de)	**melocotón** (m)	[melʲoko'ton]
kiwi (de)	**kiwi** (m)	['kiwi]
grapefruit (de)	**toronja** (f)	[to'ronχa]
bes (de)	**baya** (f)	['baja]
bessen (mv.)	**bayas** (f pl)	['bajas]
vossenbes (de)	**arándano** (m) **rojo**	[a'randano 'roχo]
bosaardbei (de)	**fresa** (f) **silvestre**	['fresa silʲ'βestre]
blauwe bosbes (de)	**arándano** (m)	[a'randano]

231. Bloemen. Planten

bloem (de)	**flor** (f)	[flʲor]
boeket (het)	**ramo** (m) **de flores**	['ramo de 'flʲores]
roos (de)	**rosa** (f)	['rosa]
tulp (de)	**tulipán** (m)	[tuli'pan]
anjer (de)	**clavel** (m)	[klʲa'βelʲ]
gladiool (de)	**gladiolo** (m)	[glʲa'ðjolʲo]
korenbloem (de)	**aciano** (m)	[a'θjano]
klokje (het)	**campanilla** (f)	[kampa'nija]
paardenbloem (de)	**diente** (m) **de león**	['djente de le'on]
kamille (de)	**manzanilla** (f)	[manθa'nija]
aloë (de)	**áloe** (m)	['alʲoe]
cactus (de)	**cacto** (m)	['kakto]
ficus (de)	**ficus** (m)	['fikus]
lelie (de)	**azucena** (f)	[aθu'sena]
geranium (de)	**geranio** (m)	[χe'ranio]
hyacint (de)	**jacinto** (m)	[χa'θinto]
mimosa (de)	**mimosa** (f)	[mi'mosa]
narcis (de)	**narciso** (m)	[nar'θiso]
Oost-Indische kers (de)	**capuchina** (f)	[kapu'ʧina]
orchidee (de)	**orquídea** (f)	[or'kiðea]
pioenroos (de)	**peonía** (f)	[peo'nia]
viooltje (het)	**violeta** (f)	[bio'leta]
driekleurig viooltje (het)	**trinitaria** (f)	[trini'taria]
vergeet-mij-nietje (het)	**nomeolvides** (f)	[nomeolʲ'βiðes]
madeliefje (het)	**margarita** (f)	[marga'rita]
papaver (de)	**amapola** (f)	[ama'polʲa]
hennep (de)	**cáñamo** (m)	['kanjamo]

munt (de)	**menta** (f)	['menta]
lelietje-van-dalen (het)	**muguete** (m)	[mu'gete]
sneeuwklokje (het)	**campanilla** (f) **de las nieves**	[kampa'nija de lʲas 'njeβes]
brandnetel (de)	**ortiga** (f)	[or'tiga]
veldzuring (de)	**acedera** (f)	[aθe'ðera]
waterlelie (de)	**nenúfar** (m)	[ne'nufar]
varen (de)	**helecho** (m)	[e'letʃo]
korstmos (het)	**liquen** (m)	['liken]
oranjerie (de)	**invernadero** (m)	[imberna'ðero]
gazon (het)	**césped** (m)	['θespeð]
bloemperk (het)	**macizo** (m) **de flores**	[ma'θiθo de 'flʲores]
plant (de)	**planta** (f)	['plʲanta]
gras (het)	**hierba** (f)	['jerβa]
grasspriet (de)	**hoja** (f) **de hierba**	['oχa de 'jerβa]
blad (het)	**hoja** (f)	['oχa]
bloemblad (het)	**pétalo** (m)	['petalʲo]
stengel (de)	**tallo** (m)	['tajo]
knol (de)	**tubérculo** (m)	[tu'βerkulʲo]
scheut (de)	**retoño** (m)	[re'tonjo]
doorn (de)	**espina** (f)	[es'pina]
bloeien (ww)	**florecer** (vi)	[flʲore'θer]
verwelken (ww)	**marchitarse** (vr)	[martʃi'tarse]
geur (de)	**olor** (m)	[o'lʲor]
snijden (bijv. bloemen ~)	**cortar** (vt)	[kor'tar]
plukken (bloemen ~)	**coger** (vt)	[ko'χer]

232. Granen, graankorrels

graan (het)	**grano** (m)	['grano]
graangewassen (mv.)	**cereales** (m pl)	[θere'ales]
aar (de)	**espiga** (f)	[es'piga]
tarwe (de)	**trigo** (m)	['trigo]
rogge (de)	**centeno** (m)	[θen'teno]
haver (de)	**avena** (f)	[a'βena]
gierst (de)	**mijo** (m)	['miχo]
gerst (de)	**cebada** (f)	[θe'βaða]
maïs (de)	**maíz** (m)	[ma'iθ]
rijst (de)	**arroz** (m)	[a'roθ]
boekweit (de)	**alforfón** (m)	[alʲfor'fon]
erwt (de)	**guisante** (m)	[gi'sante]
nierboon (de)	**fréjol** (m)	['freχolʲ]
soja (de)	**soya** (f)	['soja]
linze (de)	**lenteja** (f)	[len'teχa]
bonen (mv.)	**habas** (f pl)	['aβas]

233. Groenten. Groene groenten

groenten (mv.)	**legumbres** (f pl)	[le'gumbres]
verse kruiden (mv.)	**verduras** (f pl)	[ber'ðuras]
tomaat (de)	**tomate** (m)	[to'mate]
augurk (de)	**pepino** (m)	[pe'pino]
wortel (de)	**zanahoria** (f)	[θana'oria]
aardappel (de)	**patata** (f)	[pa'tata]
ui (de)	**cebolla** (f)	[θe'βoja]
knoflook (de)	**ajo** (m)	['aχo]
kool (de)	**col** (f)	[kolʲ]
bloemkool (de)	**coliflor** (f)	[koli'flʲor]
spruitkool (de)	**col** (f) **de Bruselas**	[kolʲ de bru'selʲas]
broccoli (de)	**brócoli** (m)	['brokoli]
rode biet (de)	**remolacha** (f)	[remo'lʲatʃa]
aubergine (de)	**berenjena** (f)	[beren'χena]
courgette (de)	**calabacín** (m)	[kalʲaβa'θin]
pompoen (de)	**calabaza** (f)	[kalʲa'βaθa]
knolraap (de)	**nabo** (m)	['naβo]
peterselie (de)	**perejil** (m)	[pere'χilʲ]
dille (de)	**eneldo** (m)	[e'nelʲdo]
sla (de)	**lechuga** (f)	[le'tʃuga]
selderij (de)	**apio** (m)	['apio]
asperge (de)	**espárrago** (m)	[es'parago]
spinazie (de)	**espinaca** (f)	[espi'naka]
erwt (de)	**guisante** (m)	[gi'sante]
bonen (mv.)	**habas** (f pl)	['aβas]
maïs (de)	**maíz** (m)	[ma'iθ]
nierboon (de)	**fréjol** (m)	['freχolʲ]
peper (de)	**pimentón** (m)	[pimen'ton]
radijs (de)	**rábano** (m)	['raβano]
artisjok (de)	**alcachofa** (f)	[alʲka'tʃofa]

REGIONALE AARDRIJKSKUNDE

234. West-Europa

Europa (het)	**Europa** (f)	[eu'ropa]
Europese Unie (de)	**Unión** (f) **Europea**	[u'njon euro'pea]
Europeaan (de)	**europeo** (m)	[euro'peo]
Europees (bn)	**europeo** (adj)	[euro'peo]
Oostenrijk (het)	**Austria** (f)	['austria]
Oostenrijker (de)	**austriaco** (m)	[austri'ako]
Oostenrijkse (de)	**austriaca** (f)	[austri'aka]
Oostenrijks (bn)	**austriaco** (adj)	[austri'ako]
Groot-Brittannië (het)	**Gran Bretaña** (f)	[gram bre'tanja]
Engeland (het)	**Inglaterra** (f)	[inglʲa'tera]
Engelsman (de)	**inglés** (m)	[in'gles]
Engelse (de)	**inglesa** (f)	[in'glesa]
Engels (bn)	**inglés** (adj)	[in'gles]
België (het)	**Bélgica** (f)	['belʲχika]
Belg (de)	**belga** (m)	['belʲga]
Belgische (de)	**belga** (f)	['belʲga]
Belgisch (bn)	**belga** (adj)	['belʲga]
Duitsland (het)	**Alemania** (f)	[ale'mania]
Duitser (de)	**alemán** (m)	[ale'man]
Duitse (de)	**alemana** (f)	[ale'mana]
Duits (bn)	**alemán** (adj)	[ale'man]
Nederland (het)	**Países Bajos** (m pl)	[pa'ises 'baχos]
Holland (het)	**Holanda** (f)	[o'lʲanda]
Nederlander (de)	**holandés** (m)	[olʲan'des]
Nederlandse (de)	**holandesa** (f)	[olʲan'desa]
Nederlands (bn)	**holandés** (adj)	[olʲan'des]
Griekenland (het)	**Grecia** (f)	['greθia]
Griek (de)	**griego** (m)	[gri'ego]
Griekse (de)	**griega** (f)	[gri'ega]
Grieks (bn)	**griego** (adj)	[gri'ego]
Denemarken (het)	**Dinamarca** (f)	[dina'marka]
Deen (de)	**danés** (m)	[da'nes]
Deense (de)	**danesa** (f)	[da'nesa]
Deens (bn)	**danés** (adj)	[da'nes]
Ierland (het)	**Irlanda** (f)	[ir'lʲanda]
Ier (de)	**irlandés** (m)	[irlʲan'des]
Ierse (de)	**irlandesa** (f)	[irlʲan'desa]
Iers (bn)	**irlandés** (adj)	[irlʲan'des]

IJsland (het) **Islandia** (f) [is'lʲandia]
IJslander (de) **islandés** (m) [islʲan'des]
IJslandse (de) **islandesa** (f) [islʲan'desa]
IJslands (bn) **islandés** (adj) [islʲan'des]

Spanje (het) **España** (f) [es'panja]
Spanjaard (de) **español** (m) [espa'njolʲ]
Spaanse (de) **española** (f) [espa'njolʲa]
Spaans (bn) **español** (adj) [espa'njolʲ]

Italië (het) **Italia** (f) [i'talia]
Italiaan (de) **italiano** (m) [ita'ljano]
Italiaanse (de) **italiana** (f) [ita'ljana]
Italiaans (bn) **italiano** (adj) [ita'ljano]

Cyprus (het) **Chipre** (m) ['ʧipre]
Cypriot (de) **chipriota** (m) [ʧipri'ota]
Cypriotische (de) **chipriota** (f) [ʧipri'ota]
Cypriotisch (bn) **chipriota** (adj) [ʧipri'ota]

Malta (het) **Malta** (f) ['malʲta]
Maltees (de) **maltés** (m) [malʲ'tes]
Maltese (de) **maltesa** (f) [malʲ'tesa]
Maltees (bn) **maltés** (adj) [malʲ'tes]

Noorwegen (het) **Noruega** (f) [noru'ega]
Noor (de) **noruego** (m) [noru'ego]
Noorse (de) **noruega** (f) [noru'ega]
Noors (bn) **noruego** (adj) [noru'ego]

Portugal (het) **Portugal** (m) [portu'galʲ]
Portugees (de) **portugués** (m) [portu'ɣes]
Portugese (de) **portuguesa** (f) [portu'gesa]
Portugees (bn) **portugués** (adj) [portu'ɣes]

Finland (het) **Finlandia** (f) [fin'lʲandia]
Fin (de) **finlandés** (m) [finlʲan'des]
Finse (de) **finlandesa** (f) [finlʲan'desa]
Fins (bn) **finlandés** (adj) [finlʲan'des]

Frankrijk (het) **Francia** (f) ['franθia]
Fransman (de) **francés** (m) [fran'θes]
Française (de) **francesa** (f) [fran'θesa]
Frans (bn) **francés** (adj) [fran'θes]

Zweden (het) **Suecia** (f) [su'eθia]
Zweed (de) **sueco** (m) [su'eko]
Zweedse (de) **sueca** (f) [su'eka]
Zweeds (bn) **sueco** (adj) [su'eko]

Zwitserland (het) **Suiza** (f) [su'isa]
Zwitser (de) **suizo** (m) [su'iso]
Zwitserse (de) **suiza** (f) [su'isa]
Zwitsers (bn) **suizo** (adj) [su'iso]
Schotland (het) **Escocia** (f) [es'koθia]
Schot (de) **escocés** (m) [esko'θes]

Schotse (de)	**escocesa** (f)	[esko'θesa]
Schots (bn)	**escocés** (adj)	[esko'θes]
Vaticaanstad (de)	**Vaticano** (m)	[bati'kano]
Liechtenstein (het)	**Liechtenstein** (m)	[leχten'stejn]
Luxemburg (het)	**Luxemburgo** (m)	[lʲuksem'burgo]
Monaco (het)	**Mónaco** (m)	['monako]

235. Centraal- en Oost-Europa

Albanië (het)	**Albania** (f)	[alʲ'βania]
Albanees (de)	**albanés** (m)	[alʲβa'nes]
Albanese (de)	**albanesa** (f)	[alʲβa'nesa]
Albanees (bn)	**albanés** (adj)	[alʲβa'nes]
Bulgarije (het)	**Bulgaria** (f)	[bul'garia]
Bulgaar (de)	**búlgaro** (m)	['bulgaro]
Bulgaarse (de)	**búlgara** (f)	['bulgara]
Bulgaars (bn)	**búlgaro** (adj)	['bulgaro]
Hongarije (het)	**Hungría** (f)	[un'gria]
Hongaar (de)	**húngaro** (m)	['ungaro]
Hongaarse (de)	**húngara** (f)	['ungara]
Hongaars (bn)	**húngaro** (adj)	['ungaro]
Letland (het)	**Letonia** (f)	[le'tonia]
Let (de)	**letón** (m)	[le'ton]
Letse (de)	**letona** (f)	[le'tona]
Lets (bn)	**letón** (adj)	[le'ton]
Litouwen (het)	**Lituania** (f)	[litu'ania]
Litouwer (de)	**lituano** (m)	[litu'ano]
Litouwse (de)	**lituana** (f)	[litu'ana]
Litouws (bn)	**lituano** (adj)	[litu'ano]
Polen (het)	**Polonia** (f)	[po'lʲonia]
Pool (de)	**polaco** (m)	[po'lʲako]
Poolse (de)	**polaca** (f)	[po'lʲaka]
Pools (bn)	**polaco** (adj)	[po'lʲako]
Roemenië (het)	**Rumania** (f)	[ru'mania]
Roemeen (de)	**rumano** (m)	[ru'mano]
Roemeense (de)	**rumana** (f)	[ru'mana]
Roemeens (bn)	**rumano** (adj)	[ru'mano]
Servië (het)	**Serbia** (f)	['serβia]
Serviër (de)	**serbio** (m)	['serβio]
Servische (de)	**serbia** (f)	['serβia]
Servisch (bn)	**serbio** (adj)	['serβio]
Slowakije (het)	**Eslovaquia** (f)	[eslʲo'βakia]
Slowaak (de)	**eslovaco** (m)	[eslʲo'βako]
Slowaakse (de)	**eslovaca** (f)	[eslʲo'βaka]
Slowaakse (bn)	**eslovaco** (adj)	[eslʲo'βako]

Kroatië (het)	**Croacia** (f)	[kro'aθia]
Kroaat (de)	**croata** (m)	[kro'ata]
Kroatische (de)	**croata** (f)	[kro'ata]
Kroatisch (bn)	**croata** (adj)	[kro'ata]
Tsjechië (het)	**Chequia** (f)	['ʧekia]
Tsjech (de)	**checo** (m)	['ʧeko]
Tsjechische (de)	**checa** (f)	['ʧeka]
Tsjechisch (bn)	**checo** (adj)	['ʧeko]
Estland (het)	**Estonia** (f)	[es'tonia]
Est (de)	**estonio** (m)	[es'tonio]
Estse (de)	**estonia** (f)	[es'tonia]
Ests (bn)	**estonio** (adj)	[es'tonio]
Bosnië en Herzegovina (het)	**Bosnia y Herzegovina**	['bosnia i herθeχo'βina]
Macedonië (het)	**Macedonia**	[maθe'ðonja]
Slovenië (het)	**Eslovenia**	[eslʲo'βenia]
Montenegro (het)	**Montenegro** (m)	[monte'neɣro]

236. Voormalige USSR landen

Azerbeidzjan (het)	**Azerbaiyán** (m)	[aθerβa'jan]
Azerbeidzjaan (de)	**azerbaiyano** (m)	[aθerβa'jano]
Azerbeidjaanse (de)	**azerbaiyana** (f)	[aθerβa'jana]
Azerbeidjaans (bn)	**azerbaiyano** (adj)	[aθerβa'jano]
Armenië (het)	**Armenia** (f)	[ar'menia]
Armeen (de)	**armenio** (m)	[ar'menio]
Armeense (de)	**armenia** (f)	[ar'menia]
Armeens (bn)	**armenio** (adj)	[ar'menio]
Wit-Rusland (het)	**Bielorrusia** (f)	[bjelʲo'rusia]
Wit-Rus (de)	**bielorruso** (m)	[bjelʲo'ruso]
Wit-Russische (de)	**bielorrusa** (f)	[bjelʲo'rusa]
Wit-Russisch (bn)	**bielorruso** (adj)	[bjelʲo'ruso]
Georgië (het)	**Georgia** (f)	[χe'orχia]
Georgiër (de)	**georgiano** (m)	[χeor'χjano]
Georgische (de)	**georgiana** (f)	[χeor'χjana]
Georgisch (bn)	**georgiano** (adj)	[χeor'χjano]
Kazakstan (het)	**Kazajstán** (m)	[kaθaχs'tan]
Kazak (de)	**kazajo** (m)	[ka'θaχo]
Kazakse (de)	**kazaja** (f)	[ka'θaχa]
Kazakse (bn)	**kazajo** (adj)	[ka'θaχo]
Kirgizië (het)	**Kirguizistán** (m)	[kirgiθis'tan]
Kirgiziër (de)	**kirguís** (m)	[kir'ɣis]
Kirgizische (de)	**kirguisa** (f)	[kir'gisa]
Kirgizische (bn)	**kirguís** (adj)	[kir'ɣis]
Moldavië (het)	**Moldavia** (f)	[molʲ'ðaβia]
Moldaviër (de)	**moldavo** (m)	[molʲ'ðaβo]

Moldavische (de)	**moldava** (f)	[molʲ'ðaβa]
Moldavisch (bn)	**moldavo** (adj)	[molʲ'ðaβo]
Rusland (het)	**Rusia** (f)	['rusia]
Rus (de)	**ruso** (m)	['ruso]
Russin (de)	**rusa** (f)	['rusa]
Russisch (bn)	**ruso** (adj)	['ruso]
Tadzjikistan (het)	**Tayikistán** (m)	[tajikis'tan]
Tadzjiek (de)	**tayiko** (m)	[ta'jiko]
Tadzjiekse (de)	**tayika** (f)	[ta'jika]
Tadzjieks (bn)	**tayiko** (adj)	[ta'jiko]
Turkmenistan (het)	**Turkmenistán** (m)	[turkmenis'tan]
Turkmeen (de)	**turkmeno** (m)	[turk'meno]
Turkmeense (de)	**turkmena** (f)	[turk'mena]
Turkmeens (bn)	**turkmeno** (adj)	[turk'meno]
Oezbekistan (het)	**Uzbekistán** (m)	[uθbekis'tan]
Oezbeek (de)	**uzbeko** (m)	[uθ'beko]
Oezbeekse (de)	**uzbeka** (f)	[uθ'beka]
Oezbeeks (bn)	**uzbeko** (adj)	[uθ'beko]
Oekraïne (het)	**Ucrania** (f)	[u'krania]
Oekraïner (de)	**ucraniano** (m)	[ukra'njano]
Oekraïense (de)	**ucraniana** (f)	[ukra'njana]
Oekraïens (bn)	**ucraniano** (adj)	[ukra'njano]

237. Azië

Azië (het)	**Asia** (f)	['asia]
Aziatisch (bn)	**asiático** (adj)	[a'sjatiko]
Vietnam (het)	**Vietnam** (m)	[bjet'nam]
Vietnamees (de)	**vietnamita** (m)	[bjetna'mita]
Vietnamese (de)	**vietnamita** (f)	[bjetna'mita]
Vietnamees (bn)	**vietnamita** (adj)	[bjetna'mita]
India (het)	**India** (f)	['india]
Indiër (de)	**indio** (m)	['indio]
Indische (de)	**india** (f)	['india]
Indisch (bn)	**indio** (adj)	['indio]
Israël (het)	**Israel** (m)	[isra'elʲ]
Israëliër (de)	**israelí** (m)	[israe'li]
Israëlische (de)	**israelí** (f)	[israe'li]
Israëlisch (bn)	**israelí** (adj)	[israe'li]
Jood (etniciteit)	**hebreo** (m)	[e'βreo]
Jodin (de)	**hebrea** (f)	[e'βrea]
Joods (bn)	**hebreo** (adj)	[e'βreo]
China (het)	**China** (f)	['ʧina]
Chinees (de)	**chino** (m)	['ʧino]

Chinese (de)	**china** (f)	['ʧina]
Chinees (bn)	**chino** (adj)	['ʧino]
Zuid-Korea (het)	**Corea** (f) **del Sur**	[ko'rea delʲ sur]
Noord-Korea (het)	**Corea** (f) **del Norte**	[ko'rea delʲ 'norte]
Koreaan (de)	**coreano** (m)	[kore'ano]
Koreaanse (de)	**coreana** (f)	[kore'ana]
Koreaans (bn)	**coreano** (adj)	[kore'ano]
Libanon (het)	**Líbano** (m)	['liβano]
Libanees (de)	**libanés** (m)	[liβa'nes]
Libanese (de)	**libanesa** (f)	[liβa'nesa]
Libanees (bn)	**libanés** (adj)	[liβa'nes]
Mongolië (het)	**Mongolia** (f)	[mon'golia]
Mongool (de)	**mongol** (m)	[mon'golʲ]
Mongoolse (de)	**mongola** (f)	[mon'golʲa]
Mongools (bn)	**mongol** (adj)	[mon'golʲ]
Maleisië (het)	**Malasia** (f)	[ma'lʲasia]
Maleisiër (de)	**malayo** (m)	[ma'lʲajo]
Maleisische (de)	**malaya** (f)	[ma'lʲaja]
Maleisisch (bn)	**malayo** (adj)	[ma'lʲajo]
Pakistan (het)	**Pakistán** (m)	[pakis'tan]
Pakistaan (de)	**pakistaní** (m)	[pakista'ni]
Pakistaanse (de)	**pakistaní** (f)	[pakista'ni]
Pakistaans (bn)	**pakistaní** (adj)	[pakista'ni]
Saoedi-Arabië (het)	**Arabia** (f) **Saudita**	[a'raβia sau'ðita]
Arabier (de)	**árabe** (m)	['araβe]
Arabische (de)	**árabe** (f)	['araβe]
Arabisch (bn)	**árabe** (adj)	['araβe]
Thailand (het)	**Tailandia** (f)	[taj'lʲandia]
Thai (de)	**tailandés** (m)	[tajlʲan'des]
Thaise (de)	**tailandesa** (f)	[tajlʲan'desa]
Thai (bn)	**tailandés** (adj)	[tajlʲan'des]
Taiwan (het)	**Taiwán** (m)	[taj'wan]
Taiwanees (de)	**taiwanés** (m)	[tajwa'nes]
Taiwanese (de)	**taiwanesa** (f)	[tajwa'nesa]
Taiwanees (bn)	**taiwanés** (adj)	[tajwa'nes]
Turkije (het)	**Turquía** (f)	[tur'kia]
Turk (de)	**turco** (m)	['turko]
Turkse (de)	**turca** (f)	['turka]
Turks (bn)	**turco** (adj)	['turko]
Japan (het)	**Japón** (m)	[χa'pon]
Japanner (de)	**japonés** (m)	[χapo'nes]
Japanse (de)	**japonesa** (f)	[χapo'nesa]
Japans (bn)	**japonés** (adj)	[χapo'nes]
Afghanistan (het)	**Afganistán** (m)	[afganis'tan]
Bangladesh (het)	**Bangladesh** (m)	[banglʲa'ðeʃ]

Indonesië (het)	**Indonesia** (f)	[indo'nesia]
Jordanië (het)	**Jordania** (f)	[χor'ðania]
Irak (het)	**Irak** (m)	[i'rak]
Iran (het)	**Irán** (m)	[i'ran]
Cambodja (het)	**Camboya** (f)	[kam'boja]
Koeweit (het)	**Kuwait** (m)	[ku'wajt]
Laos (het)	**Laos** (m)	[lʲa'os]
Myanmar (het)	**Myanmar** (m)	[mjan'mar]
Nepal (het)	**Nepal** (m)	[ne'palʲ]
Verenigde Arabische Emiraten	**Emiratos** (m pl) **Árabes Unidos**	[emi'rates 'araβes u'niðos]
Syrië (het)	**Siria** (f)	['siria]
Palestijnse autonomie (de)	**Palestina** (f)	[pales'tina]

238. Noord-Amerika

Verenigde Staten van Amerika	**Estados Unidos de América** (m pl)	[es'tados u'niðos de a'merika]
Amerikaan (de)	**americano** (m)	[ameri'kano]
Amerikaanse (de)	**americana** (f)	[ameri'kana]
Amerikaans (bn)	**americano** (adj)	[ameri'kano]
Canada (het)	**Canadá** (f)	[kana'ða]
Canadees (de)	**canadiense** (m)	[kana'ðjense]
Canadese (de)	**canadiense** (f)	[kana'ðjense]
Canadees (bn)	**canadiense** (adj)	[kana'ðjense]
Mexico (het)	**Méjico** (m)	['meχiko]
Mexicaan (de)	**mejicano** (m)	[meχi'kano]
Mexicaanse (de)	**mejicana** (f)	[meχi'kana]
Mexicaans (bn)	**mejicano** (adj)	[meχi'kano]

239. Midden- en Zuid-Amerika

Argentinië (het)	**Argentina** (f)	[arχen'tina]
Argentijn (de)	**argentino** (m)	[arχen'tino]
Argentijnse (de)	**argentina** (f)	[arχen'tina]
Argentijns (bn)	**argentino** (adj)	[arχen'tino]
Brazilië (het)	**Brasil** (m)	[bra'silʲ]
Braziliaan (de)	**brasileño** (m)	[brasi'lenjo]
Braziliaanse (de)	**brasileña** (f)	[brasi'lenja]
Braziliaans (bn)	**brasileño** (adj)	[brasi'lenjo]
Colombia (het)	**Colombia** (f)	[ko'lʲombia]
Colombiaan (de)	**colombiano** (m)	[kolʲom'bjano]
Colombiaanse (de)	**colombiana** (f)	[kolʲom'bjana]
Colombiaans (bn)	**colombiano** (adj)	[kolʲom'bjano]
Cuba (het)	**Cuba** (f)	['kuβa]

Cubaan (de)	**cubano** (m)	[ku'βano]
Cubaanse (de)	**cubana** (f)	[ku'βana]
Cubaans (bn)	**cubano** (adj)	[ku'βano]
Chili (het)	**Chile** (m)	['ʧile]
Chileen (de)	**chileno** (m)	[ʧi'leno]
Chileense (de)	**chilena** (f)	[ʧi'lena]
Chileens (bn)	**chileno** (adj)	[ʧi'leno]
Bolivia (het)	**Bolivia** (f)	[bo'liβia]
Venezuela (het)	**Venezuela** (f)	[beneθu'elʲa]
Paraguay (het)	**Paraguay** (m)	[paragu'aj]
Peru (het)	**Perú** (m)	[pe'ru]
Suriname (het)	**Surinam** (m)	[suri'nam]
Uruguay (het)	**Uruguay** (m)	[urugu'aj]
Ecuador (het)	**Ecuador** (m)	[ekua'ðor]
Bahama's (mv.)	**Islas** (f pl) **Bahamas**	['islʲas ba'amas]
Haïti (het)	**Haití** (m)	[ai'ti]
Dominicaanse Republiek (de)	**República** (f) **Dominicana**	[re'puβlika domini'kana]
Panama (het)	**Panamá** (f)	[pana'ma]
Jamaica (het)	**Jamaica** (f)	[χa'majka]

240. Afrika

Egypte (het)	**Egipto** (m)	[e'χipto]
Egyptenaar (de)	**egipcio** (m)	[e'χipθio]
Egyptische (de)	**egipcia** (f)	[e'χipθia]
Egyptisch (bn)	**egipcio** (adj)	[e'χipθio]
Marokko (het)	**Marruecos** (m)	[maru'ekos]
Marokkaan (de)	**marroquí** (m)	[maro'ki]
Marokkaanse (de)	**marroquí** (f)	[maro'ki]
Marokkaans (bn)	**marroquí** (adj)	[maro'ki]
Tunesië (het)	**Túnez** (m)	['tuneθ]
Tunesiër (de)	**tunecino** (m)	[tune'θino]
Tunesische (de)	**tunecina** (f)	[tune'θina]
Tunesisch (bn)	**tunecino** (adj)	[tune'θino]
Ghana (het)	**Ghana** (f)	['gana]
Zanzibar (het)	**Zanzíbar** (m)	[θan'θiβar]
Kenia (het)	**Kenia** (f)	['kenia]
Libië (het)	**Libia** (f)	['liβia]
Madagaskar (het)	**Madagascar** (m)	[maðagas'kar]
Namibië (het)	**Namibia** (f)	[na'miβia]
Senegal (het)	**Senegal** (m)	[sene'galʲ]
Tanzania (het)	**Tanzania** (f)	[tan'θania]
Zuid-Afrika (het)	**República** (f) **Sudafricana**	[re'puβlika suð·afri'kana]
Afrikaan (de)	**africano** (m)	[afri'kano]
Afrikaanse (de)	**africana** (f)	[afri'kana]
Afrikaans (bn)	**africano** (adj)	[afri'kano]

241. Australië. Oceanië

Australië (het)	**Australia** (f)	[aus'tralia]
Australiër (de)	**australiano** (m)	[austra'ljano]
Australische (de)	**australiana** (f)	[austra'ljana]
Australisch (bn)	**australiano** (adj)	[austra'ljano]
Nieuw-Zeeland (het)	**Nueva Zelanda** (f)	[nu'eβa θe'lʲanda]
Nieuw-Zeelander (de)	**neocelandés** (m)	[neoθelʲan'des]
Nieuw-Zeelandse (de)	**neocelandesa** (f)	[neoθelʲan'desa]
Nieuw-Zeelands (bn)	**neocelandés** (adj)	[neoθelʲan'des]
Tasmanië (het)	**Tasmania** (f)	[tas'mania]
Frans-Polynesië	**Polinesia** (f) **Francesa**	[poli'nesia fran'θesa]

242. Steden

Amsterdam	**Ámsterdam**	['amsterðam]
Ankara	**Ankara**	[aŋ'kara]
Athene	**Atenas**	[a'tenas]
Bagdad	**Bagdad**	[baɣ'ðað]
Bangkok	**Bangkok**	[baŋ'kok]
Barcelona	**Barcelona**	[barθe'lʲona]
Beiroet	**Beirut**	[bej'rut]
Berlijn	**Berlín**	[ber'lin]
Boedapest	**Budapest**	[buða'pest]
Boekarest	**Bucarest**	[buka'rest]
Bombay, Mumbai	**Mumbai**	[mum'baj]
Bonn	**Bonn**	[bon]
Bordeaux	**Burdeos**	[bur'ðeos]
Bratislava	**Bratislava**	[brati'slʲaβa]
Brussel	**Bruselas**	[bru'selʲas]
Caïro	**El Cairo**	[elʲ 'kajro]
Calcutta	**Calcuta**	[kalʲ'kuta]
Chicago	**Chicago**	[ʧi'kago]
Dar Es Salaam	**Dar-es-Salam**	[dar·es·sa'lʲam]
Delhi	**Delhi**	['deli]
Den Haag	**la Haya**	[lʲa 'aja]
Dubai	**Dubai**	[du'βaj]
Dublin	**Dublín**	[du'βlin]
Düsseldorf	**Dusseldorf**	['dusselʲðorf]
Florence	**Florencia**	[flʲo'renθia]
Frankfort	**Fráncfort del Meno**	['fraŋkfort delʲ 'meno]
Genève	**Ginebra**	[χi'neβra]
Hamburg	**Hamburgo**	[am'burgo]
Hanoi	**Hanói**	[a'noi]
Havana	**La Habana**	[lʲa a'βana]
Helsinki	**Helsinki**	[χelʲsiŋki]

Hiroshima	**Hiroshima**	[iro'ʃima]
Hongkong	**Hong Kong**	[χoŋ 'koŋ]
Istanbul	**Estambul**	[estam'bulʲ]
Jeruzalem	**Jerusalén**	[χerusa'len]
Kiev	**Kiev**	['kiev]
Kopenhagen	**Copenhague**	[kope'nage]
Kuala Lumpur	**Kuala Lumpur**	[ku'alʲa lʲum'pur]
Lissabon	**Lisboa**	[lis'βoa]
Londen	**Londres**	['lʲondres]
Los Angeles	**Los Ángeles**	[los 'anχeles]
Lyon	**Lyon**	[li'on]
Madrid	**Madrid**	[ma'ðrið]
Marseille	**Marsella**	[mar'seja]
Mexico-Stad	**Ciudad de México**	[θju'ðað de 'meχiko]
Miami	**Miami**	['mijami]
Montreal	**Montreal**	[montre'alʲ]
Moskou	**Moscú**	[mos'ku]
München	**Múnich**	['mʲunik]
Nairobi	**Nairobi**	[naj'roβi]
Napels	**Nápoles**	['napoles]
New York	**Nueva York**	[nu'eβa 'jork]
Nice	**Niza**	['niθa]
Oslo	**Oslo**	['oslʲo]
Ottawa	**Ottawa**	[ot'taβa]
Parijs	**París**	[pa'ris]
Peking	**Pekín**	[pe'kin]
Praag	**Praga**	['praga]
Rio de Janeiro	**Río de Janeiro**	['rio de χa'nejro]
Rome	**Roma**	['roma]
Seoel	**Seúl**	[se'ulʲ]
Singapore	**Singapur**	[singa'pur]
Sint-Petersburg	**San Petersburgo**	[san peters'βurgo]
Sjanghai	**Shanghái**	[ʃan'gaj]
Stockholm	**Estocolmo**	[esto'kolʲmo]
Sydney	**Sydney**	['siðnej]
Taipei	**Taipei**	[taj'pej]
Tokio	**Tokio**	['tokio]
Toronto	**Toronto**	[to'ronto]
Venetië	**Venecia**	[be'neθia]
Warschau	**Varsovia**	[bar'soβia]
Washington	**Washington**	['waʃiŋton]
Wenen	**Viena**	['bjena]

243. Politiek. Overheid. Deel 1

politiek (de)	**política** (f)	[po'litika]
politiek (bn)	**político** (adj)	[po'litiko]

politicus (de)	**político** (m)	[po'litiko]
staat (land)	**estado** (m)	[es'taðo]
burger (de)	**ciudadano** (m)	[θjuða'ðano]
staatsburgerschap (het)	**ciudadanía** (f)	[θjuðaða'nia]
nationaal wapen (het)	**escudo** (m) **nacional**	[es'kuðo naθjo'nalʲ]
volkslied (het)	**himno** (m) **nacional**	['imno naθjo'nalʲ]
regering (de)	**gobierno** (m)	[go'βjerno]
staatshoofd (het)	**jefe** (m) **de estado**	['χefe de es'taðo]
parlement (het)	**parlamento** (m)	[parlʲa'mento]
partij (de)	**partido** (m)	[par'tiðo]
kapitalisme (het)	**capitalismo** (m)	[kapita'lismo]
kapitalistisch (bn)	**capitalista** (adj)	[kapita'lista]
socialisme (het)	**socialismo** (m)	[soθja'lismo]
socialistisch (bn)	**socialista** (adj)	[soθja'lista]
communisme (het)	**comunismo** (m)	[komu'nismo]
communistisch (bn)	**comunista** (adj)	[komu'nista]
communist (de)	**comunista** (m)	[komu'nista]
democratie (de)	**democracia** (f)	[demo'kraθia]
democraat (de)	**demócrata** (m)	[de'mokrata]
democratisch (bn)	**democrático** (adj)	[demo'kratiko]
democratische partij (de)	**Partido** (m) **Democrático**	[par'tiðo demo'kratiko]
liberaal (de)	**liberal** (m)	[liβe'ralʲ]
liberaal (bn)	**liberal** (adj)	[liβe'ralʲ]
conservator (de)	**conservador** (m)	[konserβa'ðor]
conservatief (bn)	**conservador** (adj)	[konserβa'ðor]
republiek (de)	**república** (f)	[re'puβlika]
republikein (de)	**republicano** (m)	[repuβli'kano]
Republikeinse Partij (de)	**Partido** (m) **Republicano**	[par'tiðo repuβli'kano]
verkiezing (de)	**elecciones** (f pl)	[elek'θjones]
kiezen (ww)	**elegir** (vi)	[ele'χir]
kiezer (de)	**elector** (m)	[elek'tor]
verkiezingscampagne (de)	**campaña** (f) **electoral**	[kam'panja elekto'ralʲ]
stemming (de)	**votación** (f)	[bota'θjon]
stemmen (ww)	**votar** (vi)	[bo'tar]
stemrecht (het)	**derecho** (m) **a voto**	[de'reʧo a 'boto]
kandidaat (de)	**candidato** (m)	[kandi'ðato]
zich kandideren	**presentarse como candidato**	[presen'tarse 'komo kandi'ðato]
campagne (de)	**campaña** (f)	[kam'panja]
oppositie- (abn)	**de oposición** (adj)	[de oposi'θjon]
oppositie (de)	**oposición** (f)	[oposi'θjon]
bezoek (het)	**visita** (f)	[bi'sita]
officieel bezoek (het)	**visita** (f) **oficial**	[bi'sita ofi'θjalʲ]

internationaal (bn) **internacional** (adj) [internaθjo'nalʲ]
onderhandelingen (mv.) **negociaciones** (f pl) [negoθja'θjones]
onderhandelen (ww) **negociar** (vi) [nego'θjar]

244. Politiek. Overheid. Deel 2

maatschappij (de) **sociedad** (f) [soθje'ðað]
grondwet (de) **constitución** (f) [konstitu'θjon]
macht (politieke ~) **poder** (m) [po'ðer]
corruptie (de) **corrupción** (f) [korup'θjon]

wet (de) **ley** (f) [lej]
wettelijk (bn) **legal** (adj) [le'galʲ]

rechtvaardigheid (de) **justicia** (f) [χus'tiθia]
rechtvaardig (bn) **justo** (adj) ['χusto]

comité (het) **comité** (m) [komi'te]
wetsvoorstel (het) **proyecto** (m) **de ley** [pro'jekto de 'lej]
begroting (de) **presupuesto** (m) [presupu'esto]
beleid (het) **política** (f) [po'litika]
hervorming (de) **reforma** (f) [re'forma]
radicaal (bn) **radical** (adj) [raði'kalʲ]

macht (vermogen) **potencia** (f) [po'tensia]
machtig (bn) **poderoso** (adj) [poðe'roso]
aanhanger (de) **partidario** (m) [parti'ðario]
invloed (de) **influencia** (f) [iɱflʲu'enθia]

regime (het) **régimen** (m) ['reχimen]
conflict (het) **conflicto** (m) [koɱ'flikto]
samenzwering (de) **complot** (m) [kom'plʲot]
provocatie (de) **provocación** (f) [proβoka'θjon]

omverwerpen (ww) **derrocar** (vt) [dero'kar]
omverwerping (de) **derrocamiento** (m) [deroka'mjento]
revolutie (de) **revolución** (f) [reβolʲu'θjon]

staatsgreep (de) **golpe** (m) **de estado** ['golʲpe de es'taðo]
militaire coup (de) **golpe** (m) **militar** ['golʲpe mili'tar]

crisis (de) **crisis** (f) ['krisis]
economische recessie (de) **recesión** (f) **económica** [rese'θjon eko'nomika]
betoger (de) **manifestante** (m) [manifes'tante]
betoging (de) **manifestación** (f) [manifesta'θjon]
krijgswet (de) **ley** (f) **marcial** ['lej mar'θjalʲ]
militaire basis (de) **base** (f) **militar** ['base mili'tar]

stabiliteit (de) **estabilidad** (f) [estaβili'ðað]
stabiel (bn) **estable** (adj) [es'taβle]

uitbuiting (de) **explotación** (f) [eksplʲota'θjon]
uitbuiten (ww) **explotar** (vt) [eksplʲo'tar]
racisme (het) **racismo** (m) [ra'θismo]

racist (de)	**racista** (m)	[ra'θista]
fascisme (het)	**fascismo** (m)	[fa'θismo]
fascist (de)	**fascista** (m)	[fa'θista]

245. Landen. Diversen

vreemdeling (de)	**extranjero** (m)	[ekstran'χero]
buitenlands (bn)	**extranjero** (adj)	[ekstran'χero]
in het buitenland (bw)	**en el extranjero**	[en elʲ ekstran'χero]
emigrant (de)	**emigrante** (m)	[emi'ɣrante]
emigratie (de)	**emigración** (f)	[emiɣra'θjon]
emigreren (ww)	**emigrar** (vi)	[emi'ɣrar]
Westen (het)	**Oeste** (m)	[o'este]
Oosten (het)	**Oriente** (m)	[o'rjente]
Verre Oosten (het)	**Extremo Oriente** (m)	[eks'tremo o'rjente]
beschaving (de)	**civilización** (f)	[θiβiliθa'θjon]
mensheid (de)	**humanidad** (f)	[umani'ðað]
wereld (de)	**mundo** (m)	['mundo]
vrede (de)	**paz** (f)	[paθ]
wereld- (abn)	**mundial** (adj)	[mun'djalʲ]
vaderland (het)	**patria** (f)	['patria]
volk (het)	**pueblo** (m)	[pu'eβlʲo]
bevolking (de)	**población** (f)	[poβlʲa'θjon]
mensen (mv.)	**gente** (f)	['χente]
natie (de)	**nación** (f)	[na'θjon]
generatie (de)	**generación** (f)	[χenera'θjon]
gebied (bijv. bezette ~en)	**territorio** (m)	[teri'torio]
regio, streek (de)	**región** (f)	[re'χjon]
deelstaat (de)	**estado** (m)	[es'taðo]
traditie (de)	**tradición** (f)	[traði'θjon]
gewoonte (de)	**costumbre** (f)	[kos'tumbre]
ecologie (de)	**ecología** (f)	[ekolʲo'χia]
Indiaan (de)	**indio** (m)	['indio]
zigeuner (de)	**gitano** (m)	[χi'tano]
zigeunerin (de)	**gitana** (f)	[χi'tana]
zigeuner- (abn)	**gitano** (adj)	[χi'tano]
rijk (het)	**imperio** (m)	[im'perio]
kolonie (de)	**colonia** (f)	[ko'lʲonia]
slavernij (de)	**esclavitud** (f)	[esklʲaβi'tuð]
invasie (de)	**invasión** (f)	[imba'sjon]
hongersnood (de)	**hambruna** (f)	[am'bruna]

246. Grote religieuze groepen. Bekentenissen

religie (de)	**religión** (f)	[reli'χjon]
religieus (bn)	**religioso** (adj)	[reli'χjoso]

geloof (het) **creencia** (f) [kre'enθia]
geloven (ww) **creer** (vi) [kre'er]
gelovige (de) **creyente** (m) [kre'jente]

atheïsme (het) **ateísmo** (m) [ate'ismo]
atheïst (de) **ateo** (m) [a'teo]

christendom (het) **cristianismo** (m) [kristja'nismo]
christen (de) **cristiano** (m) [kris'tjano]
christelijk (bn) **cristiano** (adj) [kris'tjano]

katholicisme (het) **catolicismo** (m) [katoli'θismo]
katholiek (de) **católico** (m) [ka'toliko]
katholiek (bn) **católico** (adj) [ka'toliko]

protestantisme (het) **protestantismo** (m) [protestan'tismo]
Protestante Kerk (de) **Iglesia** (f) **protestante** [i'ɣlesia protes'tante]
protestant (de) **protestante** (m) [protes'tante]

orthodoxie (de) **ortodoxia** (f) [orto'ðoksia]
Orthodoxe Kerk (de) **Iglesia** (f) **ortodoxa** [i'ɣlesia orto'ðoksa]
orthodox **ortodoxo** (m) [orto'ðokso]

presbyterianisme (het) **presbiterianismo** (m) [presβiterja'nismo]
Presbyteriaanse Kerk (de) **Iglesia** (f) **presbiteriana** [i'ɣlesia presβite'rjana]
presbyteriaan (de) **presbiteriano** (m) [presβite'rjano]

lutheranisme (het) **Iglesia** (f) **luterana** [i'ɣlesia lʲute'rana]
lutheraan (de) **luterano** (m) [lʲute'rano]
baptisme (het) **Iglesia** (f) **bautista** [i'ɣlesia bau'tista]
baptist (de) **bautista** (m) [bau'tista]

Anglicaanse Kerk (de) **Iglesia** (f) **anglicana** [i'ɣlesia angli'kana]
anglicaan (de) **anglicano** (m) [angli'kano]

mormonisme (het) **mormonismo** (m) [mormo'nismo]
mormoon (de) **mormón** (m) [mor'mon]

Jodendom (het) **judaísmo** (m) [χuða'ismo]
jood (aanhanger van het Jodendom) **judío** (m) [χu'ðio]

boeddhisme (het) **budismo** (m) [bu'ðismo]
boeddhist (de) **budista** (m) [bu'ðista]

hindoeïsme (het) **hinduismo** (m) [indu'ismo]
hindoe (de) **hinduista** (m) [indu'ista]

islam (de) **Islam** (m) [is'lʲam]
islamiet (de) **musulmán** (m) [musulʲ'man]
islamitisch (bn) **musulmán** (adj) [musulʲ'man]

sjiisme (het) **chiísmo** (m) [ʧi'ismo]
sjiiet (de) **chií** (m), **chiita** (m) [ʧi'i], [ʧi'ita]
soennisme (het) **sunismo** (m) [su'nismo]
soenniet (de) **suní** (m, f) [su'ni]

247. Religies. Priesters

priester (de)	**sacerdote** (m)	[saθer'ðote]
paus (de)	**Papa** (m)	['papa]
monnik (de)	**monje** (m)	['monχe]
non (de)	**monja** (f)	['monχa]
pastoor (de)	**pastor** (m)	[pas'tor]
abt (de)	**abad** (m)	[a'βað]
vicaris (de)	**vicario** (m)	[bi'kario]
bisschop (de)	**obispo** (m)	[o'βispo]
kardinaal (de)	**cardenal** (m)	[karðe'nalʲ]
predikant (de)	**predicador** (m)	[preðika'ðor]
preek (de)	**prédica** (f)	['preðika]
kerkgangers (mv.)	**parroquianos** (pl)	[paro'kjanos]
gelovige (de)	**creyente** (m)	[kre'jente]
atheïst (de)	**ateo** (m)	[a'teo]

248. Geloof. Christendom. Islam

Adam	**Adán**	[a'ðan]
Eva	**Eva**	['eβa]
God (de)	**Dios** (m)	['djos]
Heer (de)	**Señor** (m)	[se'njor]
Almachtige (de)	**el Todopoderoso**	[elʲ toðopoðe'roso]
zonde (de)	**pecado** (m)	[pe'kaðo]
zondigen (ww)	**pecar** (vi)	[pe'kar]
zondaar (de)	**pecador** (m)	[peka'ðor]
zondares (de)	**pecadora** (f)	[peka'ðora]
hel (de)	**infierno** (m)	[iɱ'fjerno]
paradijs (het)	**paraíso** (m)	[para'iso]
Jezus	**Jesús** (m)	[χe'sus]
Jezus Christus	**Jesucristo** (m)	[χesu·'kristo]
Heilige Geest (de)	**el Espíritu Santo**	[elʲ es'piritu 'santo]
Verlosser (de)	**el Salvador**	[elʲ salʲβa'ðor]
Maagd Maria (de)	**la Virgen María**	[lʲa 'birχen ma'ria]
duivel (de)	**el Diablo**	[elʲ 'djaβlʲo]
duivels (bn)	**diabólico** (adj)	[dja'βoliko]
Satan	**Satán** (m)	[sa'tan]
satanisch (bn)	**satánico** (adj)	[sa'taniko]
engel (de)	**ángel** (m)	['anχelʲ]
beschermengel (de)	**ángel** (m) **custodio**	['anχelʲ kus'toðio]
engelachtig (bn)	**angelical** (adj)	[anχeli'kalʲ]

apostel (de)	**apóstol** (m)	[a'postolʲ]
aartsengel (de)	**arcángel** (m)	[ar'kanχelʲ]
antichrist (de)	**anticristo** (m)	[anti'kristo]
Kerk (de)	**Iglesia** (f)	[i'ɣlesia]
bijbel (de)	**Biblia** (f)	['biβlia]
bijbels (bn)	**bíblico** (adj)	['biβliko]
Oude Testament (het)	**Antiguo Testamento** (m)	[an'tiguo testa'mento]
Nieuwe Testament (het)	**Nuevo Testamento** (m)	[nu'eβo testa'mento]
evangelie (het)	**Evangelio** (m)	[eβan'χelio]
Heilige Schrift (de)	**Sagrada Escritura** (f)	[sa'ɣraða eskri'tura]
Hemel, Hemelrijk (de)	**cielo** (m)	['θjelʲo]
gebod (het)	**mandamiento** (m)	[manda'mjento]
profeet (de)	**profeta** (m)	[pro'feta]
profetie (de)	**profecía** (f)	[profe'sia]
Allah	**Alá**	[a'lʲa]
Mohammed	**Mahoma**	[ma'oma]
Koran (de)	**Corán, Korán** (m)	[ko'ran]
moskee (de)	**mezquita** (f)	[meθ'kita]
moellah (de)	**mulá** (m), **mullah** (m)	[mu'lʲa]
gebed (het)	**oración** (f)	[ora'θjon]
bidden (ww)	**orar, rezar** (vi)	[o'rar], [re'θar]
pelgrimstocht (de)	**peregrinación** (f)	[pereɣrina'θjon]
pelgrim (de)	**peregrino** (m)	[pere'ɣrino]
Mekka	**La Meca**	[lʲa 'meka]
kerk (de)	**iglesia** (f)	[i'ɣlesia]
tempel (de)	**templo** (m)	['templʲo]
kathedraal (de)	**catedral** (f)	[kate'ðralʲ]
gotisch (bn)	**gótico** (adj)	['gotiko]
synagoge (de)	**sinagoga** (f)	[sina'goga]
moskee (de)	**mezquita** (f)	[meθ'kita]
kapel (de)	**capilla** (f)	[ka'pija]
abdij (de)	**abadía** (f)	[aβa'ðia]
nonnenklooster (het)	**convento** (m)	[kom'bento]
mannenklooster (het)	**monasterio** (m)	[monas'terio]
klok (de)	**campana** (f)	[kam'pana]
klokkentoren (de)	**campanario** (m)	[kampa'nario]
luiden (klokken)	**sonar** (vi)	[so'nar]
kruis (het)	**cruz** (f)	[kruθ]
koepel (de)	**cúpula** (f)	['kupulʲa]
icoon (de)	**icono** (m)	[i'kono]
ziel (de)	**alma** (f)	['alʲma]
lot, noodlot (het)	**destino** (m)	[des'tino]
kwaad (het)	**maldad** (f)	[malʲ'dað]
goed (het)	**bien** (m)	[bjen]
vampier (de)	**vampiro** (m)	[bam'piro]

heks (de) **bruja** (f) ['bruχa]
demoon (de) **demonio** (m) [de'monio]
geest (de) **espíritu** (m) [es'piritu]

verzoeningsleer (de) **redención** (f) [reðen'θjon]
vrijkopen (ww) **redimir** (vt) [reði'mir]

mis (de) **culto** (m), **misa** (f) ['kulʲto], ['misa]
de mis opdragen **decir misa** [de'θir 'misa]
biecht (de) **confesión** (f) [koɱfe'sjon]
biechten (ww) **confesarse** (vr) [koɱfe'sarse]

heilige (de) **santo** (m) ['santo]
heilig (bn) **sagrado** (adj) [sa'ɣraðo]
wijwater (het) **agua** (f) **santa** ['agua 'santa]

ritueel (het) **rito** (m) ['rito]
ritueel (bn) **ritual** (adj) [ritu'alʲ]
offerande (de) **sacrificio** (m) [sakri'fiθio]

bijgeloof (het) **superstición** (f) [supersti'θjon]
bijgelovig (bn) **supersticioso** (adj) [supersti'θjoso]
hiernamaals (het) **vida** (f) **de ultratumba** ['biða de ulʲtra·'tumba]
eeuwige leven (het) **vida** (f) **eterna** ['biða e'terna]

DIVERSEN

249. Diverse nuttige woorden

achtergrond (de)	**fondo** (m)	['fondo]
balans (de)	**balance** (m)	[ba'lʲanθe]
basis (de)	**base** (f)	['base]
begin (het)	**principio** (m)	[prin'θipio]
beurt (wie is aan de ~?)	**turno** (m)	['turno]
categorie (de)	**categoría** (f)	[katego'ria]
comfortabel (~ bed, enz.)	**confortable** (adj)	[koɱfor'taβle]
compensatie (de)	**compensación** (f)	[kompensa'θjon]
deel (gedeelte)	**parte** (f)	['parte]
deeltje (het)	**partícula** (f)	[par'tikulʲa]
ding (object, voorwerp)	**cosa** (f)	['kosa]
dringend (bn, urgent)	**urgente** (adj)	[ur'χente]
dringend (bw, met spoed)	**urgentemente**	[urχente'mente]
effect (het)	**efecto** (m)	[e'fekto]
eigenschap (kwaliteit)	**propiedad** (f)	[propje'ðað]
einde (het)	**fin** (m)	[fin]
element (het)	**elemento** (m)	[ele'mento]
feit (het)	**hecho** (m)	['eʧo]
fout (de)	**error** (m)	[e'ror]
geheim (het)	**secreto** (m)	[se'kreto]
graad (mate)	**grado** (m)	['graðo]
groei (ontwikkeling)	**crecimiento** (m)	[kreθi'mjento]
hindernis (de)	**barrera** (f)	[ba'rera]
hinderpaal (de)	**obstáculo** (m)	[oβs'takulʲo]
hulp (de)	**ayuda** (f)	[a'juða]
ideaal (het)	**ideal** (m)	[iðe'alʲ]
inspanning (de)	**esfuerzo** (m)	[esfu'erθo]
keuze (een grote ~)	**variedad** (f)	[barje'ðað]
labyrint (het)	**laberinto** (m)	[lʲaβe'rinto]
manier (de)	**modo** (m)	['moðo]
moment (het)	**momento** (m)	[mo'mento]
nut (bruikbaarheid)	**utilidad** (f)	[utili'ðað]
onderscheid (het)	**diferencia** (f)	[dife'renθia]
ontwikkeling (de)	**desarrollo** (m)	[desa'rojo]
oplossing (de)	**solución** (f)	[solʲu'θjon]
origineel (het)	**original** (m)	[oriχi'nalʲ]
pauze (de)	**pausa** (f)	['pausa]
positie (de)	**posición** (f)	[posi'θjon]
principe (het)	**principio** (m)	[prin'θipio]

probleem (het) **problema** (m) [pro'βlema]
proces (het) **proceso** (m) [pro'θeso]
reactie (de) **reacción** (f) [reak'θjon]

reden (om ~ van) **causa** (f) ['kausa]
risico (het) **riesgo** (m) ['rjesgo]
samenvallen (het) **coincidencia** (f) [koinθi'ðenθia]
serie (de) **serie** (f) ['serie]

situatie (de) **situación** (f) [situa'θjon]
soort (bijv. ~ sport) **tipo** (m) ['tipo]
standaard (bn) **estándar** (adj) [es'tandar]
standaard (de) **estándar** (m) [es'tandar]
stijl (de) **estilo** (m) [es'tilʲo]

stop (korte onderbreking) **alto** (m) ['alʲto]
systeem (het) **sistema** (m) [sis'tema]
tabel (bijv. ~ van Mendelejev) **tabla** (f) ['taβlʲa]
tempo (langzaam ~) **tempo** (m) ['tempo]
term (medische ~en) **término** (m) ['termino]

type (soort) **tipo** (m) ['tipo]
variant (de) **variante** (f) [ba'rjante]
veelvuldig (bn) **frecuente** (adj) [freku'ente]
vergelijking (de) **comparación** (f) [kompara'θjon]
voorbeeld (het goede ~) **ejemplo** (m) [e'χemplʲo]

voortgang (de) **progreso** (m) [pro'ɣreso]
voorwerp (ding) **objeto** (m) [oβ'χeto]
vorm (uiterlijke ~) **forma** (f) ['forma]
waarheid (de) **verdad** (f) [ber'ðað]
zone (de) **zona** (f) ['θona]

250. Beperkende bijwoorden. Bijvoeglijke naamwoorden. Deel 1

accuraat (uurwerk, enz.) **meticuloso** (adj) [metiku'lʲoso]
achter- (abn) **de atrás** (adj) [de a'tras]
additioneel (bn) **adicional** (adj) [aðiθjo'nalʲ]
anders (bn) **diferente** (adj) [dife'rente]

arm (bijv. ~e landen) **pobre** (adj) ['poβre]
begrijpelijk (bn) **claro** (adj) ['klʲaro]
belangrijk (bn) **importante** (adj) [impor'tante]
belangrijkst (bn) **el más importante** [elʲ 'mas impor'tante]

beleefd (bn) **cortés** (adj) [kor'tes]
beperkt (bn) **limitado** (adj) [limi'taðo]
betekenisvol (bn) **considerable** (adj) [konsiðe'raβle]
bijziend (bn) **miope** (adj) [mi'ope]
binnen- (abn) **interior** (adj) [inte'rjor]

bitter (bn) **amargo** (adj) [a'margo]
blind (bn) **ciego** (adj) ['θjego]
breed (een ~e straat) **ancho** (adj) ['antʃo]

breekbaar (porselein, glas)	**frágil** (adj)	['fraχilʲ]
buiten- (abn)	**exterior** (adj)	[ekste'rjor]
buitenlands (bn)	**extranjero** (adj)	[ekstran'χero]
burgerlijk (bn)	**civil** (adj)	[θi'βilʲ]
centraal (bn)	**central** (adj)	[θen'tralʲ]
dankbaar (bn)	**agradecido** (adj)	[aɣraðe'θiðo]
dicht (~e mist)	**denso** (adj)	['denso]
dicht (bijv. ~e mist)	**espeso** (adj)	[es'peso]
dicht (in de ruimte)	**próximo** (adj)	['proksimo]
dicht (bn)	**mas próximo**	[mas 'proksimo]
dichtstbijzijnd (bn)	**el más próximo**	[elʲ 'mas 'proksimo]
diepvries (~product)	**congelado** (adj)	[konχe'lʲaðo]
dik (bijv. muur)	**grueso** (adj)	[gru'eso]
dof (~ licht)	**tenue** (adj)	['tenue]
dom (dwaas)	**tonto** (adj)	['tonto]
donker (bijv. ~e kamer)	**oscuro** (adj)	[os'kuro]
dood (bn)	**muerto** (adj)	[mu'erto]
doorzichtig (bn)	**transparente** (adj)	[transpa'rente]
droevig (~ blik)	**triste** (adj)	['triste]
droog (bn)	**seco** (adj)	['seko]
dun (persoon)	**delgado** (adj)	[delʲ'gado]
duur (bn)	**caro** (adj)	['karo]
eender (bn)	**igual, idéntico** (adj)	[igu'alʲ], [i'ðentiko]
eenvoudig (bn)	**fácil** (adj)	['faθilʲ]
eenvoudig (bn)	**simple** (adj)	['simple]
eeuwenoude (~ beschaving)	**antiguo** (adj)	[an'tiguo]
enorm (bn)	**enorme** (adj)	[e'norme]
geboorte- (stad, land)	**natal** (adj)	[na'talʲ]
gebruind (bn)	**bronceado** (adj)	[bronθe'aðo]
gelijkend (bn)	**similar** (adj)	[simi'lʲar]
gelukkig (bn)	**feliz** (adj)	[fe'liθ]
gesloten (bn)	**cerrado** (adj)	[θe'raðo]
getaand (bn)	**moreno** (adj)	[mo'reno]
gevaarlijk (bn)	**peligroso** (adj)	[peli'ɣroso]
gewoon (bn)	**ordinario** (adj)	[orði'nario]
gezamenlijk (~ besluit)	**conjunto** (adj)	[kon'χunto]
glad (~ oppervlak)	**liso** (adj)	['liso]
glad (~ oppervlak)	**plano** (adj)	['plʲano]
goed (bn)	**bueno** (adj)	[bu'eno]
goedkoop (bn)	**barato** (adj)	[ba'rato]
gratis (bn)	**gratis** (adj)	['gratis]
groot (bn)	**grande** (adj)	['grande]
hard (niet zacht)	**duro** (adj)	['duro]
heel (volledig)	**entero** (adj)	[en'tero]
heet (bn)	**caliente** (adj)	[ka'ljente]
hongerig (bn)	**hambriento** (adj)	[am'brjento]

hoofd- (abn)	**principal** (adj)	[prinθi'palʲ]
hoogste (bn)	**el más alto**	[elʲ 'mas 'alʲto]
huidig (courant)	**presente** (adj)	[pre'sente]
jong (bn)	**joven** (adj)	['χoβen]
juist, correct (bn)	**correcto** (adj)	[ko'rekto]
kalm (bn)	**calmo** (adj)	['kalʲmo]
kinder- (abn)	**infantil** (adj)	[iɱfan'tilʲ]
klein (bn)	**pequeño** (adj)	[pe'kenjo]
koel (~ weer)	**fresco** (adj)	['fresko]
kort (kortstondig)	**de corta duración** (adj)	[de 'korta dura'θjon]
kort (niet lang)	**corto** (adj)	['korto]
koud (~ water, weer)	**frío** (adj)	['frio]
kunstmatig (bn)	**artificial** (adj)	[artifi'θjalʲ]
laatst (bn)	**último** (adj)	['ulʲtimo]
lang (een ~ verhaal)	**largo** (adj)	['lʲargo]
langdurig (bn)	**continuo** (adj)	[kon'tinuo]
lastig (~ probleem)	**difícil** (adj)	[di'fiθilʲ]
leeg (glas, kamer)	**vacío** (adj)	[ba'θio]
lekker (bn)	**sabroso** (adj)	[sa'βroso]
licht (kleur)	**claro** (adj)	['klʲaro]
licht (niet veel weegt)	**ligero** (adj)	[li'χero]
linker (bn)	**izquierdo** (adj)	[iθ'kjerðo]
luid (bijv. ~e stem)	**fuerte** (adj)	[fu'erte]
mager (bn)	**flaco, delgado** (adj)	['flʲako], [del'gaðo]
mat (bijv. ~ verf)	**mate** (adj)	['mate]
moe (bn)	**cansado** (adj)	[kan'saðo]
moeilijk (~ besluit)	**difícil** (adj)	[di'fiθilʲ]
mogelijk (bn)	**posible** (adj)	[po'siβle]
mooi (bn)	**bello** (adj)	['bejo]
mysterieus (bn)	**misterioso** (adj)	[misteri'oso]
naburig (bn)	**vecino** (adj)	[be'θino]
nalatig (bn)	**negligente** (adj)	[neɣli'χente]
nat (~te kleding)	**mojado** (adj)	[mo'χaðo]
nerveus (bn)	**nervioso** (adj)	[ner'βjoso]
niet groot (bn)	**no muy grande** (adj)	[no muj 'grande]
niet moeilijk (bn)	**no difícil** (adj)	[no di'fiθilʲ]
nieuw (bn)	**nuevo** (adj)	[nu'eβo]
nodig (bn)	**necesario** (adj)	[neθe'sario]
normaal (bn)	**normal** (adj)	[nor'malʲ]

251. Beperkende bijwoorden. Bijvoeglijke naamwoorden. Deel 2

onbegrijpelijk (bn)	**indescifrable** (adj)	[indeθi'fraβle]
onbelangrijk (bn)	**insignificante** (adj)	[insiɣnifi'kante]
onbeweeglijk (bn)	**inmóvil** (adj)	[in'moβilʲ]
onbewolkt (bn)	**sin nubes** (adj)	[sin 'nuβes]

ondergronds (geheim)	**clandestino** (adj)	[klʲandes'tino]
ondiep (bn)	**poco profundo** (adj)	['poko pro'fundo]
onduidelijk (bn)	**poco claro** (adj)	['poko 'klʲaro]
onervaren (bn)	**sin experiencia** (adj)	[sin ekspe'rjenθia]
onmogelijk (bn)	**imposible** (adj)	[impo'siβle]
onontbeerlijk (bn)	**imprescindible** (adj)	[impreθin'diβle]
onophoudelijk (bn)	**continuo** (adj)	[kon'tinuo]
ontkennend (bn)	**negativo** (adj)	[nega'tiβo]
open (bn)	**abierto** (adj)	[a'βjerto]
openbaar (bn)	**público** (adj)	['puβliko]
origineel (ongewoon)	**original** (adj)	[oriχi'nalʲ]
oud (~ huis)	**viejo** (adj)	['bjeχo]
overdreven (bn)	**excesivo** (adj)	[ekθe'siβo]
passend (bn)	**conveniente** (adj)	[kombe'njente]
permanent (bn)	**permanente** (adj)	[perma'nente]
persoonlijk (bn)	**personal** (adj)	[perso'nalʲ]
plat (bijv. ~ scherm)	**plano** (adj)	['plʲano]
prachtig (~ paleis, enz.)	**hermoso** (adj)	[er'moso]
precies (bn)	**exacto** (adj)	[e'ksakto]
prettig (bn)	**agradable** (adj)	[aɣra'ðaβle]
privé (bn)	**privado** (adj)	[pri'βaðo]
punctueel (bn)	**puntual** (adj)	[puntu'alʲ]
rauw (niet gekookt)	**crudo** (adj)	['kruðo]
recht (weg, straat)	**recto** (adj)	['rekto]
rechter (bn)	**derecho** (adj)	[de'reʧo]
rijp (fruit)	**maduro** (adj)	[ma'ðuro]
riskant (bn)	**arriesgado** (adj)	[arjes'gaðo]
ruim (een ~ huis)	**amplio** (adj)	['amplio]
rustig (bn)	**tranquilo** (adj)	[traŋ'kilʲo]
scherp (bijv. ~ mes)	**agudo** (adj)	[a'guðo]
schoon (niet vies)	**limpio** (adj)	['limpio]
slecht (bn)	**malo** (adj)	['malʲo]
slim (verstandig)	**inteligente** (adj)	[inteli'χente]
smal (~le weg)	**estrecho** (adj)	[es'treʧo]
snel (vlug)	**rápido** (adj)	['rapiðo]
somber (bn)	**sombrío** (adj)	[som'brio]
speciaal (bn)	**especial** (adj)	[espe'θjalʲ]
sterk (bn)	**fuerte** (adj)	[fu'erte]
stevig (bn)	**sólido** (adj)	['soliðo]
straatarm (bn)	**indigente** (adj)	[indi'χente]
strak (schoenen, enz.)	**apretado** (adj)	[apre'taðo]
teder (liefderijk)	**tierno** (adj)	['tjerno]
tegenovergesteld (bn)	**opuesto** (adj)	[opu'esto]
tevreden (bn)	**contento** (adj)	[kon'tento]
tevreden (klant, enz.)	**satisfecho** (adj)	[satis'feʧo]
treurig (bn)	**triste** (adj)	['triste]
tweedehands (bn)	**de segunda mano**	[de se'gunda 'mano]
uitstekend (bn)	**excelente** (adj)	[ekθe'lente]

uitstekend (bn) **perfecto** (adj) [per'fekto]
uniek (bn) **único** (adj) ['uniko]
veilig (niet gevaarlijk) **seguro** (adj) [se'guro]
ver (in de ruimte) **lejano** (adj) [le'χano]

verenigbaar (bn) **compatible** (adj) [kompa'tiβle]
vermoeiend (bn) **fatigoso** (adj) [fati'goso]
verplicht (bn) **obligatorio** (adj) [oβliga'torio]
vers (~ brood) **fresco** (adj) ['fresko]
verschillende (bn) **vario** (adj) ['bario]

verst (meest afgelegen) **distante** (adj) [dis'tante]
vettig (voedsel) **graso** (adj) ['graso]
vijandig (bn) **hostil** (adj) [os'tilʲ]
vloeibaar (bn) **líquido** (adj) ['likiðo]
vochtig (bn) **húmedo** (adj) ['umeðo]
vol (helemaal gevuld) **lleno** (adj) ['jeno]

volgend (~ jaar) **siguiente** (adj) [si'gjente]
vorig (bn) **pasado** (adj) [pa'saðo]
voornaamste (bn) **principal** (adj) [prinθi'palʲ]
vorig (~ jaar) **último** (adj) ['ulʲtimo]
vorig (bijv. ~e baas) **precedente** (adj) [preθe'ðente]

vriendelijk (aardig) **simpático, amable** (adj) [sim'patiko], [a'maβle]
vriendelijk (goedhartig) **bueno** (adj) [bu'eno]
vrij (bn) **libre** (adj) ['liβre]
vrolijk (bn) **alegre** (adj) [a'leɣre]
vruchtbaar (~ land) **fértil** (adj) ['fertilʲ]

vuil (niet schoon) **sucio** (adj) ['suθio]
waarschijnlijk (bn) **probable** (adj) [pro'βaβle]
warm (bn) **templado** (adj) [tem'plʲaðo]
wettelijk (bn) **legal** (adj) [le'galʲ]
zacht (bijv. ~ kussen) **blando** (adj) ['blʲando]

zacht (bn) **bajo** (adj) ['baχo]
zeldzaam (bn) **raro** (adj) ['raro]
ziek (bn) **enfermo** (adj) [eɱ'fermo]
zoet (~ water) **dulce** (adj) ['dulʲθe]
zoet (bn) **azucarado, dulce** (adj) [aθuka'raðo], ['dulʲθe]

zonnig (~e dag) **soleado** (adj) [sole'aðo]
zorgzaam (bn) **cariñoso** (adj) [kari'njoso]
zout (de soep is ~) **salado** (adj) [sa'lʲaðo]
zuur (smaak) **agrio** (adj) ['aɣrio]
zwaar (~ voorwerp) **pesado** (adj) [pe'saðo]

DE 500 BELANGRIJKSTE WERKWOORDEN

252. Werkwoorden A-C

aaien (bijv. een konijn ~)	**acariciar** (vt)	[akari'θjar]
aanbevelen (ww)	**recomendar** (vt)	[rekomen'dar]
aandringen (ww)	**insistir** (vi)	[insis'tir]
aankomen (ov. de treinen)	**llegar** (vi)	[je'gar]
aanleggen (bijv. bij de pier)	**amarrar** (vt)	[ama'rar]
aanraken (met de hand)	**tocar** (vt)	[to'kar]
aansteken (kampvuur, enz.)	**encender** (vt)	[enθen'der]
aanstellen (in functie plaatsen)	**nombrar** (vt)	[nom'brar]
aanvallen (mil.)	**atacar** (vt)	[ata'kar]
aanvoelen (gevaar ~)	**sentir** (vt)	[sen'tir]
aanvoeren (leiden)	**encabezar** (vt)	[eŋkaβe'θar]
aanwijzen (de weg ~)	**mostrar** (vt)	[mos'trar]
aanzetten (computer, enz.)	**encender** (vt)	[enθen'der]
ademen (ww)	**respirar** (vi)	[respi'rar]
adverteren (ww)	**publicitar** (vt)	[puβliθi'tar]
adviseren (ww)	**aconsejar** (vt)	[akonse'χar]
afdalen (on.ww.)	**descender** (vi)	[deθen'der]
afgunstig zijn (ww)	**envidiar** (vt)	[embi'ðjar]
afhakken (ww)	**hachear** (vt)	[aʧe'ar]
afhangen van ...	**depender de ...**	[depen'der de]
afluisteren (ww)	**escuchar a hurtadillas**	[esku'ʧar a urta'ðijas]
afnemen (verwijderen)	**quitar** (vt)	[ki'tar]
afrukken (ww)	**arrancar** (vt)	[ara'ŋkar]
afslaan (naar rechts ~)	**girar** (vi)	[χi'rar]
afsnijden (ww)	**cortar** (vt)	[kor'tar]
afzeggen (ww)	**anular** (vt)	[anu'lʲar]
amputeren (ww)	**amputar** (vt)	[ampu'tar]
amuseren (ww)	**entretener** (vt)	[entrete'ner]
antwoorden (ww)	**responder** (vi, vt)	[respon'der]
applaudisseren (ww)	**aplaudir** (vi, vt)	[aplʲau'ðir]
aspireren (iets willen worden)	**aspirar a ...**	[aspi'rar a]
assisteren (ww)	**asistir** (vt)	[asis'tir]
bang zijn (ww)	**tener miedo de ...**	[te'ner 'mjeðo de]
barsten (plafond, enz.)	**rajarse** (vr)	[ra'χarse]
bedienen (in restaurant)	**servir** (vt)	[ser'βir]
bedreigen (bijv. met een pistool)	**amenazar** (vt)	[amena'θar]

bedriegen (ww) **engañar** (vi, vt) [enga'njar]
beduiden (betekenen) **significar** (vt) [siɣnifi'kar]
bedwingen (ww) **retener** (vt) [rete'ner]
beëindigen (ww) **terminar** (vt) [termi'nar]

begeleiden (vergezellen) **acompañar** (vt) [akompa'njar]
begieten (water geven) **regar** (vt) [re'gar]
beginnen (ww) **comenzar** (vt) [komen'θar]
begrijpen (ww) **comprender** (vt) [kompren'der]
behandelen (patiënt, ziekte) **curar** (vt) [ku'rar]

beheren (managen) **dirigir** (vt) [diri'χir]
beïnvloeden (ww) **influir** (vt) [iɱflʲu'ir]
bekennen (misdadiger) **confesar** (vt) [koɱfe'sar]
beledigen (met scheldwoorden) **insultar** (vt) [insulʲ'tar]

beledigen (ww) **ofender** (vt) [ofen'der]
beloven (ww) **prometer** (vt) [prome'ter]
beperken (de uitgaven ~) **limitar** (vt) [limi'tar]
bereiken (doel ~, enz.) **lograr** (vt) [lʲo'ɣrar]

bereiken (plaats van bestemming ~) **llegar a ...** [je'gar a]
beschermen (bijv. de natuur ~) **proteger** (vt) [prote'χer]
beschuldigen (ww) **acusar** (vt) [aku'sar]
beslissen (~ iets te doen) **decidir** (vt) [deθi'ðir]

besmet worden (met ...) **contagiarse de ...** [konta'χjarse de]
besmetten (ziekte overbrengen) **contagiar** (vt) [konta'χjar]
bespreken (spreken over) **discutir** (vt) [disku'tir]
bestaan (een ~ voeren) **vivir** (vi) [bi'βir]

bestellen (eten ~) **pedir** (vt) [pe'ðir]
bestraffen (een stout kind ~) **castigar** (vt) [kasti'gar]
betalen (ww) **pagar** (vi, vt) [pa'gar]
betekenen (beduiden) **significar** (vt) [siɣnifi'kar]

betreuren (ww) **arrepentirse** (vr) [arepen'tirse]
bevallen (prettig vinden) **gustar** (vi) [gus'tar]
bevelen (mil.) **ordenar** (vt) [orðe'nar]
bevredigen (ww) **satisfacer** (vt) [satisfa'θer]

bevrijden (stad, enz.) **liberar** (vt) [liβe'rar]
bewaren (oude brieven, enz.) **guardar** (vt) [guar'ðar]
bewaren (vrede, leven) **mantener** (vt) [mante'ner]
bewijzen (ww) **probar** (vt) [pro'βar]

bewonderen (ww) **admirar** (vt) [aðmi'rar]
bezitten (ww) **poseer** (vt) [pose'er]
bezorgd zijn (ww) **inquietarse** (vr) [inkje'tarse]
bezorgd zijn (ww) **preocuparse** (vr) [preoku'parθe]
bidden (praten met God) **orar** (vi) [o'rar]
bijvoegen (ww) **añadir** (vt) [anja'ðir]

binden (ww)	**atar** (vt)	[a'tar]
binnengaan (een kamer ~)	**entrar** (vi)	[en'trar]
blazen (ww)	**soplar** (vi)	[so'plʲar]
blozen (zich schamen)	**enrojecer** (vi)	[enroχe'θer]
blussen (brand ~)	**sofocar** (vt)	[sofo'kar]
boos maken (ww)	**enfadar** (vt)	[eɱfa'ðar]
boos zijn (ww)	**enfadarse con ...**	[eɱfa'ðarse kon]
breken (on.ww., van een touw)	**romperse** (vr)	[rom'perse]
breken (speelgoed, enz.)	**romper** (vt)	[rom'per]
brengen (iets ergens ~)	**traer** (vt)	[tra'er]
charmeren (ww)	**fascinar** (vt)	[faθi'nar]
citeren (ww)	**citar** (vt)	[θi'tar]
compenseren (ww)	**compensar** (vt)	[kompen'sar]
compliceren (ww)	**complicar** (vt)	[kompli'kar]
componeren (muziek ~)	**componer** (vt)	[kompo'ner]
compromitteren (ww)	**comprometer** (vt)	[komprome'ter]
concurreren (ww)	**competir** (vi)	[kompe'tir]
controleren (ww)	**controlar** (vt)	[kontro'lʲar]
coöpereren (samenwerken)	**colaborar** (vi)	[kolʲaβo'rar]
coördineren (ww)	**coordinar** (vt)	[koorði'nar]
corrigeren (fouten ~)	**corregir** (vt)	[kore'χir]
creëren (ww)	**crear** (vt)	[kre'ar]

253. Werkwoorden D-K

danken (ww)	**agradecer** (vt)	[aɣraðe'θer]
de was doen	**lavar la ropa**	[lʲa'βar lʲa 'ropa]
de weg wijzen	**encaminar** (vt)	[eŋkami'nar]
deelnemen (ww)	**participar** (vi)	[partiθi'par]
delen (wisk.)	**dividir** (vt)	[diβi'ðir]
denken (ww)	**pensar** (vi, vt)	[pen'sar]
doden (ww)	**matar** (vt)	[ma'tar]
doen (ww)	**hacer** (vt)	[a'θer]
dresseren (ww)	**adiestrar** (vt)	[aðjes'trar]
drinken (ww)	**beber** (vi, vt)	[be'βer]
drogen (klederen, haar)	**secar** (vt)	[se'kar]
dromen (in de slaap)	**soñar** (vi)	[so'njar]
dromen (over vakantie ~)	**soñar** (vi)	[so'njar]
duiken (ww)	**bucear** (vi)	[buθe'ar]
durven (ww)	**osar** (vi)	[o'sar]
duwen (ww)	**empujar** (vt)	[empu'χar]
een auto besturen	**conducir el coche**	[kondu'θir elʲ 'kotʃe]
een bad geven	**bañar** (vt)	[ba'njar]
een bad nemen	**darse un baño**	['darse un 'banjo]
een conclusie trekken	**hacer una conclusión**	[a'θer 'una koŋklʲu'sjon]

foto's maken	**fotografiar** (vt)	[fotoɣra'fjar]
eisen (met klem vragen)	**exigir** (vt)	[eksi'χir]
erkennen (schuld)	**reconocer, admitir**	[rekono'θer], [aðmi'tir]
erven (ww)	**heredar** (vt)	[ere'ðar]
eten (ww)	**comer** (vi, vt)	[ko'mer]
excuseren (vergeven)	**disculpar** (vt)	[diskulʲ'par]
existeren (bestaan)	**existir** (vi)	[eksis'tir]
feliciteren (ww)	**felicitar** (vt)	[feliθi'tar]
gaan (te voet)	**ir** (vi)	[ir]
gaan slapen	**irse a la cama**	['irse a lʲa 'kama]
gaan zitten (ww)	**sentarse** (vr)	[sen'tarse]
gaan zwemmen	**bañarse** (vr)	[ba'njarse]
garanderen (garantie geven)	**garantizar** (vt)	[garanti'θar]
gebruiken (bijv. een potlood ~)	**usar** (vt)	[u'sar]
gebruiken (woord, uitdrukking)	**emplear** (vt)	[emple'ar]
geconserveerd zijn (ww)	**estar conservado**	[es'tar konser'βaðo]
gedateerd zijn (ww)	**datar de ...**	[da'tar de]
gehoorzamen (ww)	**obedecer** (vi, vt)	[oβeðe'θer]
gelijken (op elkaar lijken)	**parecerse** (vr)	[pare'θerse]
geloven (vinden)	**creer** (vt)	[kre'er]
genoeg zijn (ww)	**ser suficiente**	[ser sufi'θjente]
geven (ww)	**dar** (vt)	[dar]
gieten (in een beker ~)	**verter** (vt)	[ber'ter]
glimlachen (ww)	**sonreír** (vi)	[sonre'ir]
glimmen (glanzen)	**brillar** (vi)	[bri'jar]
gluren (ww)	**mirar a hurtadillas**	[mi'rar a urta'ðijas]
goed raden (ww)	**adivinar** (vt)	[aðiβi'nar]
gooien (een steen, enz.)	**tirar** (vt)	[ti'rar]
grappen maken (ww)	**bromear** (vi)	[brome'ar]
graven (tunnel, enz.)	**cavar** (vt)	[ka'βar]
haasten (iemand ~)	**apresurar** (vt)	[apresu'rar]
hebben (ww)	**tener** (vt)	[te'ner]
helpen (hulp geven)	**ayudar** (vt)	[aju'ðar]
herhalen (opnieuw zeggen)	**repetir** (vt)	[repe'tir]
herinneren (ww)	**recordar** (vt)	[rekor'ðar]
herinneren aan ... (afspraak, opdracht)	**recordar** (vt)	[rekor'ðar]
herkennen (identificeren)	**reconocer** (vt)	[rekono'θer]
herstellen (repareren)	**reparar** (vt)	[repa'rar]
het haar kammen	**peinarse** (vr)	[pej'narse]
hopen (ww)	**esperar** (vi)	[espe'rar]
horen (waarnemen met het oor)	**oír** (vt)	[o'ir]
houden van (muziek, enz.)	**gustar** (vi)	[gus'tar]
huilen (wenen)	**llorar** (vi)	[jo'rar]
huiveren (ww)	**estremecerse** (vr)	[estreme'θerse]

huren (een boot ~)	**alquilar** (vt)	[alʲki'lʲar]
huren (huis, kamer)	**alquilar** (vt)	[alʲki'lʲar]
huren (personeel)	**contratar** (vt)	[kontra'tar]
imiteren (ww)	**imitar** (vt)	[imi'tar]
importeren (ww)	**importar** (vt)	[impor'tar]
inenten (vaccineren)	**vacunar** (vt)	[baku'nar]
informeren (informatie geven)	**informar** (vt)	[iɱfor'mar]
informeren naar … (navraag doen)	**informarse** (vr)	[iɱfor'marse]
inlassen (invoegen)	**insertar** (vt)	[inser'tar]
inpakken (in papier)	**empaquetar** (vt)	[empake'tar]
inspireren (ww)	**inspirar** (vt)	[inspi'rar]
instemmen (akkoord gaan)	**estar de acuerdo**	[es'tar de aku'erðo]
interesseren (ww)	**interesar** (vt)	[intere'sar]
irriteren (ww)	**irritar** (vt)	[iri'tar]
isoleren (ww)	**aislar** (vt)	[ais'lʲar]
jagen (ww)	**cazar** (vi, vt)	[ka'θar]
kalmeren (kalm maken)	**calmar** (vt)	[kalʲ'mar]
kennen (kennis hebben van iemand)	**conocer** (vt)	[kono'θer]
kennismaken (met …)	**hacer conocimiento**	[a'θer konoθi'mjento]
kiezen (ww)	**escoger** (vt)	[esko'χer]
kijken (ww)	**mirar** (vi, vt)	[mi'rar]
klaarmaken (een plan ~)	**preparar** (vt)	[prepa'rar]
klaarmaken (het eten ~)	**preparar** (vt)	[prepa'rar]
klagen (ww)	**quejarse** (vr)	[ke'χarse]
kloppen (aan een deur)	**golpear** (vt)	[golʲpe'ar]
kopen (ww)	**comprar** (vt)	[kom'prar]
kopieën maken	**hacer copias**	[a'θer 'kopias]
kosten (ww)	**costar** (vt)	[kos'tar]
kunnen (ww)	**poder** (v aux)	[po'ðer]
kweken (planten ~)	**cultivar** (vt)	[kulʲti'βar]

254. Werkwoorden L-R

lachen (ww)	**reírse** (vr)	[re'irse]
laden (geweer, kanon)	**cargar** (vt)	[kar'gar]
laden (vrachtwagen)	**cargar** (vt)	[kar'gar]
laten vallen (ww)	**dejar caer**	[de'χar ka'er]
lenen (geld ~)	**prestar** (vt)	[pres'tar]
leren (lesgeven)	**enseñar** (vi, vt)	[ense'njar]
leven (bijv. in Frankrijk ~)	**habitar** (vi, vt)	[aβi'tar]
lezen (een boek ~)	**leer** (vi, vt)	[le'er]
lid worden (ww)	**unirse** (vr)	[u'nirse]
liefhebben (ww)	**querer** (vt)	[ke'rer]
liegen (ww)	**mentir** (vi)	[men'tir]

liggen (op de tafel ~)	**estar** (vi)	[es'tar]
liggen (persoon)	**estar acostado**	[es'tar akos'taðo]
lijden (pijn voelen)	**sufrir** (vi)	[su'frir]
losbinden (ww)	**desatar** (vt)	[desa'tar]
luisteren (ww)	**escuchar** (vt)	[esku'ʧar]
lunchen (ww)	**almorzar** (vi)	[alʲmor'θar]
markeren (op de kaart, enz.)	**marcar** (vt)	[mar'kar]
melden (nieuws ~)	**informar** (vt)	[iɱfor'mar]
memoriseren (ww)	**memorizar** (vt)	[memori'θar]
mengen (ww)	**mezclar** (vt)	[meθ'klʲar]
mikken op (ww)	**apuntar a ...**	[apun'tar a]
minachten (ww)	**despreciar** (vt)	[despre'θjar]
moeten (ww)	**deber** (v aux)	[de'βer]
morsen (koffie, enz.)	**derramar** (vt)	[dera'mar]
naderen (dichterbij komen)	**acercarse** (vr)	[aθer'karse]
neerlaten (ww)	**bajar** (vt)	[ba'χar]
nemen (ww)	**tomar** (vt)	[to'mar]
nodig zijn (ww)	**ser necesario**	[ser neθe'sario]
noemen (ww)	**llamar** (vt)	[ʝa'mar]
noteren (opschrijven)	**anotar** (vt)	[ano'tar]
omhelzen (ww)	**abrazar** (vt)	[aβra'θar]
omkeren (steen, voorwerp)	**volver** (vt)	[bolʲ'βer]
onderhandelen (ww)	**negociar** (vi)	[nego'θjar]
ondernemen (ww)	**emprender** (vt)	[empren'der]
onderschatten (ww)	**subestimar** (vt)	[suβesti'mar]
onderscheiden (een ereteken geven)	**condecorar** (vt)	[kondeko'rar]
onderstrepen (ww)	**subrayar** (vt)	[suβra'jar]
ondertekenen (ww)	**firmar** (vt)	[fir'mar]
onderwijzen (ww)	**instruir** (vt)	[instru'ir]
onderzoeken (alle feiten, enz.)	**examinar** (vt)	[eksami'nar]
bezorgd maken	**inquietar** (vt)	[inkje'tar]
onmisbaar zijn (ww)	**ser indispensable**	[ser indispen'saβle]
ontbijten (ww)	**desayunar** (vi)	[desaju'nar]
ontdekken (bijv. nieuw land)	**descubrir** (vt)	[desku'βrir]
ontkennen (ww)	**negar** (vt)	[ne'gar]
ontlopen (gevaar, taak)	**evitar** (vt)	[eβi'tar]
ontnemen (ww)	**privar** (vt)	[pri'βar]
ontwerpen (machine, enz.)	**proyectar** (vt)	[projek'tar]
oorlog voeren (ww)	**estar en guerra**	[es'tar en 'gera]
op orde brengen	**poner en orden**	[po'ner en 'orðen]
opbergen (in de kast, enz.)	**guardar** (vt)	[guar'ðar]
opduiken (ov. een duikboot)	**emerger** (vi)	[emer'χer]
openen (ww)	**abrir** (vt)	[a'βrir]
ophangen (bijv. gordijnen ~)	**colgar** (vt)	[kolʲ'gar]

ophouden (ww)	**cesar** (vt)	[θe'sar]
oplossen (een probleem ~)	**resolver** (vt)	[resolʲ'βer]
opmerken (zien)	**notar** (vt)	[no'tar]
opmerken (zien)	**avistar** (vt)	[aβis'tar]
opscheppen (ww)	**alabarse** (vr)	[alʲa'βarse]
opschrijven (op een lijst)	**inscribir** (vt)	[inskri'βir]
opschrijven (ww)	**tomar nota**	[to'mar 'nota]
opstaan (uit je bed)	**levantarse** (vr)	[leβan'tarse]
opstarten (project, enz.)	**lanzar** (vt)	[lʲan'θar]
opstijgen (vliegtuig)	**despegar** (vi)	[despe'gar]
optreden (resoluut ~)	**actuar** (vi)	[aktu'ar]
organiseren (concert, feest)	**organizar** (vt)	[organi'θar]
overdoen (ww)	**rehacer** (vt)	[rea'θer]
overschatten (ww)	**sobreestimar** (vt)	['soβreesti'mar]
overtuigd worden (ww)	**convencerse** (vr)	[komben'θerse]
overtuigen (ww)	**convencer** (vt)	[komben'θer]
passen (jurk, broek)	**quedar** (vi)	[ke'ðar]
passeren (~ mooie dorpjes, enz.)	**pasar** (vt)	[pa'sar]
peinzen (lang nadenken)	**reflexionar** (vi)	[refleksjo'nar]
penetreren (ww)	**penetrar** (vt)	[pene'trar]
plaatsen (ww)	**poner** (vt)	[po'ner]
plaatsen (zetten)	**poner, colocar** (vt)	[po'ner], [kolʲo'kar]
plannen (ww)	**planear** (vt)	[plʲane'ar]
plezier hebben (ww)	**divertirse** (vr)	[diβer'tirse]
plukken (bloemen ~)	**coger** (vt)	[ko'χer]
prefereren (verkiezen)	**preferir** (vt)	[prefe'rir]
proberen (trachten)	**tratar de ...**	[tra'tar de]
proberen (trachten)	**intentar** (vt)	[inten'tar]
protesteren (ww)	**protestar** (vi, vt)	[protes'tar]
provoceren (uitdagen)	**provocar** (vt)	[proβo'kar]
raadplegen (dokter, enz.)	**consultar a ...**	[konsulʲ'tar a]
rapporteren (ww)	**presentar un informe**	[presen'tar un iɱ'forme]
redden (ww)	**salvar** (vt)	[salʲ'βar]
regelen (conflict)	**resolver** (vt)	[resolʲ'βer]
reinigen (schoonmaken)	**limpiar** (vt)	[lim'pjar]
rekenen op ...	**contar con ...**	[kon'tar kon]
rennen (ww)	**correr** (vi)	[ko'rer]
reserveren (een hotelkamer ~)	**reservar** (vt)	[reser'βar]
rijden (per auto, enz.)	**ir** (vi)	[ir]
rillen (ov. de kou)	**temblar** (vi)	[tem'blʲar]
riskeren (ww)	**arriesgar** (vt)	[arjes'gar]
roepen (met je stem)	**llamar** (vt)	[ja'mar]
roepen (om hulp)	**llamar** (vt)	[ja'mar]
ruiken (bepaalde geur verspreiden)	**oler** (vi)	[o'ler]

ruiken (rozen) **oler** (vt) [o'ler]
rusten (verpozen) **descansar** (vi) [deskan'sar]

255. Verbs S-V

samenstellen, maken (een lijst ~) **compilar** (vt) [kompi'lʲar]
schieten (ww) **tirar** (vi) [ti'rar]
schoonmaken (bijv. schoenen ~) **limpiar** (vt) [lim'pjar]
schoonmaken (ww) **hacer la limpieza** [a'θer lʲa lim'pjeθa]

schrammen (ww) **arañar** (vt) [ara'njar]
schreeuwen (ww) **gritar** (vi) [gri'tar]
schrijven (ww) **escribir** (vt) [eskri'βir]
schudden (ww) **sacudir** (vt) [saku'ðir]

selecteren (ww) **seleccionar** (vt) [selekθjo'nar]
simplificeren (ww) **simplificar** (vt) [simplifi'kar]
slaan (een hond ~) **pegar** (vt) [pe'gar]
sluiten (ww) **cerrar** (vt) [θe'rar]

smeken (bijv. om hulp ~) **suplicar** (vt) [supli'kar]
souperen (ww) **cenar** (vi) [θe'nar]
spelen (bijv. filmacteur) **interpretar** (vt) [interpre'tar]
spelen (kinderen, enz.) **jugar** (vi) [χu'gar]

spreken met ... **hablar con ...** [a'βlʲar kon]
spuwen (ww) **escupir** (vi) [esku'pir]
stelen (ww) **robar** (vt) [ro'βar]
stemmen (verkiezing) **votar** (vi) [bo'tar]
steunen (een goed doel, enz.) **apoyar** (vt) [apo'jar]

stoppen (pauzeren) **pararse** (vr) [pa'rarse]
storen (lastigvallen) **molestar** (vt) [moles'tar]
strijden (tegen een vijand) **luchar** (vi) [lʲu'ʧar]
strijden (ww) **combatir** (vi) [komba'tir]

strijken (met een strijkbout) **planchar** (vi, vt) [plʲan'ʧar]
studeren (bijv. wiskunde ~) **estudiar** (vt) [estu'ðjar]
sturen (zenden) **enviar** (vt) [em'bjar]
tellen (bijv. geld ~) **contar** (vt) [kon'tar]

terugkeren (ww) **regresar** (vi) [reɣre'sar]
terugsturen (ww) **devolver** (vt) [deβolʲ'βer]
toebehoren aan ... **pertenecer a ...** [pertene'θer a]
toegeven (zwichten) **ceder** (vi, vt) [θe'ðer]

toenemen (on. ww) **aumentarse** (vr) [aumen'tarse]
toespreken (zich tot iemand richten) **dirigirse** (vr) [diri'χirse]
toestaan (goedkeuren) **permitir** (vt) [permi'tir]
toestaan (ww) **permitir** (vt) [permi'tir]

toewijden (boek, enz.)	**dedicar** (vt)	[deði'kar]
tonen (uitstallen, laten zien)	**mostrar** (vt)	[mos'trar]
trainen (ww)	**entrenar** (vt)	[entre'nar]
transformeren (ww)	**transformar** (vt)	[transfor'mar]
trekken (touw)	**tirar** (vt)	[ti'rar]
trouwen (ww)	**casarse** (vr)	[ka'sarse]
tussenbeide komen (ww)	**intervenir** (vi)	[interβe'nir]
twijfelen (onzeker zijn)	**dudar** (vt)	[du'ðar]
uitdelen (pamfletten ~)	**distribuir** (vt)	[distriβu'ir]
uitdoen (licht)	**apagar** (vt)	[apa'gar]
uitdrukken (opinie, gevoel)	**expresar** (vt)	[ekspre'sar]
uitgaan (om te dineren, enz.)	**salir** (vi)	[sa'lir]
uitlachen (bespotten)	**burlarse** (vr)	[bur'lʲarse]
uitnodigen (ww)	**invitar** (vt)	[imbi'tar]
uitrusten (ww)	**equipar** (vt)	[eki'par]
uitsluiten (wegsturen)	**excluir** (vt)	[ekskʲlu'ir]
uitspreken (ww)	**pronunciar** (vt)	[pronun'θjar]
uittorenen (boven ...)	**elevarse** (vr)	[ele'βarse]
uitvaren tegen (ww)	**regañar** (vt)	[rega'njar]
uitvinden (machine, enz.)	**inventar** (vt)	[imben'tar]
uitwissen (ww)	**borrar** (vt)	[bo'rar]
vangen (ww)	**coger** (vt)	[ko'χer]
vastbinden aan ...	**atar a ...**	[a'tar a]
vechten (ww)	**pelear** (vi)	[pele'ar]
veranderen (bijv. mening ~)	**cambiar**	[kam'bjar]
verbaasd zijn (ww)	**sorprenderse** (vr)	[sorpren'derse]
verbazen (verwonderen)	**sorprender** (vt)	[sorpren'der]
verbergen (ww)	**esconder** (vt)	[eskon'der]
verbieden (ww)	**prohibir** (vt)	[proi'βir]
verblinden (andere chauffeurs)	**cegar** (vt)	[θe'gar]
verbouwereerd zijn (ww)	**estar perplejo**	[es'tar per'pleχo]
verbranden (bijv. papieren ~)	**quemar** (vt)	[ke'mar]
verdedigen (je land ~)	**defender** (vt)	[defen'der]
verdenken (ww)	**sospechar** (vt)	[sospe'ʧar]
verdienen (een complimentje, enz.)	**merecer** (vt)	[mere'θer]
verdragen (tandpijn, enz.)	**soportar** (vt)	[sopor'tar]
verdrinken (in het water omkomen)	**ahogarse** (vr)	[ao'garse]
verdubbelen (ww)	**doblar** (vt)	[doβ'lʲar]
verdwijnen (ww)	**desaparecer** (vi)	[desapare'θer]
verenigen (ww)	**unir** (vt)	[u'nir]
vergelijken (ww)	**comparar** (vt)	[kompa'rar]
vergeten (achterlaten)	**olvidar** (vt)	[olʲβi'ðar]
vergeten (ww)	**olvidar** (vt)	[olʲβi'ðar]
vergeven (ww)	**perdonar** (vt)	[perðo'nar]

vergroten (groter maken)	**aumentar** (vt)	[aumen'tar]
verklaren (uitleggen)	**explicar** (vt)	[ekspli'kar]
verklaren (volhouden)	**afirmar** (vt)	[afir'mar]
verklikken (ww)	**denunciar** (vt)	[denun'θjar]
verkopen (per stuk ~)	**vender** (vt)	[ben'der]
verlaten (echtgenoot, enz.)	**abandonar** (vt)	[aβando'nar]
verlichten (gebouw, straat)	**alumbrar** (vt)	[alʲum'brar]
verlichten (gemakkelijker maken)	**facilitar** (vt)	[faθili'tar]
verliefd worden (ww)	**enamorarse de ...**	[enamo'rarse de]
verliezen (bagage, enz.)	**perder** (vt)	[per'ðer]
vermelden (praten over)	**mencionar** (vt)	[menθjo'nar]
vermenigvuldigen (wisk.)	**multiplicar** (vt)	[mulʲtipli'kar]
verminderen (ww)	**disminuir** (vt)	[disminu'ir]
vermoeid raken (ww)	**estar cansado**	[es'tar kan'saðo]
vermoeien (ww)	**cansar** (vt)	[kan'sar]

256. Verbs V-Z

vernietigen (documenten, enz.)	**destruir** (vt)	[destru'ir]
veronderstellen (ww)	**suponer** (vt)	[supo'ner]
verontwaardigd zijn (ww)	**indignarse** (vr)	[indiɣ'narse]
veroordelen (in een rechtszaak)	**sentenciar** (vt)	[senten'θjar]
veroorzaken ... (oorzaak zijn van ...)	**ser causa de ...**	[ser 'kausa de]
verplaatsen (ww)	**mover** (vt)	[mo'βer]
verpletteren (een insect, enz.)	**aplastar** (vt)	[aplʲas'tar]
verplichten (ww)	**forzar** (vt)	[for'θar]
verschijnen (bijv. boek)	**salir** (vt)	[sa'lir]
verschijnen (in zicht komen)	**aparecer**	[apare'θer]
verschillen (~ van iets anders)	**diferenciarse** (vr)	[diferen'θjarse]
versieren (decoreren)	**decorar** (vt)	[deko'rar]
verspreiden (pamfletten, enz.)	**distribuir** (vt)	[distriβu'ir]
verspreiden (reuk, enz.)	**emitir** (vt)	[emi'tir]
versterken (positie ~)	**fortalecer** (vt)	[fortale'θer]
verstommen (ww)	**dejar de hablar**	[de'χar de a'βlʲar]
vertalen (ww)	**traducir** (vt)	[traðu'θir]
vertellen (verhaal ~)	**contar** (vt)	[kon'tar]
vertrekken (bijv. naar Mexico ~)	**partir** (vi)	[par'tir]
vertrouwen (ww)	**confiar** (vt)	[koɱ'fjar]
vervolgen (ww)	**continuar** (vt)	[kontinu'ar]

verwachten (ww)	**esperar** (vt)	[espe'rar]
verwarmen (ww)	**calentar** (vt)	[kalen'tar]
verwarren (met elkaar ~)	**confundir** (vt)	[koɱfun'dir]
verwelkomen (ww)	**saludar** (vt)	[salʲu'ðar]
verwezenlijken (ww)	**realizar** (vt)	[reali'θar]
verwijderen (een obstakel)	**eliminar** (vt)	[elimi'nar]
verwijderen (een vlek ~)	**quitar** (vt)	[ki'tar]
verwijten (ww)	**reprochar** (vt)	[repro'ʧar]
verwisselen (ww)	**cambiar** (vt)	[kam'bjar]
verzoeken (ww)	**pedir** (vt)	[pe'ðir]
verzuimen (school, enz.)	**faltar a ...**	[falʲ'tar a]
vies worden (ww)	**ensuciarse** (vr)	[ensu'θjarse]
vinden (denken)	**pensar** (vi, vt)	[pen'sar]
vinden (ww)	**encontrar** (vt)	[eŋkon'trar]
vissen (ww)	**pescar** (vi)	[pes'kar]
vleien (ww)	**adular** (vt)	[aðu'lʲar]
vliegen (vogel, vliegtuig)	**volar** (vi)	[bo'lʲar]
voederen (een dier voer geven)	**alimentar** (vt)	[alimen'tar]
volgen (ww)	**seguir ...**	[se'gir]
voorstellen (introduceren)	**presentar** (vt)	[presen'tar]
voorstellen (Mag ik jullie ~)	**presentar** (vt)	[presen'tar]
voorstellen (ww)	**proponer** (vt)	[propo'ner]
voorzien (verwachten)	**prever** (vt)	[pre'βer]
vorderen (vooruitgaan)	**avanzarse** (vr)	[aβan'θarse]
vormen (samenstellen)	**formar** (vt)	[for'mar]
vullen (glas, fles)	**llenar** (vt)	[je'nar]
waarnemen (ww)	**observar** (vt)	[oβser'βar]
waarschuwen (ww)	**advertir** (vt)	[aðβer'tir]
wachten (ww)	**esperar** (vt)	[espe'rar]
wassen (ww)	**lavar** (vt)	[lʲa'βar]
weerspreken (ww)	**objetar** (vt)	[oβχe'tar]
wegdraaien (ww)	**volverse de espaldas**	[bolʲ'βerse de es'palʲdas]
wegdragen (ww)	**retirar** (vt)	[reti'rar]
wegen (gewicht hebben)	**pesar** (vt)	[pe'sar]
wegjagen (ww)	**expulsar** (vt)	[ekspulʲ'sar]
weglaten (woord, zin)	**omitir** (vt)	[omi'tir]
wegvaren (uit de haven vertrekken)	**desamarrar** (vt)	[desama'rar]
weigeren (iemand ~)	**negar** (vt)	[ne'gar]
wekken (ww)	**despertar** (vt)	[desper'tar]
wensen (ww)	**desear** (vt)	[dese'ar]
werken (ww)	**trabajar** (vi)	[traβa'χar]
weten (ww)	**saber** (vt)	[sa'βer]
willen (verlangen)	**querer** (vt)	[ke'rer]
wisselen (omruilen, iets ~)	**intercambiar** (vt)	[interkam'bjar]
worden (bijv. oud ~)	**hacerse** (vr)	[a'θerse]

worstelen (sport)	**luchar** (vi)	[ʎu'ʧar]
wreken (ww)	**vengar** (vt)	[ben'gar]
zaaien (zaad strooien)	**sembrar** (vi, vt)	[sem'brar]
zeggen (ww)	**decir** (vt)	[de'θir]
zich baseerd op	**estar basado en ...**	[estar ba'saðo en]
zich bevrijden van ... (afhelpen)	**librarse de ...**	[li'βrarse de]
zich concentreren (ww)	**concentrarse** (vr)	[konθen'trarse]
zich ergeren (ww)	**irritarse** (vr)	[iri'tarse]
zich gedragen (ww)	**comportarse** (vr)	[kompor'tarse]
zich haasten (ww)	**darse prisa**	['darse 'prisa]
zich herinneren (ww)	**recordarse** (vr)	[rekor'ðarse]
zich herstellen (ww)	**recuperarse** (vr)	[rekupe'rarse]
zich indenken (ww)	**imaginarse** (vr)	[imaχi'narse]
zich interesseren voor ...	**interesarse por ...**	[intere'sarse por]
zich scheren (ww)	**afeitarse** (vr)	[afej'tarse]
zich trainen (ww)	**entrenarse** (vr)	[entre'narse]
zich verdedigen (ww)	**defenderse** (vr)	[defen'derse]
zich vergissen (ww)	**equivocarse** (vr)	[ekiβo'karse]
zich verontschuldigen	**disculparse** (vr)	[diskuʎ'parse]
zich verspreiden (meel, suiker, enz.)	**desparramarse** (vr)	[despara'marse]
zich vervelen (ww)	**aburrirse** (vr)	[aβu'rirse]
zijn (leraar ~)	**ser** (vi)	[ser]
zijn (op dieet ~)	**estar** (vi)	[es'tar]
zijn (ww)	**ser, estar** (vi)	[ser], [es'tar]
zinspelen (ww)	**aludir** (vi)	[aʎu'ðir]
zitten (ww)	**estar sentado**	[es'tar sen'taðo]
zoeken (ww)	**buscar** (vt)	[bus'kar]
zondigen (ww)	**pecar** (vi)	[pe'kar]
zuchten (ww)	**suspirar** (vi)	[suspi'rar]
zwaaien (met de hand)	**agitar la mano**	[aχi'tar ʎa 'mano]
zwemmen (ww)	**nadar** (vi)	[na'ðar]
zwijgen (ww)	**callarse** (vr)	[ka'jarse]

www.ingramcontent.com/pod-product-compliance
Lightning Source LLC
Chambersburg PA
CBHW071324090426
42738CB00012B/2791